Direito Processual das Contraordenações

Direito Processual das Contraordenações

António Leones Dantas
Juiz Conselheiro do STJ, jubilado

ALMEDINA

DIREITO PROCESSUAL DAS CONTRAORDENAÇÕES
AUTOR
António Leones Dantas
EDITOR
EDIÇÕES ALMEDINA, S.A.
Avenida Emídio Navarro, 81, 3D
3000-151 Coimbra
Tel.: 239 851 904 · Fax: 239 851 901
www.almedina.net · editora@almedina.net
DESIGN DE CAPA
FBA.
PRÉ-IMPRESSÃO
EDIÇÕES ALMEDINA, S.A.
IMPRESSÃO E ACABAMENTO

Fevereiro, 2023
DEPÓSITO LEGAL

ALMEDINA | GRUPOALMEDINA

BIBLIOTECA NACIONAL DE PORTUGAL – CATALOGAÇÃO NA PUBLICAÇÃO
DANTAS, António Leones
DIREITO PROCESSUAL DAS CONTRAORDENAÇÕES
1ª ed. – (Manuais profissionais)
ISBN 978-989-40-0954-2
CDU 343

ESTUDOS DO AUTOR SOBRE DIREITO DAS CONTRAORDENAÇÕES

1.º "Considerações Sobre o Processo das Contraordenações", *Revista do Ministério Público*, n.º 55, Ano 14.º, julho - setembro de 1993, pp. 99 e ss.; n.º 57, Ano 15.º, janeiro - março de 1994, pp. 71 e ss.; e n.º 61, Ano 16.º, janeiro - março de 1995, pp. 103 e ss.;
2.º "O Direito das Contraordenações e o Ambiente", *TEXTOS - Ambiente e Consumo*, II Volume, Centro de Estudos Judiciários, 1996, pp. 431 e ss.;
3.º "Coimas e Sanções Acessórias no Direito das Contraordenações do Ambiente", *TEXTOS - Ambiente e Consumo*, II Volume, Centro de Estudos Judiciários, 1996, pp. 445 e ss.;
4.º "Contraordenações Ambientais, Descargas de Águas Residuais", *Revista do Ministério Público*, 2001, n.os 86, pp. 69 e ss., e 87, pp. 93 e ss.;
5.º "O Ministério Público no Processo das Contraordenações", *Questões Laborais*, Ano VIII, 2001, pp. 26 e ss.;
6.º "Contraordenações em Matéria de Consumo de Droga", *Problemas Jurídicos da Droga e da Tóxico-dependência*, Vol. I, Coimbra Editora, 2003, pp. 171 e ss.;
7.º "Direito das Contraordenações e Consumo de Estupefacientes. Contributo para a Crítica do Regime em Vigor", *Problemas Jurídicos da Droga e da Tóxico-dependência*, Vol. II, Coimbra Editora, 2004, pp. 159 e ss.;
8.º "Contraordenações Ambientais: Resíduos", *Maia Jurídica*, Ano II - janeiro - junho de 2004, n.º 1, pp. 21 e ss.;
9.º "Procedimentos de natureza sancionatória no direito da concorrência", *Sub Júdice*, julho - setembro de 2007, n.º 40, pp. 99 e ss.;

10.º "O processo das Contraordenações na Lei n.º 50/2006", *Regulação em Portugal, Novos Tempos, Novos Modelos*, Almedina, 2009, pp. 773 e ss.
11.º "Notas à Lei das Contraordenações Ambientais", *Revista do Ministério Público*, n.º 116, outubro – dezembro de 2008, pp. 87 e ss.
12.º "Contraordenações e Crimes Urbanísticos," *Direito do Urbanismo e do Ordenamento do Território – Estudos*, Coordenação de Fernanda Paula Oliveira, Vol. II. Almedina, 2012, pp. 191 e ss.
13.º "*Direito das Contraordenações – Questões Gerais*", AEDUM – Associação de Estudantes da Universidade do Minho, Braga, 2010.
14.º "O despacho liminar no recurso de impugnação no processo das contraordenações", *Regime Geral das Contraordenações e as Contraordenações Administrativas e Fiscais*, Cej, setembro de 2015.
15.º "Os recursos jurisdicionais no processo das contraordenações", *Scientia Iuridica*, maio/agosto de 2017, Tomo LXVI, pp. 181 e ss.
16.º "A Estrutura da Infração Contraordenacional", *Prontuário de Direito do Trabalho*, Centro de Estudos Judiciários, 2018 -1, pp. 223 e ss.

NOTA PRÉVA

Este texto, com a denominação "Direito das Contraordenações Questões Gerais" surgiu em 2010, como uma síntese de anteriores escritos sobre esta área do Direito, atualizada sempre que as alterações do sistema jurídico ou a evolução do pensamento do signatário o motivaram.

Ainda com a mesma estrutura teve uma 2.ª edição, em 2011, incorporando outros elementos da autoria do signatário.

Destinava-se a servir de suporte à preparação das aulas dos alunos do então designado "Mestrado em Direito Judiciário", da Escola de Direito da Universidade do Minho, em que o signatário colaborou, sendo expressão de uma reflexão em aberto sobre alguns dos temas mais importantes do Direito das Contraordenações, com especial incidência em matérias de natureza processual.

Tendo-se suscitado a questão da atualização daquele texto, o autor aceitou o desafio, consciente de que o mesmo poderia ser útil para os profissionais do Direito.

Para além da revisão do texto de 2011, introduziram-se outros elementos derivados da reflexão que se manteve ao longo destes anos e que, em parte, já tinham estado presentes na versão inicial.

Procurou-se dar ao texto mais coerência, superando o caracter fragmentário que o caraterizava e projetar nele alguns dos debates mais importantes que neste momento atravessam a reflexão sobre este ramo do Direito.

Embora a parte mais significativa do texto incida sobre matérias processuais, o que justifica a alteração da denominação, manteve-se a parte que já vem do texto inicial sobre as sanções e, ao nível introdutório, dá-se uma visão de conjunto do Direito das Contraordenações em vigor, matérias que se mostram importantes no enquadramento dos temas abordados.

Durante a sua atividade profissional o autor confrontou-se com o Direito das Contraordenações nas múltiplas áreas em que desempenhou funções. Este texto exprime a reflexão que acompanhou essa atividade e assume-se apenas como um contributo para um debate que se afigura necessário e urgente.

Capítulo I
Introdução

§ 1.º – A origem do Direito das Contraordenações e sua autonomia face ao Direito Penal

O Direito de Mera Ordenação Social foi introduzido no sistema jurídico português em 1979 através do Decreto-Lei n.º 232/79, de 24 de julho[1], no contexto da Reforma Penal que se veio a concretizar em 1982, no âmbito da qual aquele diploma foi substituído pelo Decreto-Lei n.º 433/82, de 27 de outubro, que define o regime geral em vigor daquele ramo do Direito[2 3].

À introdução daquele Direito estão subjacentes preocupações de natureza político-criminal que se centralizam na afirmação de que aquele novo ramo do sistema sancionatório público «estaria vocacionado para dar atenção a certas áreas de intervenção de que, nomeadamente pela sua componente social», o Estado «se não podia alhear, como a tutela

[1] Sobre os fundamentos doutrinários deste diploma e do Direito das Contraordenações, cfr. o preâmbulo daquele Decreto-Lei e Eduardo Correia, "Direito Penal e Direito de Mera Ordenação Social", *Direito Penal Económico e Europeu, Textos Doutrinários* – Volume I Coimbra Editora, 1998, pp. 3 e ss.

[2] Com as alterações decorrentes do Decreto-Lei n.º 356/89, de 17 de outubro, do Decreto-Lei n.º 244/95, de 14 de setembro e Lei n.º 109/2001, de 24 de setembro, designado no texto por "Regime Geral" e a que se referem todas as disposições legais sem indicação de origem.

[3] Sobre o Direito das Contraordenações e a sua relação com o Direito Penal, cfr. Figueiredo Dias, *Direito Penal – Parte Geral*, Tomo I, Coimbra Editora, 2004, pp. 144 e ss.; Taipa De Carvalho, *Direito Penal, Parte Geral*, Publicações Universidade Católica, 2003, pp. 147 e ss. e Mário Monte, *Lineamentos de Direito das Contraordenações*, AEDUM, 2019, pp. 73 e ss.

do ambiente, aspetos diversos da economia nacional ou uma intervenção preventiva na área dos direitos dos consumidores»[4].

Tratar-se-ia de áreas «carentes de tutela jurídica de carácter sancionatório e finalidades preventivas nas quais, de acordo com as valorações então dominantes, não se justificava uma resposta penal, então orientada para uma intervenção de *ultima ratio*, conforme apontava o disposto no artigo 18.º, n.º 2, da Constituição de 1976»[5].

Tal como se referia no preâmbulo do Decreto-Lei n.º 433/82, de 27 de outubro, «A necessidade de dar consistência prática às injunções normativas decorrentes deste novo e crescente intervencionismo do Estado, convertendo-as em regras efetivas de conduta, postula naturalmente o recurso a um quadro específico de sanções».

Surgia assim um novo ramo do direito sancionatório, autónomo do Direito Penal, como forma de garantir o princípio da subsidiariedade da intervenção penal, permitindo reservar o uso daquele direito para as situações em que estivessem em causa os interesses coletivos mais relevantes.

A autonomia do Direito das Contraordenações face ao Direito Penal surge, assim, como uma das justificações da própria existência deste ramo do Direito e vai materializar-se na conformação de soluções de natureza substantiva e processual diversas das vigentes naquele.

O Direito das Contraordenações mantém, contudo, profundas ligações ao Direito Penal, que se materializam na existência de múltiplas soluções normativas comuns criadas no espaço da dogmática penal e que se fundamentam no facto de, tal como aquele, fazer parte do «direito sancionatório de carácter punitivo» que tem aquele ramo do direito como paradigma.

Não admira, por isso, que o Direito Penal tenha sido definido como direito subsidiário, nos termos do artigo 32.º do Regime Geral e que, coerentemente, o Código de Processo Penal seja direito subsidiário, no que

[4] Costa Pinto, "O Ilícito de Mera Ordenação Social e a Erosão do Princípio da Subsidiariedade da Intervenção Penal", *Direito Penal Económico e Europeu – Textos Doutrinários*, Volume I, Coimbra Editora, 1998, p. 212.

[5] Costa Pinto, *Ibidem*.

se refere ao regime processual, por força do disposto no artigo 41.º do mesmo regime.

Apesar da evolução que o Direito das Contraordenações sofreu ao longo do seu período de vigência e da aproximação que se verificou, em algumas áreas, ao Direito Penal, mantém-se ainda o fundamental das linhas estruturantes deste sector do sistema jurídico[6].

§ 2.º – Síntese da evolução do Direito das Contraordenações

Nascido nos quadros da Reforma Penal que se veio a consolidar em 1982, o Direito das Contraordenações seguiu uma vida própria ao longo destes 40 anos, afastando-se pontualmente do projeto inicial.

Não é inteligível o regime em vigor sem prestar atenção às alterações do Regime Geral, concretamente as decorrentes das revisões deste regime de 1989[7] e de 1995[8], pelo conteúdo das alterações introduzidas, e, no caso da última, pela dinâmica que desencadeou.

Mas a compreensão integral deste regime exige que se tenham em conta também componentes do regime sancionatório das contravenções na vigência do Código Penal de 1886, que se projetaram na adaptação de várias áreas de atividade ao regime contraordenacional e na modelação dos regimes criados, vindo algumas dessas componentes a ter assento no próprio Regime Geral, nomeadamente, na sequência da reforma de 1995.

A compreensão do Direito das Contraordenações atual exige igualmente a ponderação dos seus segmentos abrangidos pelos chamados "regimes especiais", por força das alterações introduzidas por estes em partes do regime substantivo e processual constante do Regime Geral, muitas delas ditadas pela intenção de transpor institutos do Direito Penal e do Processo Penal para o Direito das Contraordenações, face ao silêncio daquele regime sobre os institutos abrangidos.

[6] Sobre a evolução do Direito das Contraordenações, cfr. COSTA PINTO, *Obra citada, pp.* 215 e ss. e "As garantias do Estado de Direito e a evolução do direito de mera ordenação social", *SCIENTIA IURIDICA*, maio- agosto de 2017, Tomo LXVI, pp. 243 e ss.

[7] Decorrente do Decreto-Lei n.º 356/89, 17 de outubro.

[8] Decorrente do Decreto-Lei n.º 244/95, 14 de setembro.

Esta tendência teve uma expressão significativa na área da regulação face à gravidade dos ilícitos criados e à necessidade sentida de encontrar formas de maleabilizar o sancionamento de condutas no quadro das molduras abstratamente previstas.

A este cenário evolutivo preside como pano de fundo a questão das relações entre o Direito das Contraordenações e o Direito Penal, com expressão nas normas do Regime Geral que assumem, quer o Direito Penal, quer o Direito Processual Penal como regimes subsidiários.

A toda esta evolução não é alheia a forma como o Regime Geral conformou o processo com base no princípio da legalidade, a que adiante nos dedicaremos, excluindo a possibilidade de a Administração encontrar, discricionariamente, soluções para os casos em que as finalidades subjacentes ao sistema sancionatório sejam preenchidas sem processo e sem sanção propriamente dita.

A multiplicação de regimes especiais tem conduzido a uma balcanização do Direito das Contraordenações, com a diluição do conceito de Regime Geral, pondo em causa a dimensão de estabilidade e coerência do sistema jurídico que se pretendia através daquele regime.

§ 3.º – Noção de Regime Geral das Contraordenações e de Regimes especiais

Resulta do o artigo 165.º, n.º 1, al. d), da Constituição da República, que é da exclusiva competência da Assembleia da República legislar sobre «regime geral da punição das infrações disciplinares, bem como dos atos ilícitos de mera ordenação social e do respetivo processo», podendo a Assembleia da República autorizar o Governo a legislar sobre estas matérias.

Estão a coberto desta norma os princípios gerais sobre a interpretação e aplicação do Direito Contraordenacional, os pressupostos da responsabilidade pela prática do ilícito contraordenacional, o regime das sanções e o processo.

No âmbito desta norma, o Governo pode criar contraordenações e estabelecer as respetivas sanções, pode igualmente atribuir a competência para sancionar as condutas abrangidas, mas tem de o fazer no respeito pelo quadro emergente do Regime Geral, nomeadamente, quanto aos limites abstratamente previstos das sanções estabelecidas.

O desrespeito por este princípio, nomeadamente, em sede de limites de sanções, motivou múltiplas tomadas de posição do Tribunal Constitucional no sentido da inconstitucionalidade das mesmas.

Tentando uma visão geral dos regimes especiais é fácil concluir que não há um critério rígido relativamente ao âmbito destes diplomas.

A criação destes regimes resultou muitas vezes, como se disse, da forma como se fez a adaptação de regimes sancionatórios anteriores, o que é patente nas contraordenações rodoviárias[9], nas contraordenações do trabalho[10], da Segurança Social[11], nas contraordenações fiscais[12] e em muitas outras. Em alguns casos, o legislador aproveitou esses regimes que adaptou.

Foi assim que o conceito de participação, do especial valor probatório dos autos de notícia, da extinção do procedimento por pagamento voluntário e concretos regimes de notificações, matérias sobre as quais o Regime Geral era omisso, começaram a integrar o Direito Contraordenacional.

A questão das notificações tornou-se premente a partir da entrada em vigor do Código de Processo Penal de 1988, face à complexidade do regime de notificações estabelecido e à insusceptibilidade de transposição do mesmo para o processo das contraordenações.

A transposição para o regime das contraordenações de áreas de atividade que tinham um específico sistema sancionatório anterior veio introduzir também outros debates, já de natureza substantiva, tais como a possibilidade de suspensão de execução da coima ou de medidas atenuativas, como a atenuação especial da pena para o Direito das Contraordenações.

[9] Cfr. artigos 135.º e ss. do Código da Estrada aprovado pelo Decreto-Lei n.º 114/94, de 3 de maio, com o anterior Código da Estrada, aprovado pelo Decreto Lei n.º 39672, de 20 de maio de 1954.

[10] Cfr. Decreto-Lei n.º 491/85, de 26 de novembro.

[11] Cfr. Decreto-Lei n.º 64/89, de 25 de fevereiro.

[12] Cfr. Artigos 180.º e ss. do Código de Processo Tributário, aprovado pelo Decreto-Lei n.º 154/91, de 23 de abril, face ao Código de Processo das Contribuições e Impostos, aprovada pelo Decreto-Lei n.º 45005, de 27 de abril de 1963.

A expansão da regulação a várias áreas de atividade económica consolidou a consagração de regimes especiais, com influências recíprocas. É o caso pioneiro do regime da regulação bancária[13], logo seguido pelo do Mercado dos Valores Mobiliários[14] e pelo Regime Jurídico da Concorrência[15].

Estes regimes consagram soluções que vieram a ser transpostas para outras áreas abrangidas pela regulação, e mesmo fora destas, constatando-se hoje uma interpenetração de institutos oriundos destes diferentes regimes.

§ 4.º – Caraterização dos regimes especiais

Tentando uma caracterização dos regimes especiais das contraordenações, constata-se que as alterações introduzidas sobre o Regime Geral mais importantes incidem sobre:

- A introdução de normativos sobre notificações – motivada, em parte, pelo regime de notificações original do Código de Processo Penal de 1988 e pelos problemas estruturais que provocou[16];
- A normatização autónoma da notícia da infração recuperando a noção de participação que o Código de Processo Penal de 1988 tinha abandonado;[17]

[13] Aprovado pelo Decreto-Lei n.º 298/92, de 31 de dezembro,

[14] Decorrente do Código dos Valores Mobiliários aprovado pelo Decreto-Lei n.º 486/99, de 13 de novembro.

[15] Decorrente da Lei n.º 18/2003, de 11 de junho, revogada pela Lei n.º 19/2012, de 8 de maio, em vigor.

[16] Cfr. artigo 7.º do Regime Processual das Contraordenações Laborais e da Segurança Social, aprovado pelo Decreto-Lei n.º 107/2009, de 14 de setembro; artigo 43.º da Lei Quadro das Contraordenações Ambientais, aprovada pela Lei n.º 50/2006, de 29 de agosto; artigo 46.º Regime Jurídico das Contraordenações Económicas, aprovado pelo Decreto-Lei n.º 9/2021, de 29 de janeiro,

[17] Cfr. artigo 13.º do Regime Processual das Contraordenações Laborais e da Segurança Social, aprovado pelo Decreto-Lei n.º 107/2009, de 14 de setembro; artigos 45.º e 46.º da Lei Quadro das Contraordenações Ambientais, aprovada pela Lei n.º 50/2006, de 29 de agosto; artigos

- A recuperação do pagamento voluntário da coima como forma de extinção do procedimento, que acabou por ser integrada no Regime Geral em 1995;[18]
- A dispensa de investigação preliminar nas situações em que houvesse auto de notícia, recuperando o especial valor probatório deste, superando o silêncio do Regime Geral sobre a investigação preliminar;[19]
- O regime da audição do imputado, prevendo-se formas diversas de concretização do mesmo, afastando em alguns casos a disciplina do artigo 50.º do Regime Geral decorrente da revisão de 1995;[20]
- A consagração de formas de abertura ao contraditório específicas, recuperando a figura da acusação;[21]
- A introdução de critérios relativos à fixação da coima, afastando o regime introduzido em 1995, no artigo 18.º do Regime Geral;[22]
- A consagração de formas de atenuação da sanção e da suspensão de execução das coimas, não previstas no Regime Geral e que a aplicação subsidiária do Código Penal não permitia, com especial incidên-

53.º e 54.º Regime Jurídico das Contraordenações Económicas, aprovado pelo Decreto-Lei n.º 9/2021, de 29 de janeiro,

[18] Cfr. artigo 19.º do Regime Processual das Contraordenações Laborais e da Segurança Social, aprovado pelo Decreto-Lei n.º 107/2009, de 14 de setembro; artigo 54.º da Lei Quadro das Contraordenações Ambientais, aprovada pela Lei n.º 50/2006, de 29 de agosto; artigo 47.º Regime Jurídico das Contraordenações Económicas, aprovado pelo Decreto-Lei n.º 9/2021, de 29 de janeiro

[19] Cfr. artigos 153.º e 155.º Código da Estrada, aprovado pelo Decreto-Lei n.º 114/94, de 03 de maio.

[20] Cfr. artigo 70.º do Regime Geral das Infrações Tributárias; artigo 17.º, n.º 2 do Regime Processual aprovado pela Lei n.º 107/2009, de 14 de setembro.

[21] Cfr. artigo 219.º -A do Regime Jurídico aprovado pelo Decreto-Lei n.º 296/82, de 31 de dezembro; artigo 414.º -A do Código dos Valores Mobiliários; artigo 24.º da Lei n.º 19/2012, de 8 de maio.

[22] Cfr. artigo 206.º do Regime aprovado pelo Decreto-Lei n.º 298/82, de 31 de dezembro; artigo 405.º do Código dos Valores Mobiliários; artigo 69.º da Lei n.º 19/2012, de 8 de maio – Regime Jurídico da Concorrência. artigo 27.º do Regime Geral das Infrações Tributárias.

cia no âmbito da Regulação, como forma de permitir uma mais justa determinação da sanção;[23]

- A partir da entrada em vigor do Código de Processo Penal de 1988 surge o recurso às soluções assentes no consenso, com destaque para o processo de advertência e para a adaptação do processo sumaríssimo;[24]
- A remessa para o âmbito das execuções fiscais da execução das coimas não impugnadas judicialmente, fenómeno que tem expressão no artigo 64.º do Regime Jurídico das Contraordenações Económicas, mas que já tem antecedentes, nomeadamente nas contraordenações relativas ao não pagamento de portagens em autoestradas, nos termos do artigo 17.º-A da Lei n.º 25/2006, de 30 de junho, na redação resultante da Lei n.º 55.º -A/2010, de 31 de dezembro, e que foi assumida de forma geral pela Lei n.º 27/2019, de 28 de março.

Fenómeno diverso, que se caracteriza pela criação de regimes que reproduzem em grande parte dos seus dispositivos o Regime Geral, mas onde se introduzem, depois, especialidades, são os casos do Regime das Contraordenações Ambientais, decorrente da Lei n.º 50/2006, de 29 de agosto e do recente Regime Jurídico das Contraordenações Económicas – Lei n.º 9/2021, de 29 de janeiro.

Trata-se aqui de criar um regime geral específico para um concreto universo de contraordenações, dando-lhe uma disciplina comum, mas reproduzindo em grande parte a disciplina do Regime Geral que, apesar disso, se assume como direito subsidiário.

Pontualmente introduzem-se soluções normativas que se afastam das consagradas no Regime Geral.

[23] Cfr. artigo 223.º do Regime Jurídico decorrente do Decreto-Lei n.º 298/82, de 31 de dezembro; artigo 405.º -A do Código dos Valores Mobiliários; artigo 70.º do Regime aprovado pela Lei n.º 19/2012, de 8 de maio; artigo 32.º do Regime Geral das Infrações Tributárias; artigo 23.º do Regime aprovado pelo Decreto-Lei n.º 9/2021, de 29 de janeiro.

[24] Artigos 214.º e 227 -A do Regime decorrente do Decreto-Lei n.º 298/82, de 31 de dezembro; artigos 413.º e 414.º do Código dos Valores Mobiliários; artigos 47.º -A do Regime decorrente da Lei n.º 50/2006, de 29 de agosto; artigo 56.º do Regime decorrente do Decreto-Lei n.º 9/2021, de 29 de janeiro e artigos 28.º a 31.º do Regime decorrente da Lei n.º 107/2009, de 14 de setembro.

Pioneiro deste tipo de regimes especiais foi o Regime das Contraordenações Laborais e da Segurança Social que, tendo nascido da adaptação de regimes sancionatórios anteriores ao Decreto-Lei n.º 433/82, de 27 de outubro, veio a ter uma influência clara na modelação dos regimes das contraordenações ambientais, tendo igualmente projeções no recente Regime das Contraordenações Económicas.

Merecem destaque algumas situações especiais entre elas:

- A originalidade das formas de transação previstas nos artigos 22.º e 27.º do Regime Jurídico da Concorrência;
- A intervenção da autoridade administrativa na audiência e a possibilidade de interposição de recurso, com vasta expressão no âmbito da Regulação;[25]
- O caso do representante da Fazenda no Regime Geral das Infrações Tributárias;[26]
- O afastamento expresso do princípio da *reformatio in pejus* resultante da reforma de 1995 – presente em vários diplomas, nomeadamente, no âmbito da Regulação;[27]
- O artigo 88.º da Lei da Concorrência – Lei n.º 19/2012, de 8 de maio.
- A consagração expressa da necessidade de ponderação, em sede de conhecimento do recurso de impugnação, da prova produzida pela autoridade administrativa, superando o silêncio do Regime Geral, embora se trate de princípio que a coerência do sistema exigia.[28]

[25] Cfr. artigos 228.º do Regime decorrente do Decreto-Lei n.º 298/92, de 31 de dezembro; artigo 416.º do Código dos Valores Mobiliários; artigo 87.º da Lei n.º 19/2012, de 8 de maio.

[26] Cfr. artigos 81 e 82.º do Regime Geral das Infrações Tributárias, decorrente da Lei n.º 15/2001, de 5 de junho.

[27] Artigo 88.º da Lei n.º 19/2012, de 8 de maio; n.º 9, do artigo 416.º do Código dos Valores Mobiliários; n.º 3 do artigo 230.º do regime decorrente do Decreto-Lei n.º 298/92, de 31 de dezembro; artigo 75.º do regime decorrente da Lei n.º 50/2006, de 29 de agosto.

[28] Cfr. artigo 230.º do Regime decorrente do Decreto-Lei n.º 298/92, de 31 de dezembro; artigo 416.º, n.º 5 do Código dos Valores Mobiliários; n.º 8 do artigo 87.º da Lei n.º 19/2012, de 8 de maio.

- O condicionamento do efeito suspensivo do recurso de impugnação em matérias de regulação, objeto de múltiplas divergências em sede de jurisprudência constitucional.[29]
- O estabelecimento de regras específicas relativamente ao cômputo dos prazos, afastando a solução decorrente do Regime Geral, nomeadamente, no que se refere ao recurso de impugnação.[30]
- A solução processual adotada nas contraordenações em matéria de acesso a documentos administrativos, no âmbito da Comissão de Acesso aos Documentos Administrativos – CADA[31].
- A adoção da forma digital dos atos processuais.

§ 5.º – Alterações mais significativas sofridas pelo Regime Geral

Tal como se referiu, a compreensão do Direito das Contraordenações em vigor exige a ponderação das alterações de 1989, com especial incidência no quadro das sanções acessórias e da competência para o conhecimento do recurso de impugnação.

Nesta revisão o critério da sede da autoridade administrativa competente, para indexar a competência do tribunal para conhecer do recurso de impugnação ao local da prática da infração, segue a linha da solução do processo penal.

A alteração acabou por ser esvaziada na área da regulação, primeiro com a consagração da jurisdição de Lisboa como competente para conhecer do recurso, solução abandonada com a criação do Tribunal da Concorrência, Regulação e Supervisão, com sede em Santarém.

[29] N.ºs 4 e 5 do artigo 84.º da Lei n.º 19/2012, de 8 de maio. Sobre esta problemática, cfr. Francisco Veiga, "O acórdão n.º 123/2018 do Tribunal Constitucional e suas declarações de voto – Breves notas ao efeito da impugnação das decisões contraordenacionais de entidades reguladoras", *Revista da Concorrência e Regulação*, n.ºs 42 e 43 MARÇO/SETEMBRO 2020, disponível *in* https://www.concorrencia.pt/sites/default/files/imported-magazines/Revista_CR_42-43.pdf.

[30] Artigo 44.º do Regime decorrente do Decreto-lei n.º 9/2021, de 29 de janeiro; cfr. artigo 6.º do Regime decorrente da Lei n.º 107/2009, de 14 de setembro.

[31] Cfr. artigos 41.º e 42.º da Lei n.º 26/2016, de 22 agosto de 2016.

No que se refere a especificidades de competência para conhecimento dos recursos de impugnação, importa ter igualmente presente o regime das contraordenações tributárias, atribuído desde sempre aos Tribunais Tributários e o regime das contraordenações urbanísticas, recentemente atribuído aos Tribunais Administrativos.[32]

De relevo são igualmente as alterações introduzidas no Regime Geral em 1995, com incidência no regime do concurso de infrações – art.º 19.º; no regime da determinação da coima – artigo 18.º; na concretização da audição e defesa – artigo 50.º; no prazo para a interposição do recurso de impugnação – n.º 3 do art.º 59 e artigo 60.º; e na introdução da *reformatio in pejus* – art.º 72.º -A; entre outras; soluções normativas; sobre as quais abaixo nos concentraremos.

Tratam-se de alterações ao Regime Geral que em muitos casos o desvirtuaram em aspetos estruturais, pondo em causa a coerência que inicialmente o caracterizava.

§ 6.º – A relação do Direito das Contraordenações com o Direito Penal e Processual Penal – A subsidiariedade

Por força do disposto no artigo 41.º, n.º 1, do Decreto-Lei n.º 433/82, de 27 de outubro, que tem por epígrafe «direito subsidiário», sempre que o contrário não resulte deste diploma, «são aplicáveis, devidamente adaptados, os preceitos reguladores do processo criminal»[33].

Decorre deste dispositivo a afirmação de que o Código de Processo Penal é direito subsidiário relativamente ao processo das contraordena-

[32] Alteração ao artigo 4.º, n.º 1, al.) l, Estatuto dos Tribunais Administrativos e Fiscais, decorrente do Decreto-Lei n.º 214-G/2015, de 2 de outubro, que ficou com a seguinte redação: «1 – Compete aos tribunais da jurisdição administrativa e fiscal a apreciação de litígios que tenham por objeto questões relativas a: l) l) Impugnações judiciais de decisões da Administração Pública que apliquem coimas no âmbito do ilícito de mera ordenação social por violação de normas de direito administrativo em matéria de urbanismo».

[33] Sobre o artigo 41.º, n.º 1 do Regime Geral, cfr. Costa Pinto, "Acesso de Particulares a Processos de Contraordenação Arquivados", *Estudos em Homenagem à Professora Doutora Isabel de Magalhães Colaço*, Almedina, Volume II, pp. 601 e ss. e Mário Monte, *Lineamentos*, pp. 89 e ss.

ções, o que pressupõe o recurso às soluções normativas daquele código sempre que se constate a inexistência de solução própria nos quadros do regime específico das contraordenações.

A importação das soluções daquele código não é, contudo, direta, devendo passar, sempre que necessário, por um processo de adaptação aos princípios e às soluções processuais próprias do Direito das Contraordenações, de forma a salvaguardar a harmonia do processo e a afastar disjunções que podem afetar a aplicação do direito.

Nas situações em que se constate a necessidade de recorrer às soluções do direito subsidiário impõe-se, pois, ao intérprete o cuidado de avaliar previamente as soluções do processo penal e a sua articulação com as especificidades do processo das contraordenações, de forma a respeitar os valores acima referidos, em conformidade com o comando legal, «devidamente adaptados», constante daquela norma.

Só através deste processo de adaptação é possível salvaguardar a autonomia do processo das contraordenações face ao processo penal e respeitar os princípios e os valores que inspiram as especificidades das soluções processuais que consagra.[34]

A referida norma do artigo 41.º tem eficácia em todas as fases do processo das contraordenações, sendo aplicável quer na fase administrativa, quer na fase do recurso de impugnação.

Na verdade, o processo das contraordenações não pode ser considerado como um procedimento administrativo especial para efeitos do disposto no n.º 7 do artigo 2.º do Código do Procedimento Administrativo, pelo que está excluída a aplicação subsidiária, em primeira linha, deste código à fase administrativa do processo das contraordenações.

Embora o procedimento das contraordenações integre, na sua fase administrativa, uma atuação materialmente administrativa, esta forma de atuar sempre obedeceu a um procedimento próprio de natureza sancionatória, moldado a partir do processo penal, que é expressamente assumido como direito subsidiário.

[34] Sobre o processo de aplicação desta norma, cfr. Tiago De Azevedo, *Da Subsidiariedade no direito das contraordenações: problemas, críticas e sugestões práticas*, Coimbra Editora, 2011, pp. 183 e ss.

Trata-se de uma fase de um processo que tem como direito subsidiário, na sua globalidade, o processo penal, nos termos do referido n.º 1 do artigo 41.º daquele Decreto-Lei n.º 433/82, de 27 de outubro.

Conforme refere Costa Pinto, «iniciado um processo de contraordenação existe a possibilidade de atos da Administração – que fora desse contexto seriam atos administrativos *tout court* (sujeitos, portanto, ao regime e garantias próprias do Direito Administrativo) – passarem a ser regulados por outro sector do sistema jurídico. Nestes termos, quando um ato de uma autoridade administrativa possa ser visto simultaneamente como um *ato administrativo* e *um ato integrador de um processo de contraordenação*, o seu regime jurídico, nomeadamente para efeitos de impugnação, deverá ser, em princípio, o do ilícito de mera ordenação social e, subsidiariamente, o regime do processo penal, mas não o regime do Código do Procedimento Administrativo. Uma solução diferente criaria o risco de um bloqueio completo da atividade sancionatória da administração por cruzamento de regimes e garantias jurídicas»[35].

Os procedimentos especiais previstos no n.º 5 do artigo 2.º do Código do Procedimento Administrativo, pelo Decreto-Lei n.º 4/2015, de 07 de janeiro, aprovado com base na Lei de Autorização Legislativa n.º 42/2014, de 11 de julho, são aqueles que se encontram dispersos pela legislação administrativa, nomeadamente, os licenciamentos, os loteamentos urbanos, os procedimentos concursais e outros.

Não cabem nesse âmbito os procedimentos sancionatórios na medida em que tenham como direito subsidiário o direito processual penal, uma vez que é com este ramo do direito que aqueles procedimentos se articulam, já que foram moldados a partir dele, e é nesse procedimento que sistematicamente se inserem.

O Código do Procedimento Administrativo só seria, deste modo, direito subsidiário do processo das contraordenações se se desse como revogado o disposto no n.º 1 do artigo 41.º do Regime Geral das Contraor-

[35] "O Ilícito de Mera Ordenação Social e a Erosão do Princípio da Subsidiariedade da Intervenção Penal", *Direito Penal Económico e Europeu: Textos Doutrinários*, Volume I, Coimbra Editora, 1998, p. 260.

denações, o que dada a especialidade desta norma, não seria possível sem uma referência expressa.

Acresce que sendo o processo das contraordenações um todo que se desdobra por várias fases, não pode o mesmo procedimento ter como direito subsidiário numa fase o Código do Procedimento Administrativo e noutra fase o Código de Processo Penal, o que criaria distorções inaceitáveis.

Tal como refere Costa Pinto, a solução que se defende, «apesar de implicar como que uma metamorfose jurídica dos atos administrativos em atos de um processo de contraordenação, parece ser aquela que é ditada não só pelo enquadramento constitucional das garantias em processo de contraordenação, mas também pelo facto de o Regime Geral das Contraordenações determinar a aplicação subsidiária do processo penal (artigo 41.º do regime geral) e equiparar os poderes instrutórios em processo de contraordenação aos poderes de polícia de investigação criminal (artigo 48.º, n.º 2), negando implicitamente qualquer recurso subsidiário ao Direito Administrativo»[36].

Por outro lado, importa também não perder de perspetiva, tal como refere Figueiredo Dias, a «dificuldade prática – que em certos casos será mesmo de impossibilidade – de manter uma estrita e completa separação entre processo de contraordenação e processo penal. Não raramente sucederá, desde logo, que só no decurso do processo se poderá determinar se a conduta do arguido integra um crime, uma contraordenação, ou até uma e outro»[37], o que justifica o regime de conversão do processo de contraordenação em processo penal, previsto no artigo 76.º do Decreto-Lei n.º 433/82, de 27 de Outubro, ou o regime de conhecimento de contraordenações no processo penal, decorrente dos artigos 77.º e 78.º do mesmo diploma.

[36] *Obra citada*, p. 261.

[37] *Temas Básicos da Doutrina Penal*, Coimbra Editora, 2001, p. 153.

§ 7.º - Aspetos gerais da estrutura do processo das contraordenações

Mau grado o Código de Processo Penal seja direito subsidiário do regime processual das contraordenações, importa que se tenha desde já por assente que o processo das contraordenações não é uma forma de processo penal, tal como acontecia no Código de Processo Penal de 1929 com o processo das transgressões.

Afirmar que o processo das contraordenações não é uma forma de processo penal é uma afirmação tautológica, mas decorre da função processual que o mesmo realiza que lhe introduz especialidades que o afastam do processo penal.

Com efeito, apesar das ligações que mantém com o processo penal, o processo das contraordenações distancia-se daquele quer na estrutura do processo, quer no regime de múltiplos atos processuais.

Concebido o Direito das Contraordenações como um instrumento de intervenção administrativa de natureza sancionatória no sentido de dar maior eficácia à ação administrativa, o núcleo fundamental dos poderes sancionatórios, quer ao nível da iniciativa processual, quer ao nível decisório propriamente dito, é atribuído à Administração, relegando a intervenção judiciária para um nível de subsidiariedade.

Incumbe deste modo à Administração o conhecimento das infrações e o respetivo sancionamento, sendo os tribunais chamados apenas a intervir pela via do recurso de impugnação, em caso de discordância dos condenados relativamente às decisões proferidas, em primeiro nível, pela Administração.

Os tribunais intervêm igualmente nos casos de discordância, em sede de recurso, por parte do arguido relativamente a medidas restritivas de direitos, de natureza transitória, tomadas pela Administração ao longo do processo (artigo 55.º do Regime Geral).

Costuma falar-se em fase administrativa do processo para designar a intervenção administrativa no mesmo - que vai da notícia da infração à decisão propriamente dita, prevista no artigo 58.º do regime geral - e em fase do recurso de impugnação para designar o conjunto de atos processuais que vão da interposição do recurso à decisão do mesmo nos tribunais (artigos 62.º e ss. daquele regime).

Na fase administrativa do processo relevam três momentos que integram conjuntos de atos cuja compreensão é decisiva na dinâmica do processo.

Configura-se, assim, um primeiro momento do processo que vai da notícia da infração ao cumprimento do artigo 50.º; um segundo momento que integra os atos subsequentes à intervenção prevista nesta norma, seguindo-se a decisão final.

É o facto de as contraordenações não serem crimes que permite que seja um órgão da administração pública a sancioná-las, reconhecendo o sistema jurídico ao condenado o direito de provocar a intervenção de um tribunal no sentido de reapreciar a ponderação dos factos subjacentes à intervenção administrativa.

Estamos assim muito longe dos factos que se possam considerar crimes em que o sistema jurídico exige que o seu sancionamento só seja possível através da intervenção do sistema judiciário.

Como se referiu, se o condenado se conformar com a decisão administrativa, o sistema realiza-se sem qualquer intervenção dos tribunais. Por esta via, o sistema jurídico realiza também uma das finalidades que está subjacente à introdução do Direito da Contraordenações no quadro de uma reforma penal e dando execução a objetivos claros de política criminal[38].

O processo das contraordenações surge assim como a estrutura através da qual a Administração assume os seus poderes sancionatórios e lhes dá execução em ordem ao reforço da sua intervenção no âmbito da realização das políticas sociais.

Na lógica do sistema, incumbe à Administração o enquadramento normativo de concretas atividades sociais, condicionando o acesso às mesmas, fiscalizando a forma como as mesmas são exercidas e sancionando o incumprimento da disciplina administrativa estabelecida.

[38] Figueiredo Dias, "O movimento de descriminalização e o ilícito de mera ordenação social", *Direito Penal Económico e Europeu*, Volume I, Coimbra Editora, 1998, pp. 19 e ss.

Incumbe, assim, às autoridades administrativas a fiscalização da forma como são exercidas as atividades enquadradas, fiscalização que ocorre no âmbito da atividade dos serviços administrativos.

Do exercício desta atividade fiscalizadora pode resultar informação sobre os incumprimentos da disciplina estabelecida, ou seja, sobre a prática de infrações, o que nas condições legais dará origem a uma notícia da infração.

Podemos falar de processo das contraordenações a partir do momento em que o órgão competente a nível administrativo manda instaurar um processo com base numa notícia de infração.

A sequência de atos jurídicos praticados pela administração no âmbito da sua intervenção sancionatória tendente à decisão a proferir integra, no rigor dos termos, um processo, que, uma vez enviado à esfera judiciária, na sequência do recurso de impugnação, prossegue numa nova fase, mas que não deixa de ser o mesmo, conforme acima se viu.

Por outro lado, se o condenado aceitar a condenação de que foi objeto, e, se a cumprir, o processo esgota-se com a decisão administrativa.

Interposto o recurso de impugnação da decisão administrativa, o processo será enviado ao tribunal competente para conhecer daquele recurso nos termos legalmente estabelecidos e que abaixo serão considerados. Se não for interposto recurso, no caso de a decisão condenatória não ser cumprida, o processo seguirá para execução.

§ 8.º – O ilícito de mera ordenação social no processo penal

O conhecimento do ilícito de ordenação social pode ocorrer tanto no processo próprio das contraordenações como no processo penal.

O modo normal de conhecimento desse tipo de ilícito é o processo das contraordenações, sendo a sua apreciação no processo penal excecional e dependente do preenchimento de determinados pressupostos que se materializam na relação que exista entre os factos que integram o ilícito de mera ordenação e o objeto do processo penal.

A apreciação no processo penal não se encontrava prevista no Decreto-Lei n.º 232/79, de 24 de julho, constituindo a sua introdução no Decreto-Lei n.º 433/82, de 27 de outubro, uma das grandes inovações deste diploma.

Assim, dispõe o artigo 38.º do Regime Geral que a competência para conhecer do ilícito de ordenação é atribuída às autoridades judiciárias, sempre que «se verifique concurso entre crime e contraordenação, ou quando, pelo mesmo facto, uma pessoa deva responder a título de crime e outra a título de contraordenação».

As situações em que pela prática do mesmo facto alguém respondia a título de crime, e outrem a título de contraordenação, resultavam do regime previsto no artigo 16.º, n.º 3, na versão anterior a 1995, onde se estabelecia que «se a lei determinar que um facto em princípio qualificado como contraordenação deve ser considerado como crime devido a certas qualidades ou relações especiais do agente», só se aplicará a lei penal ao comparticipante ou comparticipantes que detenham essas qualidades ou relações especiais.

Em síntese, se um facto qualificado como contraordenação devesse ser considerado como crime por força de certas qualidades do agente, esta alteração da qualificação só se aplicava relativamente aos agentes abrangidos pelas mencionadas qualidades, respondendo os agentes que as não tivessem apenas pela contraordenação.

Neste aspeto o regime das contraordenações afastava-se claramente do regime decorrente do artigo 28.º do Código Penal e do regime de extensão de ilicitude aí previsto.

A revogação do n.º 3 do artigo 16.º, operada pela revisão de 1995, pode ter deixado sem conteúdo a referência que consta do artigo 38.º do mesmo Regime Geral à circunstância de pelo mesmo facto alguém responder a título de crime e outrem a título de contraordenação, sendo aplicável o regime do artigo 28.º do Código Penal.

Nas situações abrangidas por aquele artigo 38.º o ilícito de mera ordenação fica subordinado ao processamento próprio do ilícito penal.

Assim, a competência para a respetiva investigação e processamento vai caber ao Ministério Público no contexto do inquérito em que averigue o ilícito criminal conexo com as contraordenações.

À luz desta subordinação, o artigo 40.º impõe às autoridades administrativas que remetam o processo ao Ministério Público «sempre que considere que a infração constitui um crime».

Por outro lado, no caso de ter sido instaurado processo autónomo por parte das autoridades administrativas, o Ministério Público pode avocar esse processo nas situações descritas no n.º 2 do artigo 38.º daquele Regime Geral, ou seja, sempre que o justificarem razões de economia processual ou relativas à prova.

Esta possibilidade de avocação tem, todavia, como limite a circunstância de o processo a correr perante as autoridades administrativas não ter sido ainda decidido com a aplicação de uma coima.

A circunstância de o ilícito de ordenação ser investigado no inquérito a cargo do Ministério Público vem criar uma relação específica entre as autoridades administrativas e aquela Magistratura.

Refere o artigo 56.º, n.º 1, que as autoridades administrativas têm nesses processos «os direitos e deveres das autoridades policiais em relação ao processo criminal».

O Código de Processo Penal enquadrou as autoridades policiais nas tarefas do processo sob o conceito de subordinação funcional, especificando o artigo 55.º daquele diploma que» compete aos órgãos de polícia criminal coadjuvar as autoridades judiciárias com vista à realização das finalidades do processo», e referindo o artigo 56.º do mesmo Código que a intervenção ocorre no contexto da orientação das autoridades judiciárias e na sua dependência funcional.

Em coerência com esta ideia, o já referido artigo 56.º, n.º 1, impõe às autoridades administrativas o dever de colaboração com as autoridades judiciárias nas tarefas de averiguação do ilícito de ordenação e no respetivo processamento.

Para que tal colaboração seja exaustiva, e para que o acompanhamento do processo pelas autoridades seja eficaz, o Regime Geral prevê no seu artigo 45.º o regime de acesso ao processo criminal por parte das autoridades administrativas, referindo que aquelas poderão «examinar os autos bem como os objetos apreendidos».

Além disso, o Regime Geral, no seu artigo 56.º, n.º 3, impõe ao Ministério Público a obrigação de ouvir as autoridades administrativas sempre que entenda arquivar o processo relativamente ao ilícito de ordenação.

Tal audição, que tem outras expressões ao longo do diploma, destina-se a habilitar o Ministério Público com a posição daquelas autoridades, o que sempre o poderá apoiar na formulação da decisão que se propõe tomar.

Ainda neste contexto, o n.º 2 daquele artigo impõe a comunicação às autoridades administrativas da acusação deduzida que abranja o referido ilícito, a levar a cabo nos termos do artigo 283.º do Código de Processo Penal.

O enquadramento no âmbito do inquérito do ilícito de ordenação vai também refletir-se na sua decisão de encerramento.

Assim, quando o Ministério Público entenda que se mostram preenchidos os pressupostos de uma decisão acusatória relativamente ao ilícito de ordenação, simultaneamente com a matéria de natureza criminal, deve deduzir uma acusação global onde enquadre o referido ilícito de ordenação, por força do disposto no artigo 57.º do Regime Geral.

Mas se o Ministério Público entender que deve arquivar o inquérito na parte criminal e que subsiste ilícito de ordenação em relação ao qual o processo deva prosseguir, remeterá o processo à autoridade administrativa competente para que esta promova o procedimento no âmbito do processo das contraordenações, nos termos do artigo 38.º, n.º 3, do Regime Geral.

A decisão proferida pelo Ministério Público nesta área vincula as autoridades administrativas, conforme decorre do n.º 4 do já referido artigo 38.º.

Apesar de enquadrado no âmbito do inquérito e de subordinado às regras de processamento próprias do processo penal, o ilícito de ordenação não perde, todavia, a sua autonomia continuando, apesar disso, com alguns aspetos específicos.

Assim, resulta do n.º 1 do artigo 78.º, n.º 1, que continuam a aplicar-se as normas dos artigos «42.º, 43.º, 45.º, 58.º, números 1 e 3, 70.º e 83.º» relativamente ao processamento das contraordenações.

A referência ao artigo 42.º tem consequências relevantes em termos de meios de prova e de obtenção de prova legítimos para a investigação daqueles ilícitos, tendo de se entender como expressamente vedado o recurso na instrução do inquérito a meios de prova e de obtenção de prova que não seriam permitidos no processo das contraordenações.

Tal proibição afeta apenas as diligências que se destinem, em exclusivo, à investigação de contraordenações.

Finalmente o ilícito de ordenação segue por inteiro o regime do ilícito criminal na audiência de julgamento e a decisão a proferir, seja ela condenatória ou absolutória, terá necessariamente que o tomar em consideração – artigo 39.º do Regime Geral.

Em caso de absolvição da matéria criminal, o juiz terá de condenar pela prática da contraordenação quando dê como provada factualidade integrativa daquele ilícito e se mostrem preenchidos os demais pressupostos.

Não vigora aqui a possibilidade de remessa do processo para as autoridades administrativas que se encontra no termo do inquérito, prevista no artigo 38.º, n.º 3, do Regime Geral.

Resulta do disposto no n.º 1 do artigo 77.º do Regime Geral, que o Tribunal pode qualificar como contraordenação um facto que tenha sido qualificado como crime pelo Ministério Público na acusação deduzida.

Nessa situação, conforme decorre do n.º 2 daquele artigo, «se o tribunal só aceitar a acusação a título de contraordenação, o processo passará a obedecer aos preceitos desta lei», ou seja, segue os termos do processo das contraordenações.

Esta passagem do processo de natureza criminal para os termos do processo das contraordenações abre caminho, desde logo, ao cumprimento do disposto nos artigos 64.º e 65.º do Regime Geral e às demais especialidades processuais da audiência de julgamento no âmbito do recurso de impugnação.

Capítulo II
Princípios Fundamentais

§ 1.º – O princípio da legalidade no processo das contraordenações

Apesar da sua autonomia, o processo das contraordenações rende o seu tributo ao processo penal, de onde importou alguns dos seus princípios estruturantes.

Assim, o próprio artigo 43.º do Regime Geral impõe o "princípio da legalidade" como uma das bases do processo, com todo o conjunto de corolários que do mesmo derivam relativamente à obrigatoriedade de instauração e de prossecução do processo e à recusa de quaisquer critérios de oportunidade na definição do seu destino.

À luz desta norma, conforme refere ALFREDO DE SOUSA, «não pode pois a Administração Fiscal, perante o conhecimento de factos integradores de contraordenações (e por maioria de razão de crimes fiscais) decidir-se pela não instauração do processo respetivo, ou instaurado ele e provados os factos (ou ainda sem haver concluído pela sua não comprovação), abster-se de aplicar a sanção respetiva, «perdoando», por mero critério de oportunidade como tantas vezes sucedeu no regime do processo de transgressão fiscal»[39].

Mau grado existam importantes razões que poderão justificar a consagração do princípio da legalidade como base do processo, a verdade é que o mesmo priva a Administração da possibilidade de seleção, com critérios, dos procedimentos a sancionar, retirando-lhe a faculdade de utilizar

[39] *Infrações Fiscais Não Aduaneiras*, Almedina, 1990, p. 161.

a possibilidade de instauração do procedimento como elemento indutor ao cumprimento da legalidade.

Acresce que mesmo países que estruturam o processo penal com base no princípio da legalidade não enquadram a atividade administrativa de natureza sancionadora nos parâmetros daquele princípio[40].

§ 2.º – O princípio da oportunidade e a discricionariedade administrativa

A opção do legislador do Regime Geral das Contraordenações pelo princípio da legalidade processual como princípio estruturante do processo, quer na versão inicial deste Regime – a que resultava do Decreto-Lei n.º 232/79, quer no artigo 43.º do ainda vigente Decreto Lei n.º 433/82, de 27 de outubro, representou uma rutura com o modelo alemão que lhe serviu de fonte inspiradora e deu origem a uma série de distorções na aplicação deste ramo do Direito que persistem apesar do longo período de vigência.

Sobre a solução vigente no sistema jurídico alemão referiu PINTO DE ALBUQUERQUE, o seguinte:

> «A disposição do artigo 43.º do RGCO consagra o princípio da legalidade do processo de contraordenações. Esta disposição contraria a solução do § 47.º da OWiG alemã que consagrou o princípio da oportunidade em qualquer fase do processo contraordenacional, como a solução mais consentânea com a própria natureza do direito de mera ordenação social, pois a "ordenação social" consegue-se "alcançar através de uma perseguição direcionada, de determinadas infrações melhor do que através do dever de perseguição de todas as infrações" (...), tanto mais que oportunidade não se confunde com

[40] É o que se passa no sistema alemão de contraordenações, conforme resulta do § 47, 1, da respetiva Lei que refere que «O procedimento relativo aos ilícitos administrativos é deixado à discricionariedade vinculada da autoridade administrativa. Enquanto o processo estiver pendente perante a mesma, pode ser arquivado» in LOPES DA ROCHA, "O Sistema Alemão das Ordnungswidrigkeiten", *Contraordenações*, Escola Superior de Polícia, 1994, 41.

discricionariedade ou arbítrio, concluindo com perfeita consonância a jurisprudência do Bundesverfassungericht e a doutrina alemã que "a autoridade administrativa não pode agir arbitrariamente, portanto, por exemplo, não pode prescindir da perseguição em consideração pela posição ou reputação do arguido ...».[41] [42]

Concebido o Direito das Contraordenações como um instrumento sancionatório que visa o reforço da capacidade de intervenção da Administração na execução dos regimes legais de condicionamento das atividades sociais abrangidas pelo Direito das Contraordenações, não deixa de ser um paradoxo que se tenha privado a Administração de meios legais que lhe permitissem utilizar a potencialidade de sancionamento como uma forma de indução ao cumprimento da normatividade administrativa, abstendo-se do sancionamento nos casos de menor gravidade, ou de gravidade reduzida, e, sobretudo naquelas situações em que o dever omitido se mostre cumprido pelo infrator.

Acresce que a atividade administrativa enquadra uma multiplicidade de áreas onde a Administração está sujeita a espaços de discricionariedade.

O conceito de discricionariedade administrativa está hoje muito longe do conceito clássico do exercício de poderes discricionários e da visão clássica do princípio da oportunidade no processo penal, estando a ação administrativa nestes casos limitada pelos princípios gerais que enquadram a atividade administrativa, abrindo caminho por essa via à sindicância de atos praticados no exercício daqueles poderes.

Já em 1974, e falando do processo penal, FIGUEIREDO DIAS, referia que «Dadas, porém, as considerações atrás expendidas, pensamos que, mesmo no plano da lege condenda, *o princípio da legalidade deve continuar a constituir o ponto de partida da modelação do sistema.*

Só o ponto de partida, porém: bem se compreende que, relativamente a certos casos concretos, a promoção e a prossecução obrigatórias do pro-

[41] *Comentário do Regime Geral das Contraordenações*, Universidade Católica Editora, 2011, p. 171.

[42] Desenvolvidamente, sobre a discricionariedade no regime alemão, cfr, ALEXANDRA VILELA, *O Direito de Mera Ordenação Social*, Coimbra Editora, 2013, pp. 408 e ss.

cesso penal causem à comunidade jurídica maior dano que vantagem – (...) e que, em tais casos, se deixe ao MP uma certa margem de discricionariedade no procedimento.

Ponto é que se não esqueça que poder discricionário não é sinónimo de arbítrio, mas concessão de uma faculdade que deve ser utilizada em direção ao fim que a própria lei teve em vista ao concedê-la – no caso a preservação, em último termo, dos *verdadeiros interesses* da comunidade jurídica e dos *valores prevalentes nela*».[43]

§ 3.º – Caracterização da discricionariedade administrativa

A atividade administrativa exercida no quadro de poderes discricionários tem motivado uma importante reflexão doutrinária sobre os limites desses poderes cuja ponderação se nos afigura importante na compreensão do espaço da discricionariedade no processo contraordenacional.[44]

Marcello Caetano, contrapondo o exercício de poderes discricionários face ao de poderes vinculados, refere que «outras vezes a norma deixa ao órgão certa liberdade de apreciação acerca da conveniência e da oportunidade de exercer o poder, e até sobre o modo desse exercício e o conteúdo do ato, permitindo-lhe que escolha uma de várias atitudes ou soluções que os termos da lei admitam» e conclui que «o poder será discricionário quando o seu exercício fica entregue ao critério do respetivo titular, deixando-lhe liberdade de escolha do procedimento a adotar em cada caso como mais ajustado à realização do interesse público protegido pela norma que o confere»[45] [46].

[43] *Direito Processual Penal*, Coimbra Editora, 1974, pp. 130 e 131.

[44] Segue-se o parecer n.º 32/2011 do Conselho Consultivo da PGR, inédito, relatado pelo signatário.

[45] *Manual de Direito Administrativo*, Tomo I, Coimbra Editora, 10.ª Edição, 1973, p. 214.

[46] Esta caracterização do poder discricionário foi objeto, entre outras, da crítica de A. Francisco de Sousa, in *A Discricionariedade Administrativa*, Editora Danúbio, 1987, p.p. 291 e ss.

Debruçando-se sobre o papel do fim do ato administrativo e do seu relevo no contexto do exercício de poderes discricionários, refere aquele autor que, «em regra o órgão administrativo tem poderes vinculados quanto a alguns destes aspetos[47] e discricionários quanto a outros. Por isso não pode rigorosamente falar-se em atos discricionários: não há atos discricionários, existem atos praticados no exercício de poderes discricionários cumulativamente com poderes vinculados»[48]

E prossegue aquele autor referindo que «como ficou dito não há atos discricionários. Em qualquer ato administrativo se projetam poderes vinculados a par do exercício, em maior ou menor grau, de discricionariedade»; e depois de destacar que competência resulta sempre da lei expressa e que o fim coincide com o interesse público subjacente à competência, refere que «a lei pode, porém, deixar ao critério do órgão competente: a) a liberdade de agir ou não agir ou, no caso de querer agir, a escolha do momento adequado para o fazer (escolha da oportunidade); b) a liberdade de ajuizar da existência das circunstâncias de facto de que lei faça depender a obrigação ou mera faculdade de agir (determinação dos processos de competência)».

Para além desta dimensão de discricionariedade, segundo o mesmo autor, pode haver ainda discricionariedade: «c) quanto ao objeto, na medida em que o órgão competente tenha liberdade de optar por uma ou outra solução, de determinar o conteúdo da solução impondo as cláusulas julgadas convenientes, de fixar os efeitos jurídicos a produzir, ou de escolher os pressupostos objetivos ou subjetivos da decisão; d) quanto às formalidades, quando o órgão competente possa decidir sem estar vinculado à observância de certos trâmites legais; e) quanto à forma, se puder escolher qualquer dos modos lícitos de expressão da decisão»[49].

Rodrigues Queiró refere que «o poder discricionário não vive, porém, de tal como incompatibilizado com os poderes ligados pela lei que se torne impossível a sua coexistência no mesmo ato. Este, em regra, decompõe-se em poderes jurídicos vinculados e discricionários; o agente detém, em princípio, uma certa liberdade de apreciação ao praticar um

[47] (Regras de ação e modos de agir).

[48] *Obra citada*, p. 485.

[49] *Obra citada*, pp. 490 e 491.

certo ato, a qual se traduz na faculdade de apreciar a sua oportunidade ou conveniência. Em todos os atos administrativos, ainda os mais latitudinariamente discricionários, há sempre alguma coisa de vinculado pela lei, como em todos, ainda os menos livres, haverá alguma coisa de discricionário: a faculdade concedida ao agente de escolher o momento oportuno para a sua intervenção»[50].

Prossegue este autor referindo que «o poder discricionário pode dizer respeito, pois, à escolha das circunstâncias da intervenção; à escolha do momento da ação; pode consistir na faculdade de escolher entre a ação ou a abstenção em dadas circunstâncias e, pode, finalmente, referir-se ao conteúdo da decisão a tomar»[51].

Esta ambivalência da atividade administrativa está presente na caracterização dos atos praticados no uso de poderes discricionários, de acordo com a Doutrina administrativa mais recente.

De facto, Freitas do Amaral, depois de referir que «vinculação e discricionariedade são, (...), as duas formas típicas pela quais a lei modela a atividade da Administração pública»[52], refere que «não há atos totalmente vinculados, nem atos totalmente discricionários»[53] e que «todos os atos administrativos são em parte vinculados e em parte discricionários», pelo que «quando em linguagem corrente se fala em atos vinculados, está-se no fundo a pensar em atos predominantemente vinculados (ou então está-se a pensar nos aspetos em que tais atos são vinculados); e quanto se fala em atos discricionários, está-se no fundo a pensar em atos predominantemente discricionários»[54].

Prosseguindo na caracterização da atividade discricionária, refere aquele autor que «na discricionariedade, como acentua Engisch, apesar de a norma abrir à Administração a faculdade de escolha entre várias

[50] *O Poder Discricionário da Administração*, Coimbra Editora, 1944, p. 221.

[51] *Ibidem.*

[52] *Curso de Direito Administrativo*, Almedina, 2006, Vol. II, p. 76.

[53] *Obra Citada*, p. 78.

[54] *Ibidem.*

alternativas de facto possíveis, "o exercício do poder de escolha deve ir endereçado a um escopo e resultado da decisão que é o "único ajustado", em rigorosa conformidade com todas as diretrizes jurídicas, e particularmente legais, que são de tomar em conta, ao mesmo tempo que se procede a uma cuidadosa pesquisa e a uma cuidadosa consideração de todas as "circunstâncias do caso concreto"»[55].

Marcelo Rebelo de Sousa e André Salgado de Matos, depois de caracterizarem a discricionariedade como uma «liberdade conferida por lei à administração para que esta escolha entre várias alternativas de atuação juridicamente possíveis» e que «tal liberdade pode dizer respeito à escolha entre agir ou não agir (discricionariedade de ação), à escolha entre duas ou mais atuações alternativas predefinidas na lei (discricionariedade de escolha) ou à criação da atuação alternativa concreta dentro dos limites jurídicos aplicáveis, (discricionariedade criativa)», referem que «normalmente, a existência de discricionariedade deriva da utilização, no texto da estatuição das normas jurídicas, de expressões linguísticas com significado permissivo (paradigmaticamente, no caso da discricionariedade de ação, o verbo "poder", o substantivo "faculdade"; na discricionariedade de escolha, a conjunção "ou"; no caso da discricionariedade criativa, a utilização de conceitos indeterminados ou cláusulas gerais como "medidas adequadas"»[56].

Por outro lado, António F. de Sousa, depois de alertar no sentido de que «a discricionariedade não se presume» e que «ela é sempre atribuída por lei, a chamada norma de habilitação (ou de autorização) discricionária», afirma que «do ponto de vista técnico, a atribuição da discricionariedade ocorre por vezes através do emprego da expressão "poder discricionário", mas na maior parte das vezes a lei limita-se a usar certos termos ou expressões, como "pode", "está autorizado". Estes termos e expressões são geralmente caracterizados na doutrina como "cláusulas discricionárias"»[57].

[55] Karl Engish, *Introdução ao Pensamento Jurídico*, pp. 219 e 220.

[56] *Direito Administrativo Geral*, Tomo I, Dom Quixote, 2004, p.p. 180 e 181.

[57] *Direito Administrativo*, Prefácio, 2009, p. 389.

Prossegue este autor referindo que «o poder discricionário não resulta em caso algum exclusivamente de quaisquer "cláusulas" da lei individualmente consideradas, mas sempre e apenas da vontade do legislador, a qual terá de ser extraída a partir de uma cuidadosa análise não só dos termos empregados, como também da norma no seu conjunto e, eventualmente, do diploma que está a ser aplicado e mesmo da sua confrontação com outros diplomas e com o direito em geral»[58].

Na síntese deste autor, «o poder discricionário consiste numa liberdade de escolha entre alternativas de decisão, atribuídas por lei à autoridade administrativa para, após justa e adequada ponderação de todas elas, segundo critérios juridicamente válidos, adotar aquela que se lhe apresente como a que melhor satisfaz os interesses públicos (...) presentes. Trata-se, pois, importa sublinhá-lo, de uma "liberdade de escolha", não por ausência de lei ou à margem da lei, mas por atribuição da lei, ou seja, por vontade positiva da lei, para a realização da justiça no caso concreto».[59]

§ 4.º – Consequências da opção legislativa pelo princípio da legalidade sobre alguns institutos do processo das contraordenações

Mas se o sistema introduzido já se mostra em rutura com o modelo alemão, o legislador deixou sem conteúdo uma multiplicidade de institutos que consagrou no Regime Geral importados da solução alemã, vocacionados todos eles para consagrar espaços de discricionariedade e que ficaram com um âmbito de aplicação modelado pelo princípio da legalidade, muito longe daquilo que poderiam eventualmente ser o seu real espaço.

Estamos a referir-nos à revogação da decisão administrativa decorrente do n.º 2 do artigo 62.º do Regime Geral e à desistência da acusação por parte do Ministério Público consagrada no n.º 1 do artigo 65.º-A daquele Regime.[60]

[58] *Ibidem.*

[59] *Obra citada*, p. 388.

[60] Cfr. *infra* Cap. VIII, § 4.º e Cap. X, § 6.º.

Trata-se de institutos que foram lidos em coerência com a subordinação do processo ao princípio da legalidade e no quadro do sistema jurídico globalmente considerado, nomeadamente, no que se refere ao enquadramento da atividade do Ministério Público que não poderia permitir uma interpretação diversa daquela que se acolheu, conforme adiante se considerará.

Com efeito, quer o Decreto-Lei n.º 232/79, de 24 de julho, quer o Decreto Lei n.º 433/82, de 27 de outubro, entraram em vigor na vigência do Código de Processo Penal de 1929, o que não deixou de condicionar a leitura daqueles regimes à luz do princípio da legalidade, leitura que se consolidou, e que, apesar da entrada em vigor em 1988 de um novo Código de Processo Penal, consagrando espaços de legalidade aberta na realização das finalidades do processo, nem assim o legislador do Regime Geral encontrou abertura para abandonar o quadro clássico decorrente do princípio da legalidade como coluna vertebral do processo das contraordenações.

A superação deste bloqueio veio a ser empreendida pelos regimes especiais ao importar para o processo das contraordenações institutos do Código de Processo Penal que consagram espaços de legalidade aberta, tal como a suspensão provisória do processo, ou o processo sumaríssimo.

Acresce que o recurso a critérios interpretativos com base no artigo 41.º do Regime Geral não fundamentaria a aplicação daqueles institutos por via subsidiária, conforme acima referimos.

Deste modo os institutos em causa do processo das contraordenações terão necessariamente de ser interpretados em conformidade com o mencionado princípio da legalidade, em todas as suas dimensões, colidindo com aquele princípio e com os parâmetros emergentes do sistema jurídico, as pretensões sufragadas por alguma doutrina em sentido contrário que *infra* analisaremos.

A subordinação do processo ao princípio da legalidade tem também importantes consequências práticas sobre a forma de intervenção da Administração Pública no âmbito da atividade sancionatória.

Na verdade, aquele princípio exclui espaços de discricionariedade nos momentos relativos à instauração, à prossecução e à decisão dos procedimentos sancionatórios o que terá de ser articulado com a discricionariedade administrativa que preside à orientação da atividade fiscalizadora.

Com efeito, a definição dos programas de atividades destas entidades obedece a critérios próprios, que se projetam no encontro das áreas onde a intervenção fiscalizadora é levada a cabo, deixando de fora situações onde eventualmente possam ocorrer casos de infração.

Este facto, que decorre da natureza da atividade administrativa, poderá colidir com uma visão do princípio da legalidade assumido como um imperativo absoluto.

Por outro lado, a massificação dos processos, a reduzida gravidade de algumas infrações e o reconhecimento de desconexões entre a legalidade definida e a realidade à qual se aplica, têm potenciado a abertura de espaços de discricionariedade, diríamos de legalidade aberta, na intervenção dos serviços de fiscalização, maleabilizando por esta via o aparente rigor emergente da subordinação do processo ao princípio da legalidade.

É neste terreno que se inserem os processos de advertência que existem em algumas áreas de atividade.

§ 5.º – Os princípios do contraditório e audiência no processo das contraordenações – artigo 50.º do Regime Geral

O artigo 50.º do Regime Geral das Contraordenações é o espaço processual por excelência para o arguido ser confrontado com a factualidade que lhe é imputada no processo e respetiva qualificação jurídica.

Dispõe aquele artigo:

> «Artigo 50.º
> *Direito de audição e defesa do arguido*
>
> Não é permitida a aplicação de uma coima ou de uma sanção acessória sem antes se ter assegurado ao arguido a possibilidade de, num prazo razoável, se pronunciar sobre a contraordenação que lhe é imputada e sobre a sanção ou sanções em que incorre.»

Na sequência desta audição o arguido pode requerer quaisquer diligências de prova que julgue relevantes a bem da sua defesa, que a autoridade administrativa deverá deferir, salvo impertinência manifesta das mesmas.

A intervenção prevista no artigo 50.º surge, assim, como um momento fulcral do processo, situado entre a investigação preliminar e a decisão, assumindo-se como o espaço natural da defesa.

Tal como refere Gomes Dias, «princípio do contraditório e a contraditoriedade estão subjacentes ao normativo do art. 50.º da lei-quadro e pode mesmo dizer-se que constituem a trave mestra de qualquer procedimento sancionador», pelo que «o desrespeito ou a simples compressão dos direitos de audiência e de defesa constituem nulidades insupríveis que afetam a validade do processo e inviabilizam a aplicação correta de qualquer sanção»[61].

De acordo com o mesmo autor, «não pode, por conseguinte, deixar de entender-se que no processo por contraordenação devem ser dadas ao arguido possibilidades de contestar as provas contra ele recolhidas, de formular a sua defesa, de sugerir diligências probatórias, de arrolar testemunhas, etc.»[62].

O Regime Geral das Contraordenações não especifica uma forma através da qual a audição deva ser efetuada, o que exige é que ao arguido seja dado conhecimento da factualidade que lhe é imputada e da respetiva qualificação jurídica.

Tal conhecimento tanto pode ser levado a cabo numa audição formal, como através da notificação de uma peça processual que integre aqueles elementos, ou da notificação dos elementos do processo que os contenham.

Alguns regimes especiais de contraordenações têm optado pela dedução formal de uma acusação, utilizando o conceito e os requisitos da acu-

61 "Breves Reflexões Sobre o Processo de Contraordenação", *Contraordenações*, Escola Superior de Polícia, 1985, p. 138 e *Revista do Ministério Público*, Ano 5.º, Volume 20 – dezembro de 1984, p. 107.

62 *Ibidem.*

sação do Código de Processo Penal, que não a natureza e a respetiva função processual[63].

Por força do disposto no artigo 208.º da Lei n.º 1/89, de 8 de julho, a revisão constitucional dela decorrente entrou em «vigor no trigésimo dia posterior ao da sua publicação no Diário da República».

Naquela data, a versão que se encontrava em vigor do artigo 50.º do Decreto-Lei n.º 433/82, de 27 de outubro, era a redação original, que coincidia com a do artigo 43.º do Decreto-Lei n.º 232/79, de 24 de julho, que, sob a epígrafe «direito de audição do arguido», estabelecia que «não será permitida a aplicação de uma coima sem antes se ter assegurado ao arguido a possibilidade de se pronunciar sobre o caso».

Já depois da entrada em vigor daquela revisão constitucional foi publicado o Decreto-Lei n.º 356/89, de 17 de julho, que embora tenha alterado vários dispositivos do Decreto-Lei n.º 433/82, de 27 de outubro, não introduziu qualquer alteração no conteúdo do mencionado artigo 50.º daquele diploma, que veio a ter a redação em vigor na sequência da publicação do Decreto-Lei n.º 244/95, de 14 de setembro.

Este diploma aditou àquele artigo a referência à necessidade de o arguido se pronunciar sobre «a contraordenação que lhe é imputada e sobre a sanção ou sanções em que incorre», em vez da referência ao «caso», que constava da versão inicial, condicionando também a aplicação de «uma sanção acessória» a essa audição, quando na versão inicial se falava apenas da aplicação de uma coima, além de ter introduzido a referência ao «prazo razoável» para a efetivação da audição.

Conforme resulta do preâmbulo daquele diploma, o reforço das garantias dos arguidos era uma das preocupações que o mesmo visava, tendo sido nesse contexto que se procedeu «a uma explicitação mais rigorosa dos direitos de fundamentais de audiência e de defesa».

A explicitação introduzida dirige-se não à forma de efetivação da audição, mas ao seu conteúdo, integrando no mesmo a dimensão das sanções acessórias que ao caso poderiam caber.

[63] Cfr. artigo 14.º do Regime processual anexo à Lei n.º 147/2015, de 9 de setembro, que estabelece o regime jurídico do acesso e exercício da atividade seguradora e ressegurador, e artigo 219.º -A do Regime aprovado pelo Decreto-Lei n.º 298/92, de 31 de dezembro.

A necessidade de ser integrada na audição do arguido a possibilidade de aplicação de sanções acessórias já estava presente no parecer elaborado na Faculdade de Direito de Lisboa, da autoria de FERNANDA PALMA e PAULO OTERO, e que em algumas matérias influenciou aquele diploma.

Referia-se, com efeito, naquele parecer que «a consagração do direito de audiência prévia do interessado como princípio geral do Direito Administrativo português não poderia deixar de ter reflexos ao nível do procedimento de aplicação de sanções acessórias pela prática de contraordenações. Trata-se, aliás, de uma área prioritária da sua aplicação, isto sem prejuízo de se reconhecer a relevância das situações de urgência e de exceção»[64].

§ 6.º - O contraditório no processo penal

A determinação do sentido desta norma, nomeadamente, do âmbito do contraditório imposto, exige uma reflexão sobre o contraditório no processo penal no sentido de evitar equívocos e comparações abusivas entre as fases preliminares do processo penal e o processo das contraordenações.

6.1 - Na altura em que entrou em vigor o Decreto-Lei n.º 232/79, de 24 de julho, que implementou no sistema jurídico português o Direito das Contraordenações, vigorava o Código de Processo Penal de 1929 e legislação complementar, que estruturava as fases preliminares do processo em bases diversas da estrutura adotada pelo Código de Processo Penal de 1987.

À instrução preparatória que tem uma função processual análoga à do inquérito do código de processo em vigor, sucedia-se uma instrução contraditória, oficiosa e obrigatória no processo de querela e facultativa no processo correcional, que desempenhava uma função processual diversa da instrução do código em vigor.

A instrução contraditória, nos termos do artigo 327.º daquele código era basicamente concebida como forma de prosseguir a investigação,

[64] "A Revisão do Regime Legal do Ilícito de Mera Ordenação Social", *Revista da Faculdade de Direito*, Volume XXXVII - 1996, p. 577.

agora sob a direção de um juiz e com uma dimensão de contraditório, onde o arguido podia requerer a produção das provas que entendesse relevantes no sentido de abalar os elementos recolhidos na instrução preparatória[65].

O próprio Ministério Público podia também requerer a abertura de instrução contraditória, nos termos do § único do artigo 326.º e 328.º daquele diploma, referindo os factos já indiciados e «aqueles que importe esclarecer, promovendo as diligências de prova».

A dimensão contraditória da instrução contraditória resultava dos artigos 330.º e 332.º daquele código, que referiam, o primeiro, que «aos atos de instrução poderão assistir o agente do Ministério Público, o arguido, o seu defensor e o advogado dos assistentes», sendo o segundo do seguinte teor:

> «Artigo 332.º
>
> *Inquirição das testemunhas em instrução contraditória e contraditas*
>
> Só o juiz poderá inquirir as testemunhas; o agente do Ministério Público, o arguido ou o seu defensor e o advogado dos assistentes apenas poderão requerer que sejam feitas quaisquer perguntas para completar ou esclarecer os depoimentos.
>
> O juiz fará estas perguntas se as julgar necessárias ao esclarecimento da verdade.
>
> § único. As testemunhas podem ser contraditadas, findo o depoimento, e o juiz ordenará as acareações que julgar indispensáveis».

6.2 – O Código de Processo Penal de 1987 manteve no âmbito das fases preliminares do processo uma fase de investigação judicial a que deu o nome de instrução, em coerência com os princípios que decorrem do artigo 32.º, n.º 4, da Constituição da República, «toda a instrução é da competência de um juiz», e do artigo 20.º, n.º 1, do mesmo diploma, de que decorre que «a todos é assegurado o direito de acesso aos tribunais para defesa dos seus direitos e interesses legalmente protegidos».

[65] Sobre a instrução contraditória no Código de Processo Penal de 1929, Cfr. Cavaleiro de Ferreira, *Curso de Processo Penal*, III, 1958, pp. 168 e ss.

Mas a instrução deste código, nos termos do seu artigo 286.º, passa a ser facultativa e transforma-se numa forma de impugnação perante o tribunal da decisão proferida pelo Ministério Público no termo do inquérito, fase processual esta que veio a concentrar as funções de natureza investigatórias prévias à decisão de submissão a julgamento, conforme decorre do artigo 262.º deste diploma[66].

Na sua dimensão investigatória, na fase inicial de vigência do Código, a instrução é inquisitória tal como o inquérito, mas vai integrar, nos termos do seu artigo 297.º e ss., um debate oral e contraditório sobre as provas recolhidas no processo – o debate instrutório – onde ainda poderão ser produzidos novos elementos de prova, nos termos do artigo 302.º do mesmo diploma.

Por se terem suscitado dúvidas sobre a dimensão contraditória de certos atos de instrução, na revisão do Código de Processo Penal decorrente da Lei n.º 59/98, de 25 de agosto, foi aditado por esta Lei ao artigo 289.º um número 2, em que se especificava que «fora do caso previsto no número anterior, o arguido, o defensor, o assistente e o seu advogado apenas podem participar nos atos em que tenham o direito de intervir, nos termos expressamente previstos neste código», mantendo deste modo, a dimensão não contraditória da instrução.

O debate sobre a natureza da instrução contraditória ou não dos atos da instrução foi levado ao Tribunal Constitucional que se pronunciou sobre essa questão no acórdão n.º 372/2000, de 12 de julho de 2000[67].

De facto, tendo sido arguida a inconstitucionalidade das alíneas a) e f) do n.º 1 do artigo 61.º daquele código, por violação do princípio do contraditório consagrado no artigo 32.º, n.º 5, da Lei Fundamental, «quando interpretadas em termos de considerar que não conferem ao arguido e ao seu defensor o direito de estar presente e intervir nos atos de inquirição de testemunhas por si arroladas, a realizar na fase de instrução, que hajam sido delegados pelo juiz nos órgãos de polícia criminal», o Tribunal

[66] Sobre a instrução no Código de Processo Penal, cfr. Souto de Moura, "Inquérito e Instrução", *O Novo Código de Processo Penal*, CEJ, Almedina, 1988, pp. 116 e ss. e Nuno Brandão, "A Nova Face da Instrução", *Revista Portuguesa de Ciência Criminal*, Ano 18.º, n.ºs 2 e 3 abril-setembro de 2008, pp. 227 e ss.

[67] In http://www.tribunalconstitucional.pt.

pronunciou-se pela não inconstitucionalidade dessa dimensão normativa daqueles dispositivos.

Na fundamentação desta decisão o Tribunal Constitucional partiu do teor da norma do artigo 32.º, n.º 5, da Constituição da República, que remete a extensão processual do princípio do contraditório para a lei ordinária, uma vez que aquela norma refere «estando a audiência de julgamento e os atos que a lei determinar subordinados ao princípio do contraditório», para afirmar:

> «A Constituição remete assim para a lei ordinária a tarefa de concretização dos atos instrutórios que hão-de ficar subordinados ao princípio do contraditório. A este propósito, escreveu-se no Acórdão n.º 434/87 (já citado) "Na determinação dos atos instrutórios que hão-de ficar subordinados ao princípio do contraditório goza, assim, o legislador de grande liberdade. Ele só não pode esquecer que o arguido tem de ser sempre respeitado na sua dignidade de pessoa, o que implica ser tratado como *sujeito* do processo, e não como simples *objeto* da decisão judicial. Ou seja, tem sempre de ter presente que o processo criminal há-de ser a *due process of law, a fair process*, onde o arguido tenha efetiva possibilidade de ser ouvido e de se defender, em perfeita igualdade com o Ministério Público". É que, como adverte Eduardo Correia, *in Revista de Legislação e Jurisprudência*, ano 114.º, p. 365, o princípio do contraditório se traduz «ao menos, num direito à defesa, num direito a ser ouvido».
>
> 8.2. Pois bem, em face do que antecede, a pergunta relevante é então a de saber se a interpretação normativa que a decisão recorrida fez das alíneas *a*) e *f*) do n.º 1 do artigo 61.º do Código de Processo Penal – considerando não ser obrigatória a presença do arguido e do seu defensor nos atos de inquirição de testemunhas por si arroladas, a realizar na fase de instrução, que hajam sido delegados pelo juiz nos órgãos de polícia criminal – obsta ou não a que o processo criminal se mantenha como um *due process of law, a fair process*, (para utilizarmos as palavras do Acórdão n.º 434/87), onde o arguido tenha efetiva possibilidade de ser ouvido e de se defender, em perfeita igualdade com o Ministério Público, num momento prévio a qualquer decisão que o possa afetar.
>
> Cremos, efetivamente, que não.»

Tendo o Tribunal referido ainda que:

«O núcleo essencial do princípio do contraditório, tal como vem sendo definido pela jurisprudência do Tribunal Constitucional, não será, *in casu*, afetado, na medida em que ao arguido e ao seu defensor seja garantido o direito de, num momento prévio à decisão instrutória, se pronunciar e contraditar os depoimentos em causa.

É o que acontece. Na situação que agora é objeto dos autos, tal direito (ao contraditório), encontra-se efetivamente garantido no seu núcleo essencial, sendo apenas – como, bem, nota o Ministério Público – diferido o momento do seu exercício.

Efetivamente, o respeito pelo contraditório é aqui garantido não apenas pelo facto de o arguido e o seu defensor poderem ter acesso integral aos depoimentos prestados, que são obrigatoriamente reduzidos a escrito, mas, fundamentalmente, pelo facto de, nos termos do artigo 302.º, n.º 2, do Código de Processo Penal, o defensor do arguido poder, no início do debate instrutório, contraditar o teor das declarações anteriormente prestadas pelas testemunhas ouvidas pela GNR, podendo inclusivamente requerer a produção de prova indiciária suplementar (incluindo mesmo, se necessário, uma nova inquirição daquelas testemunhas) que considere pertinente.»

Apesar desta pronúncia do Tribunal Constitucional, no âmbito da revisão do Código de Processo Penal decorrente da Lei n.º 48/2007, de 29 de Agosto, veio a ser alterado o n.º 2 do artigo 289.º do referido código, estabelecendo-se que «o Ministério Público, o arguido, o defensor, o assistente e o seu advogado podem assistir aos atos de instrução por qualquer deles requeridos e suscitar pedidos de esclarecimento ou requerer que sejam formuladas as perguntas que entenderem relevantes para a descoberta da verdade».

Repôs-se desta forma o contraditório nos atos de instrução, em termos análogos àqueles que caracterizavam a instrução contraditória do Código de Processo Penal de 1929, especificando, concretamente, o direito de o arguido e do seu defensor assistirem aos atos por si requeridos (ou pelo

Ministério Público e pelo assistente) e a uma intervenção ativa na realização dessas diligências[68].

6.3 – O princípio do contraditório e da audiência é uma das diretrizes estruturantes do processo penal, tendo na sua matriz a ideia de que o juiz não deve levar a cabo a «sua atividade solitariamente, mas deve para tanto *ouvir* quer a acusação quer a defesa», sendo nesta medida a «tradução moderna das velhas máximas *audiatur et altera pars* e (com especial atenção ao papel da defesa, historicamente o que mais vezes foi esquecido e aviltado) *nemo potest inauditu damnari*»[69].

O princípio integra deste modo uma dimensão de audiência, como expressão da ideia de que ninguém pode ser condenado sem lhe ter sido dada a oportunidade de se pronunciar sobre os factos, mas, para além disso, integra igualmente uma dimensão aprofundada de contraditório, implícita na necessidade de ouvir todos os sujeitos ou simples participantes processuais.

Conforme refere Figueiredo Dias, a necessidade de se dar maior fixidez e concretização ao princípio do contraditório, tem expressão na moderna tendência «para lhe conferir verdadeira autonomia substancial perante o direito de defesa do arguido – com que vimos que ele se aparenta –, através da sua conceção como *princípio ou direito de audiência*; como isto é (numa formulação intencionalmente enxuta) *oportunidade conferida a todo o participante processual de influir, através da sua audição pelo tribunal, no decurso do processo*»[70].

[68] Sobre a dimensão do contraditório consagrada, cfr. Pinto de Albuquerque, *Comentário do Código de Processo Penal*, 3. ª Edição, 2009, Universidade Católica, pp. 757 e ss. e MAGISTRADOS DO MINISTÉRIO PÚBLICO do Distrito Judicial do Porto, *Código de Processo Penal*, Coimbra Editora, 2009, pp. 739 e ss.

[69] Figueiredo Dias, *Direito Processual Penal*, Coimbra Editora, 2004, p. 149, e *Direito Processual Penal*, Lições Coligidas por Maria João Antunes, 1988-89, Secção de Textos da Faculdade de Direito de Coimbra, p. 108.

[70] *Obras citadas*, pp. 153 e 111, respetivamente.

Nesta dimensão o princípio do contraditório e da audiência tem expressão em instrumentos de direito internacional, nomeadamente no artigo 6.º, n.º 1, da Convenção Europeia dos Direitos do Homem[71].

O direito de audiência encontra fundamento e sentido na consideração de que «o esclarecimento da situação jurídica material em caso de conflito supõe, não só a garantia *formal* da preservação do direito de cada um nos processos judiciais, mas a comprovação objetiva de todas as circunstâncias, de facto e de direito, do caso concreto – comprovação inalcançável sem uma audiência esgotante de todos os participantes processuais. Isto significa que a atual compreensão do processo penal, à luz das conceções do Homem, do Direito e do Estado que nos regem, implica que a declaração do direito do caso penal concreto não seja *apenas* tarefa do juiz ou do tribunal (...), mas tenha de ser tarefa de *todos* os que participam no processo (conceção "democrática" do processo) e se encontrem

[71] «Artigo 6.º

1 – Qualquer pessoa tem direito a que a sua causa seja examinada, equitativa e publicamente, num prazo razoável por um tribunal independente e imparcial, estabelecido pela lei, o qual decidirá, quer sobre a determinação dos seus direitos e obrigações de carácter civil, quer sobre o fundamento de qualquer acusação em matéria penal dirigida contra ela. O julgamento deve ser público, mas o acesso a sala de audiências pode ser proibido a imprensa ou ao público durante a totalidade ou parte do processo, quando a bem da moralidade, da ordem pública ou da segurança nacional numa sociedade democrática, quando os interesses de menores ou a proteção da vida privada das partes no processo o exigirem, ou, na medida julgada estritamente necessária pelo tribunal, quando, em circunstancias especiais, a publicidade pudesse ser prejudicial para os interesses da justiça.

2 – Qualquer pessoa acusada de uma infração presume-se inocente enquanto a sua culpabilidade não tiver sido legalmente provada.

3 – O acusado tem, como mínimo, os seguintes direitos:

a) Ser informado no mais curto prazo, em língua que entenda e de forma minuciosa, da natureza e da causa da acusação contra ele formulada;

b) Dispor do tempo e dos meios necessários para a preparação da sua defesa;

c) Defender-se a si próprio ou ter a assistência de um defensor da sua escolha e, se não tiver meios para remunerar um defensor, poder ser assistido gratuitamente por um defensor oficioso, quando os interesses da justiça o exigirem;

d) Interrogar ou fazer interrogar as testemunhas de acusação e obter a convocação e o interrogatório das testemunhas de defesa nas mesmas condições que as testemunhas de acusação;

e) Fazer-se assistir gratuitamente por intérprete, se não compreender ou não falar a língua usada no processo.»

em situação de influir naquela declaração do direito, de acordo com a posição e função processuais que cada um assuma»[72].

O princípio do contraditório tem consagração formal no artigo 32.º, n.º 5, da Constituição da República que determina que «o processo criminal tem estrutura acusatória, estando a audiência de julgamento e os atos que a lei determinar subordinados ao princípio do contraditório».

Em comentário a esta norma, refere GERMANO MARQUES DA SILVA que o princípio do contraditório se traduz «na estruturação da audiência de julgamento e dos atos instrutórios que a lei determinar em termos de um debate ou discussão entre a acusação e a defesa. A acusação e defesa são chamadas a deduzir as suas razões de facto e de direito, a oferecer provas, a controlar as provas contra si oferecidas e a discretear sobre o valor e resultado probatório de umas e outras»[73].

Por sua vez, J. J. GOMES CANOTILHO e VITAL MOREIRA referem que «relativamente aos *destinatários* aquele princípio «significa: (*a*) dever e direito de o *juiz* ouvir as razões das partes (da acusação e da defesa) em relação a assuntos sobre os quais tenha de proferir uma decisão; (*b*) direito de audiência de todos os *sujeitos processuais* que possam vir a ser afetados pela decisão, de forma a garantir-lhes uma influência efetiva no desenvolvimento do processo; (*c*) em particular, *direito do arguido* de intervir no processo e de se pronunciar e *contraditar* todos os testemunhos, depoimentos ou outros elementos de prova ou argumentos jurídicos trazidos ao processo»[74].

E quanto à sua «*extensão processual*», referem aqueles autores que o princípio «abrange todos os atos suscetíveis de afetar a sua posição (do arguido), e em especial, a audiência de discussão e julgamento e os atos instrutórios que a lei determinar, devendo estes ser selecionados sobretudo de acordo com o princípio da máxima garantia de defesa do arguido»[75].

[72] FIGUEIREDO DIAS, *Direito Processual Penal*, p. 157.

[73] *Constituição Portuguesa Anotada*, direção de JORGE MIRANDA e RUI MEDEIROS, Tomo I, Coimbra Editora, 2005, p. 360.

[74] *Constituição da República Portuguesa Anotada*, I Volume, 2007, Coimbra Editora, p.p. 522 e 523.

[75] *Ibidem.*

6.4 – No quadro definido por esta disposição constitucional, o Código de Processo Penal sujeita a audiência de julgamento ao princípio do contraditório, no seu artigo 327.º, que é do seguinte teor:

«Artigo 327.º
Contraditoriedade

1 – As questões incidentais sobrevindas no decurso da audiência são decididas pelo tribunal, ouvidos os sujeitos processuais que nelas forem interessados.

2 – Os meios de prova apresentados no decurso da audiência são submetidos ao princípio do contraditório, mesmo que tenham sido oficiosamente produzidos pelo tribunal.»

O princípio tem igualmente expressão plena no debate instrutório, nos termos dos artigos 289.º, n.º 1, 298.º e 302.º, n.º 1, do mesmo código[76]

[76] «Artigo 289.º
Conteúdo da instrução
1 – A instrução é formada pelo conjunto dos atos de instrução que o juiz entenda dever levar a cabo e, obrigatoriamente, por um debate instrutório, oral e contraditório, no qual podem participar o Ministério Público, o arguido, o defensor, o assistente e o seu advogado, mas não as partes civis.
2 – O Ministério Público, o arguido, o defensor, o assistente e o seu advogado podem assistir aos atos de instrução por qualquer deles requeridos e suscitar pedidos de esclarecimento ou requerer que sejam formuladas as perguntas que entenderem relevantes para a descoberta da verdade.»
«Artigo 298.º
Finalidade do debate
O debate instrutório visa permitir uma discussão perante o juiz, por forma oral e contraditória, sobre se, do decurso do inquérito e da instrução, resultam indícios de facto e elementos de direito suficientes para justificar a submissão do arguido a julgamento.»

«Artigo 302.º
Decurso do debate
1 – O juiz abre o debate com uma exposição sumária sobre os atos de instrução a que tiver procedido e sobre as questões de prova relevantes para a decisão instrutória e que, em sua opinião, apresentem carácter controverso.

e de forma mitigada na instrução, conforme resulta do artigo 289.º, n.º 2, do mesmo diploma, já acima referido».

O princípio do contraditório tem ainda expressão pontual no inquérito, nos termos das alíneas a), b) e f) do n.º 1 do artigo 61.º do mesmo código, tendo expressão, entre outras, nos incidentes relativos à aplicação de medidas de coação, nos termos do artigo 194.º do mesmo código, ou nos interrogatórios do arguido, previstos nos artigos 141.º e 143.º daquele código, ou nas declarações para memória futura previstas no seu artigo 271.º.

Segundo COSTA PINTO, «o âmbito material das questões abrangidas pelo contraditório retira-se, assim, da função do princípio e da sua natureza. Visando o princípio do contraditório permitir que o Tribunal ouça as razões dos diversos sujeitos processuais sobre questões que os possam afetar, esta função deve ser o critério de referência para delimitar o objeto do contraditório. As questões suscitadas que possam afetar a posição de um sujeito processual conferem-lhe legitimidade para intervir ao abrigo do citado princípio. Por outro lado, este aspeto é reforçado pelo facto de o contraditório ser configurado como uma *garantia* do cidadão perante o funcionamento do processo penal»[77].

2 – Em seguida concede a palavra ao Ministério Público, ao advogado do assistente e ao defensor para que estes, querendo, requeiram a produção de provas indiciárias suplementares que se proponham apresentar, durante o debate, sobre questões concretas controversas.
3 – Segue-se a produção da prova sob a direta orientação do juiz, o qual decide, sem formalidades, quaisquer questões que a propósito se suscitarem. O juiz pode dirigir-se diretamente aos presentes, formulando-lhes as perguntas que entender necessárias à realização das finalidades do debate.
4 – Antes de encerrar o debate, o juiz concede de novo a palavra ao Ministério Público, ao advogado do assistente e ao defensor para que estes, querendo, formulem em síntese as suas conclusões sobre a suficiência ou insuficiência dos indícios recolhidos e sobre questões de direito de que dependa o sentido da decisão instrutória.
5 – É admissível réplica sucinta, a exercer uma só vez, sendo, porém, sempre o defensor, se pedir a palavra, o último a falar.»

[77] *Direito Processual Penal*, 1998, Associação Académica da Faculdade de Direito de Lisboa, p. 229.

6.5 – Também o Supremo Tribunal de Justiça vem dando contributos relevantes no sentido da concretização do princípio do contraditório e da audiência.

Assim, no acórdão daquele Tribunal de 7 de novembro de 2007, proferido no processo 07P3630, depois de referir a doutrina de FIGUEIREDO DIAS, acima citada, considerou-se:

> «A densificação do princípio deve, igualmente, relevante contributo à jurisprudência do Tribunal Europeu dos Direitos do Homem, que tem considerado o contraditório um elemento integrante do princípio do processo equitativo, inscrito como direito fundamental no artigo 6.º, par. 1.º da Convenção Europeia dos Direitos do Homem.
>
> Na construção convencional, o contraditório, colocado como integrante e central nos direitos do acusado (apreciação contraditória de uma acusação dirigida contra um indivíduo), tem sido interpretado como exigência de equidade, no sentido em que ao acusado deve ser proporcionada a possibilidade de expor a sua posição e de apresentar e produzir as provas em condições que lhe não coloquem dificuldades ou desvantagens em relação à acusação.
>
> No que respeita especificamente à produção das provas, o princípio exige que toda a prova deva ser, por regra, produzida em audiência pública e segundo um procedimento adversarial; as exceções a esta regra não poderão, no entanto, afetar os direitos de defesa, exigindo o artigo 6.º, § 3.º, alínea b), da Convenção, que seja dada ao acusado uma efetiva possibilidade de confrontar e questionar diretamente as testemunhas de acusação, quando estas prestem declarações em audiência ou em momento anterior do processo (cfr., v. g., entre muitas referências, o acórdão VISSIER c. Países Baixos, de 14 de Fevereiro de 2002).
>
> Os elementos de prova devem, pois, em princípio, ser produzidos perante o arguido em audiência pública, em vista de um debate contraditório. Todavia, este princípio, comportando exceções, aceita-as sob reserva da proteção dos direitos de defesa, que impõem que ao arguido seja concedida uma oportunidade adequada e suficiente para contraditar uma testemunha de acusação posteriormente ao depoimento; sendo apenas os direitos da defesa limitados de maneira incompatível com o respeito do princípio sempre que uma condenação se baseie, unicamente ou de maneira determinante, nas

declarações de uma pessoa que o arguido não teve oportunidade de interrogar ou fazer interrogar, seja na fase anterior, seja durante a audiência. São estes os princípios elaborados pela jurisprudência de Tribunal Europeu dos Direitos do Homem a respeito do artigo 6.º, §§ 1 e 2, alínea d), da Convenção Europeia dos Direitos do Homem (cfr., v. g., acórdãos CRAXI c. Itália, de 5 de dezembro de 2002, e S. N. c. Suécia, de 2 de julho de 2002).

Em certas circunstâncias, com efeito, pode ser necessário que as autoridades judiciárias recorram a declarações prestadas na fase do inquérito ou da instrução, nomeadamente quando a impossibilidade de reiterar as declarações é devida a factos objetivos, como sejam a ausência ou a morte, ou por circunstâncias específicas de vulnerabilidade da pessoa (crimes sexuais); se o arguido tiver oportunidade, adequada e suficiente, de contraditar tais declarações posteriormente, a sua utilização não afeta, apenas por si mesma o contraditório, cujo respeito não exige, em termos absolutos, o interrogatório direto em *cross-examination*.

O princípio do contraditório tem, assim, uma vocação instrumental da realização do direito de defesa e do princípio da igualdade de armas: numa perspetiva processual, significa que não pode ser tomada qualquer decisão que afete o arguido sem que lhe seja dada a oportunidade para se pronunciar; no plano da igualdade de armas na administração das provas, significa que qualquer um dos sujeitos processuais interessados, nomeadamente o arguido, deve ter a possibilidade de convocar e interrogar as testemunhas nas mesmas condições que ao outros sujeitos processuais (a "parte" adversa).»[78]

Por outro lado, no acórdão de 16 de janeiro de 2008, proferido no processo n.º 07P4565, considerou-se:

«O princípio do contraditório tem no moderno processo penal o sentido e o conteúdo das máximas *audiatur et altera pars* e *nemo potest inauditu damnari* (cfr. Figueiredo Dias, "Direito Processual Penal", 1974, p. 149 e segs). O princípio, que deve ter conteúdo e sentido autónomos, impõe que seja dada a oportunidade a todo o participante processual de ser ouvido e de expressar as suas razões antes de ser tomada qualquer decisão que o afete, nomeada-

[78] In http://www.dgsi.pt/

mente que seja dada ao acusado a efetiva possibilidade de contrariar e contestar as posições da acusação.

A construção da verdadeira autonomia substancial do princípio do contraditório impõe que seja concebido e integrado como princípio ou direito de audiência, dando «oportunidade a todo o participante processual de influir através da sua audição pelo tribunal no decurso do processo» (cfr. idem, pág. 153).

O princípio tem assento constitucional – artigo 32.°, n.° 5, da Constituição.

O princípio do contraditório, colocado como integrante e central nos direitos do acusado (apreciação contraditória de uma acusação dirigida contra um indivíduo), tem sido interpretado como exigência de equidade, no sentido em que ao acusado deve ser proporcionada a possibilidade de expor a sua posição e de apresentar e produzir as provas em condições que lhe não coloquem dificuldades ou desvantagens em relação à acusação.

O princípio tem, assim, uma vocação instrumental da realização do direito de defesa e do princípio da igualdade de armas: numa perspetiva processual, significa que não pode ser tomada qualquer decisão que afete o arguido sem que lhe seja dada a oportunidade para se pronunciar; no plano da igualdade de armas na administração das provas, significa que qualquer um dos sujeitos processuais interessados, nomeadamente o arguido, deve ter a possibilidade de convocar e interrogar as testemunhas nas mesmas condições que ao outros sujeitos processuais (a "parte" adversa).

Na dimensão essencial (e constitucional) que o contraditório assume como integrante do direito de defesa e instrumental da realização da igualdade de armas, não se verifica, no caso, qualquer mínima afetação do princípio.»[79]

§ 7.° - O n.° 10 do artigo 32.° da Constituição da República

Resulta do artigo 32.°, n.° 10, da Constituição da República que «nos processos de contraordenação, bem como nos demais processos sancionatórios, são assegurados ao arguido os direitos de audiência e de defesa».

[79] In http://www.dgsi.pt/

Apesar de ao nível do direito ordinário, o Direito das Contraordenações ter como direito subsidiário o Código de Processo Penal e de este diploma ser assumido como paradigma dos procedimentos sancionatórios de natureza pública, nomeadamente, por ser aquele em que se articularam da melhor forma as necessidades de realização do direito com as garantias de defesa dos arguidos, o legislador constitucional entendeu dever consagrar, como garantia dos cidadãos, o «direito de audiência e defesa».

Trata-se de uma garantia que tem expressão e eficácia direta na conformação dos processos de contraordenação, independente da sua consagração ao nível da legislação ordinária, e que tem um conteúdo autónomo que não se confunde com a dimensão que poderia derivar do regime dos direitos de audição e de defesa no processo penal, por força da subsidiariedade acima referida.

Germano Marques da Silva refere que «o n.º 10 garante aos arguidos em quaisquer processos de natureza sancionatória os direitos de audiência e de defesa. Significa ser inconstitucional a aplicação de qualquer tipo de sanção, contraordenacional (...) ou qualquer outra, sem que o arguido seja previamente ouvido e possa defender-se das imputações que são feitas. (...) O direito de se defender é por muitos considerado como um princípio natural de qualquer tipo de processo, uma exigência fundamental do Estado de Direito material»[80].

No mesmo sentido referem J. J. Gomes Canotilho e Vital Moreira que aquele dispositivo «garante os direitos de audiência e de defesa em processo de contraordenação e demais processos sancionatórios (nomeadamente o processo disciplinar) explicitando uma solução que já antes era defendida pela Doutrina. (...) Trata-se de uma simples irradiação para esse domínio sancionatório de requisitos constitutivos do Estado de direito democrático»[81].

Na parte relativa ao processo das contraordenações, a norma do atual n.º 10 do artigo 32.º da Constituição da República tem origem na revisão constitucional resultante da Lei Constitucional n.º 1/89, de 8 de julho.

[80] *Obra citada*, p. 363.
[81] *Obra citada*, p. 526.

Aquela Lei de Revisão Constitucional introduziu um n.º 8 naquele artigo 32.º referindo que «nos processos por contraordenação são assegurados ao arguido os direitos de audiência e defesa».

Este dispositivo tinha origem num projeto subscrito por dois deputados[82] apresentado no âmbito dos trabalhos de revisão constitucional em que se previa a introdução de um artigo 32.º, do seguinte teor:

«Artigo 32.ºA

Garantias dos processos sancionatórios

Nos processos disciplinares e, em geral nos processos sancionatórios são asseguradas ao arguido as garantias do processo criminal, designadamente a presunção de inocência e os direitos de audiência, de defesa e produção de prova».

No decurso dos trabalhos da Comissão Eventual para a Revisão Constitucional de que resultou aquela alteração, o então deputado José Magalhães justificou o projeto de alteração com a necessidade de a Lei Fundamental tomar posição expressa sobre a projeção das garantias do processo criminal para os demais processos sancionatórios.

Invocou como fundamento dessa necessidade a posição tomada por J. J. Gomes Canotilho e Vital Moreira quando, em anotação ao artigo 32.º da Constituição da República, referem que «questão problemática é a de saber se e em que medida é que os princípios da "constituição processual criminal" enunciados neste artigo valem para os outros processos sancionatórios, não só os de carácter "para- penal" (...); mas também os de natureza não criminal, *designadamente o ilícito de mera ordenação social e o ilícito disciplinar* (cfr. respetivamente, os artigos 168, n.º 1/*d* e 269.º, – 3. Quanto a estes últimos, mesmo excluindo a sua aplicação direta ou global, há-de, porém, admitir-se que algumas das garantias de defesa fazem parte do cerne do princípio do Estado de direito democrático, pelo que não podem deixar de ter-se por inerentes a todos os processos sancionatórios, qualquer que seja a sua natureza. É o que sucede, pelo menos com o princípio da audiência e defesa do arguido (cfr. artigo 269.º – 3

[82] *Diário da Assembleia da República* 2.ª Série, n.º 68 – RC, de 25 de janeiro de 1989, p. 2082.

para o processo disciplinar) e com o princípio do recurso aos tribunais, quando a sanção seja de aplicação administrativa (cfr. artigo 20.º, – 2). Em relação ao ilícito de mera ordenação social a lei respetiva (...) manda aplicar ao respetivo processo, por via de direito subsidiário, a lei do processo criminal»[83].

Na ótica daquele deputado tornava-se necessário precisar a projeção das mencionadas garantias fundamentais do processo penal naqueles procedimentos sancionatórios.

No que se refere ao procedimento disciplinar relativo a funcionários públicos, o texto constitucional já desde a sua versão originária tinha tomado posição sobre tal questão, conforme se alcança do teor do artigo 270.º, n.º 3, naquela versão, que referia que «em processo disciplinar são garantidas ao arguido a sua audiência e defesa».

Em anotação àquele artigo da Lei Fundamental, referiam J. J. Gomes Canotilho e Vital Moreira que, «ao direito fundamental de audiência e de defesa em processo disciplinar (n.º 3) devem ser aplicadas, na medida do possível, as regras de defesa constitucionalmente estabelecidas para o processo penal. Assim, deverá ser reconhecido ao arguido o direito de assistência de defensor (...), devendo a instrução do processo obedecer ao princípio do contraditório (art. 32.º/5)»[84].

O debate da proposta em causa centrou-se na dimensão das garantias do processo penal que seriam compatíveis com os demais procedimentos sancionatórios, na base de que nem todas garantias do processo penal seriam adequadas a tais procedimentos.

A questão era sintetizada pelo presidente daquela Comissão Eventual, nos seguintes termos:

«Já vejo dificuldades em transpor, para o processo de mera ordenação social, todas as normas do processo penal, porque isso era inutilizar o processo de mera ordenação. Foi justamente uma razão de simplicidade e celeridade que deu origem ao processo de mera ordenação. Mas há aqui um problema de deficiente formulação. E, portanto, qualquer coisa (...)

[83] *Diário da Assembleia da República*, 2.ª Série – n.º 71-RC, de 2 de fevereiro de 1989, p. 2150, e *Constituição da República Portuguesa Anotada*, 2.ª Edição, Coimbra Editora, 1984, 1.º volume, p. 219.

[84] *Constituição da República Portuguesa Anotada*, Coimbra Editora, 1978, p. 468.

no que respeita a consignar uma questão fundamental que é o direito de defesa e circunscrito àqueles sectores do ordenamento onde as coisas são claras, como é, por exemplo a mera ordenação social – já lá está, mas, se quiser, podemos voltar a reafirmá-lo para o processo disciplinar da função pública – nisso não vejo inconveniente. Mas fazer uma reformulação com uma força expansiva tal que não se saiba bem quais são os limites, embora me pareça um intuito generoso, não podemos subscrevê-la (...)»[85].

O Direito das Contraordenações disciplina uma atividade de natureza sancionatória prosseguida pela Administração, fazendo parte, tal como o Direito Penal e o Direito Disciplinar, do direito sancionatório de natureza pública.

Embora fazendo parte do direito sancionatório público e mantendo relações profundas com o Direito Penal, o Direito das Contraordenações não se confunde com aquele, quer na sua dimensão substantiva, quer na componente processual que integra.

Ou seja, o processo das contraordenações viabiliza a realização daquele direito, disciplinando a sua aplicação no quadro da autonomia de cada um daqueles ramos do direito sancionatório e da especificidade das respetivas soluções processuais.

O direito ao contraditório, na dimensão de direito à audição e à defesa, é uma componente estruturante dos procedimentos de natureza sancionatória e está presente, embora com manifestações diversas, nos procedimentos relativos às diversas componentes daquele direito sancionatório.

A conformação do contraditório em cada um daqueles procedimentos assume, assim, manifestações diversas que se prendem com a estrutura dos diferentes procedimentos.

Essa diversidade de conformações não pode pôr em causa o núcleo fundamental daqueles direitos que se situa no direito à audição sobre a factualidade que constitui o objeto do processo, no direito de participar na conformação do caso, indicando meios de prova que possam pôr em causa a factualidade que constitui aquele objeto e no direito a intervir ativamente na conformação da decisão a proferir no processo, de que

[85] *Diário da Assembleia da República*, 2.ª Série – Número 71-RC, de 2 de fevereiro de 1989, pp. 2152.

decorre o direito à participação na produção da prova que lhe serve de suporte.

Assim, ao nível do processo penal, o princípio do contraditório tem uma expressão na audiência de julgamento que não é a mesma que ocorre na instrução, ou nas manifestações que do mesmo princípio existem no inquérito.

Na verdade, se a Constituição da República, no seu artigo 32.º, n.º 5, sujeita a audiência de julgamento ao contraditório, tendo o princípio ali expressão plena, já no mais a norma constitucional remete para a lei ordinária a definição dos termos em que aquele princípio tem ali expressão.

Importa, contudo, que se tenha presente que o contraditório da audiência é a base da decisão final a proferir no processo, enquanto o contraditório no debate instrutório e agora nos atos de instrução é a base de uma decisão de natureza processual – pronúncia ou não pronúncia.

Para além disso, importa igualmente ter presente que, no que se refere à decisão que deriva da audiência de julgamento, o sistema jurídico exige um juízo de prova, enquanto relativamente ao despacho que põe termo à instrução, se exige apenas uma dimensão indiciária da prova dos factos que a suportam, contentando-se a lei com a referência a «indícios suficientes»[86].

A verdade é que o contraditório pleno da audiência de julgamento penal se insere num processo de estrutura acusatória, em que a entidade competente para decidir é alheia ao impulso processual e à conformação do caso a decidir, e em que a prova que serve de base à decisão terá de ser objeto de apreciação na audiência.

A expressão do contraditório nas diferentes fases do processo penal em função dos objetivos dessas fases processuais impede que se possa transpor diretamente para o processo das contraordenações, a coberto da subsidiariedade entre o processo penal e aquele processo, qualquer uma das diferentes soluções adotadas.

Na verdade, tal como já se disse, a fase administrativa do processo das contraordenações não pode ser confundida com as fases preliminares

[86] Artigo 308.º, n.ºs 1 e 2, do Código de Processo Penal.

do processo penal, nem o recurso de impugnação pode ser confundido com a audiência de julgamento do processo penal, embora integre uma audiência moldada sobre aquela.

Por outro lado, a diferente conformação do contraditório na instrução contraditória do Código de Processo Penal de 1929 e das sucessivas redações dos dispositivos relativos à instrução no código em vigor inviabiliza o recurso a esses dispositivos para encontrar a solução para a dimensão do contraditório devido na fase administrativa do processo, após o cumprimento do disposto no artigo 50.º do Regime Geral.

De facto, sendo o contraditório um elemento estruturante do processo das contraordenações, se a conformação do mesmo fosse feita a partir das diferentes soluções do Código de Processo Penal para a instrução contraditória ou para a instrução do código em vigor, chegaríamos a uma situação inadmissível de haver ou não contraditório no processo das contraordenações em função da evolução do processo penal motivada em preocupações que são alheias ao procedimento das contraordenações.

É a dificuldade de encontrar uma dimensão de contraditório adequada para o processo das contraordenações a partir do processo penal que justifica a norma do n.º 10 do artigo 32.º da Constituição da República.

Ao afirmarem-se naquela norma os direitos de audiência e defesa como garantia dos cidadãos deu-se um conteúdo específico e autónomo a estes direitos, desligando-os da concretização de que são objeto nas diferentes fases do processo penal, que o legislador constitucional não ignorava, dada a relação de subsidiariedade que existe entre as duas formas de procedimento.

Os direitos de audiência e de defesa no processo das contraordenações passaram, assim, a ter um suporte constitucional próprio que terá de enquadrar a conformação concreta do procedimento respetivo que não se confunde com o processo criminal.

A concretização da norma constitucional terá de ocorrer no contexto do processo contraordenacional, numa dimensão adequada à especificidade daquele procedimento, mas que salvaguarde o núcleo fundamental daqueles direitos e a determinação do conteúdo daquela norma constitucional terá de atender à especificidade do processo das contraordenações, tomando como ponto de referência que a norma está direcionada para a dimensão administrativa do processo.

Com efeito, embora o recurso de impugnação, globalmente considerado, seja uma forma de defesa, no processo das contraordenações, aquele recurso tem suporte no artigo 20.º da Constituição da República, pelo que os direitos de audiência e de defesa previstos naquela norma do artigo 32.º estão prioritariamente direcionados para a defesa dos direitos dos cidadãos suscetíveis de lesão pela decisão a proferir pela autoridade administrativa no processo.

Os direitos à audiência e de defesa consagrados naquela norma visam, deste modo, acautelar o cidadão das decisões da autoridade administrativa, pelo que é em função da lesividade de direitos implícita nessa decisão que os mencionados direitos devem ser entendidos.

O apelo ao contraditório tem aqui uma inserção diversa daquela que ocorre nas diferentes fases do processo penal, embora vise também a mais completa apreciação do caso, já que só essa apreciação, no quadro de uma participação construtiva dos visados, é compatível com os princípios inerentes ao Estado de Direito.

Na verdade, o processo das contraordenações tem uma estrutura basicamente inquisitória, sendo a autoridade administrativa responsável pelo impulso processual e pela decisão, que assenta em prova por esta recolhida, sob a forma escrita, e onde não se insere um debate oral e contraditório análogo a uma audiência de julgamento.

O processo das contraordenações terá que contar, deste modo, com a participação ativa do arguido, única forma de a análise do caso e a decisão a proferir atingirem a dimensão objetiva e aprofundada compatível com a equidade que está subjacente ao artigo 6.º da Convenção Europeia dos Direitos do Homem[87].

O reforço do contraditório no processo derivado da mencionada norma do n.º 10 do artigo 32.º da Constituição da República surge, assim,

[87] O Tribunal Europeu dos Direitos do Homem considerou aquele artigo da Convenção aplicável ao processo das contraordenações, tal como o mesmo é configurado no sistema jurídico alemão, nos acórdãos Ozturk, A73 pp. 18-22, § 51-56 e no acórdão Lutz, A 123, pp. 21-23, § 50-55, cfr. Cabral Barreto, *A Convenção Europeia dos Direitos do Homem*, Aequitas – Editorial Notícias, 1995, p. 94, Nota 112.

como forma de limitar a inquisitoriedade do processo, encontrando uma dimensão de equilíbrio entre as intervenções dos diferentes sujeitos processuais (autoridade administrativa e arguido), que são apanágio do processo equitativo exigido por aquela disposição da referida Convenção Europeia.

Importa que se tenha presente que o processo das contraordenações tem implícito um litígio entre a administração e um cidadão derivado do incumprimento de um qualquer comando de natureza administrativa e que incumbe à administração resolver esse litígio, pela via do sancionamento da infração cometida.

A sujeição das autoridades administrativas aos deveres de isenção e objetividade que caracterizam a intervenção das autoridades judiciárias no processo penal, por força do disposto no n.º 2 do artigo 41.º do Regime Geral das Contraordenações, só por si, não garante que o processo seja instruído numa ótica de reconstituição da verdade histórica, com objetividade, integrando as componentes que podem elidir a responsabilidade do arguido ou diminuí-la e, muito menos, que a decisão final a proferir seja expressão desses valores.

A participação do arguido na realização dos objetivos do processo há-de implicar não apenas o direito à audição sobre a factualidade que constitui o seu objeto, mas também o direito a requerer a produção de meios de prova novos que na sua ótica tenham potencialidade para pôr em causa aqueles factos e o direito a participar ativamente na produção desses meios de prova.

Essa participação implica não apenas o direito de assistência por parte do arguido e do seu defensor à produção dessa prova, mas também o direito a pedir esclarecimentos sobre os depoimentos prestados, bem como o direito a contrariar outros meios de prova já recolhidos no processo.

§ 8.º O artigo 50.º do Regime Geral na Jurisprudência do Supremo Tribunal de Justiça

Por acórdão publicado no *Diário da República*, 1.ª Série de 25 de janeiro de 2003, o Supremo Tribunal de Justiça uniformizou jurisprudência sobre a interpretação do artigo 50.º do Regime Geral das Contraordenações, nos seguintes termos:

> «Quando, em cumprimento do disposto no artigo 50.º do regime geral das contraordenações, o órgão instrutor optar, no termo da instrução contraordenacional, pela audiência escrita do arguido, mas, na correspondente notificação, não lhe fornecer todos os elementos necessários para que este fique a conhecer a totalidade dos aspetos relevantes para a decisão, nas matérias de facto e de direito, o processo ficará doravante afetado de nulidade, dependente de arguição, pelo interessado/notificado, no prazo de 10 dias após a notificação, perante a própria administração, ou, judicialmente, no ato de impugnação da subsequente decisão/acusação administrativa.»

O acórdão invoca como fundamento do decidido que «A evolução doutrinal, jurisprudencial e até legislativa tem vindo a revelar a aceitação de uma certa interpenetração, ao nível dos princípios fundamentais, entre aqueles dois tipos de processo, sem prejuízo obviamente de se continuar a tentar extremar, com o maior rigor e segurança, os campos do direito administrativo sancionador e do direito criminal, alargando cada vez mais a área de incidência do primeiro à custa da purificação do segundo. Esta última preocupação tem levado a que a construção do processo administrativo tenha sido enriquecida com alguns princípios e exigências que dantes eram privativos do processo criminal e este tenha também sofrido a influência dos métodos do primeiro, especialmente na fase preparatória. O processo de contraordenação constitui uma realidade *sui generis* que representa um meio termo [um *tertium genus*] entre o tradicional processo administrativo sancionador e o tradicional processo criminal».

Colocado perante a questão de saber os termos em que devia ser cumprido ao direito à audição previsto no artigo 50.º do Regime Geral, o Supremo Tribunal de Justiça, sem equacionar o parâmetro normativo que resulta do artigo 41.º, n.º 1 do Regime Geral, «sempre que o contrário não resulte deste diploma, são aplicáveis devidamente adaptado os preceitos reguladores do processo criminal» e o âmbito desta norma que, conforme acima se referiu, atinge o processo das contraordenações em toda a sua dimensão, foi buscar a solução para o problema que tinha para responder ao Código do Procedimento Administrativo em vigor na altura, nomeadamente aos seus artigos 100.º e 101.º desse código.

Entendeu que assim estava a dar cumprimento ao disposto no artigo 41.º do Regime Geral, referindo no acórdão que «Mas será justamente na «devida adaptação» dos «preceitos reguladores do processo criminal» à atividade das autoridades administrativas no «processo de aplicação da coima» que «devem» considerar-se - sob pena de «adaptação indevida» - os preceitos correspondentes do procedimento administrativo», depois de poucos parágrafos antes ter citado COSTA PINTO, quando afirma que ««Iniciado um processo de contraordenação existe a possibilidade de atos da Administração - que fora desse contexto seriam atos administrativos *tout court* (sujeitos, portanto, ao regime e garantias próprias do direito administrativo) - passarem a ser regulados por outro sector do sistema jurídico. Nestes termos, quando um ato de uma autoridade administrativa possa ser visto simultaneamente como um ato administrativo e um ato integrador de um processo de contraordenação, o seu regime jurídico, nomeadamente para efeitos de impugnação, deverá ser em princípio o do ilícito de mera ordenação social e subsidiariamente o regime do processo penal, mas não o regime do Código do Procedimento Administrativo. Uma solução diferente criaria o risco de um bloqueio completo da atividade sancionatória da administração por cruzamento de regimes e garantias jurídicas.»[88]

Determinado o sentido da norma do artigo 50.º do Regime Geral, era no plano da efetivação do contraditório e na determinação do conteúdo do mesmo que deveria ser procurada a resposta à questão que estava em causa.

A busca no procedimento administrativo de formas de efetivação do direito à audição, aliás induzida pelo teor do próprio artigo 50.º do Regime Geral na versão posterior a 1995, para além de violar o disposto no artigo 41.º do Regime Geral conduziria a soluções inadequadas.

[88] «O ilícito de mera ordenação social e a erosão do princípio da subsidiariedade da intervenção penal», RPCC, VII, janeiro-março 1997, pp. 14 e ss.

Na verdade, esse recurso ignora a especificidade da audição dos interessados no procedimento administrativo, situado num momento posterior à conclusão da instrução e prévio à decisão, e a necessidade que resulta daqueles artigos, nomeadamente do n.º 2 do artigo 101.º, de dar a conhecer ao interessado o sentido da decisão que se projeta para o caso.

Era essa a intenção daquela norma quando afirmava «a notificação fornece os elementos necessários para que os interessados fiquem a conhecer todos os aspetos relevantes para a decisão, nas matérias de facto e de direito».

Bem mais claro é o sentido da norma do Código de Procedimento Administrativo em vigor, nomeadamente do n.º 2 do artigo 122.º, quando afirma que «a notificação fornece o projeto de decisão e demais elementos necessários para que os interessados possam conhecer todos os aspetos relevantes para a decisão em matéria de facto e de direito».

§ 9.º – Os princípios da oficialidade e da investigação e demanda da verdade material

O processo das contraordenações consagra também os princípios da oficialidade e da investigação e demanda da verdade material, essenciais a uma efetiva realização da Justiça.

Na verdade, o princípio da oficialidade mostra-se consagrado nos artigos 48.º e 54.º do Regime Geral, enquadrando a iniciativa processual por parte das autoridades públicas relativamente à repressão deste tipo de ilícito.

Por outro lado, incumbe à Administração o dever de «investigar e esclarecer oficiosamente» os factos que constituem o objeto do processo, não impendendo sobre o arguido qualquer ónus de contradizer os factos que lhe sejam imputados.

Por tal motivo, como no processo penal, está em causa no processo das contraordenações a verdade material, «que há-de ser tomada em duplo sentido: no sentido de que é uma verdade subtraída à influência que, através do seu comportamento processual, a acusação e a defesa queiram exercer sobre ela; mas também no sentido de uma verdade que, não sendo "absoluta" ou "ontológica", há-de ser antes de tudo, uma verdade judicial, prática e sobretudo, não uma verdade obtida a qualquer preço mas *processualmente válida*»[89].

Coerentemente, o artigo 48.º, n.º 1, do Regime Geral impõe às autoridades policiais e fiscalizadoras o dever de noticiarem à autoridade competente «todos os eventos e circunstâncias suscetíveis de implicar responsabilidade por contraordenação» e de tomar medidas necessárias para impedir o desaparecimento das provas, em coerência com o que resulta do artigo 249.º do Código de Processo Penal.

Tal como no processo penal, as autoridades policiais e fiscalizadoras no processo de contraordenação colhem a notícia da infração, tomam providências cautelares relativamente a meios de prova – artigos 55.º e 249.º daquele código, transmitem a notícia da infração à autoridade competente, colaboram com esta na realização das tarefas do processo e podem executar diligências instrutórias.

[89] Figueiredo Dias, *Direito Processual Penal*, Coimbra Editora, 2004, pp. 193 e 194.

Capítulo III
Sujeitos processuais

§ 1.º – Sujeitos processuais no processo das contraordenações

Conforme refere FIGUEIREDO DIAS, ao nível do processo penal, são «sujeitos processuais aqueles participantes a quem competem direitos e deveres processuais autónomos, no sentido de que, através das suas próprias decisões, podem determinar dentro de certos limites, a concreta tramitação do processo»[90].

Se tomarmos esta aceção como válida para o processo de contraordenações, e não vemos nada que a tal obste, deverá considerar-se como sujeito processual todo aquele que intervém no processo com poderes de conformação.

Para individualizar os sujeitos processuais no processo das contraordenações temos de analisar autonomamente as suas duas fases estruturais.

Assim, na "fase administrativa" terão o estatuto de sujeito processual as autoridades administrativas e o arguido.

Na verdade, toda a relação processual derivada da instauração do processo decorre entre estas duas entidades. De um lado, a autoridade administrativa com todos os poderes inerentes à promoção do processo, quer nos seus vetores de iniciativa, quer de controlo e gestão, quer de decisão; do outro lado, o arguido que é, no fundo, a entidade contra quem o processo é movido.

[90] *Direito Processual Penal*, 2004, Coimbra Editora, p. 240.

Nem o Ministério Público nem mesmo o Tribunal têm aqui qualquer intervenção suscetível de condicionar os termos do processo. O primeiro é completamente alheio a esta fase do processo. O Juiz intervém apenas como instância de recurso das decisões interlocutórias proferidas pelas autoridades administrativas, nos termos do artigo 55.º do Regime Geral.

Diverso é o cenário ao nível da fase do recurso de impugnação, em que a posição das autoridades administrativas, nos quadros do Regime Geral[91] se degrada à de mero participante processual, assumindo o Tribunal e o Ministério Público a posição de verdadeiros sujeitos processuais, enquanto o arguido mantém o seu estatuto.

§ 2.º.1 – A Autoridade Administrativa

As autoridades administrativas têm na fase administrativa do processo o estatuto de um verdadeiro sujeito processual.

Com efeito, decorre do artigo 33.º do Regime Geral que lhes compete o processamento das contraordenações e aplicação das respetivas coimas. Depois o artigo 41.º, n.º 2, vem precisar que lhes são reconhecidos os mesmos direitos e impostos os mesmos deveres que são atribuídos às autoridades competentes para a instrução criminal.

Integram-se aqui os poderes relativos à promoção do processo propriamente dita, incluindo os relativos a instauração do processo e respetiva instrução, bem como os poderes de decisão.

Quando se fala em poderes de decisão é importante que se tenha presente que na fase administrativa do processo este não é dominado pelo princípio da acusação, tal como ocorre no processo penal, mas apresenta uma estrutura claramente inquisitória, embora depois os excessos a que este modelo podia conduzir se mostrem também temperados pelo contraditório que o artigo 50.º impõe e pelo recurso de impugnação.

Assim, a autoridade administrativa tem o poder de instaurar e de instruir o processo e vai aparecer também com o poder de o decidir.

[91] A afirmação situa-se no quadro do Regime Geral, devendo ser tomada em consideração a alteração do estatuto da autoridade administrativa em alguns regimes especiais.

Na fase do recurso de impugnação, a posição da autoridade administrativa degrada-se para a de mero participante processual, sendo-lhe apenas facultada a possibilidade de intervir na audiência, nos termos do artigo 70.º do Regime Geral, conferindo-lhe aquele regime o direito a ter conhecimento das decisões proferidas e o direito a ser ouvida antes de serem proferidas determinadas decisões, nomeadamente o arquivamento, nos termos dos seus artigos 64.º, n.º 3 e artigo 70.º, n.º 2, e a retirada da acusação por parte do Ministério Público, de acordo com o n.º 2 do artigo 65.º.

§ 2.º.2 – Estatuto da autoridade administrativa no processo

Nos termos do artigo 33.º do Regime Geral, incumbe às autoridades administrativas «o processamento das contraordenações e a aplicação das coimas e das sanções acessórias».

As exceções previstas na parte final do mesmo artigo prendem-se com a articulação do ilícito de mera-ordenação social com o ilícito criminal, dando origem a um conjunto de normas que disciplinam o conhecimento daquele ilícito no processo penal, entre outras, as dos artigos 38.º e 39.º do mesmo diploma.

Para a prossecução desta atividade, aquele diploma, no seu artigo 41.º, atribui às autoridades administrativas um complexo de direitos que materializam os poderes das autoridades competentes para o procedimento criminal, onerando-as igualmente com o conjunto de deveres que caracterizam a intervenção das autoridades judiciárias naquela forma de procedimento.

Esta transposição dos meios de intervenção do processo penal para o processo das contraordenações vai ao ponto de as próprias autoridades policiais terem no âmbito deste procedimento, nos termos do n.º 2 do artigo 48.º daquele Regime Geral, «direitos e deveres equivalentes aos que têm em matéria criminal».

O processo das contraordenações não conhece, contudo, ao nível da sua estrutura, a diferenciação entre impulso processual e decisão que caracteriza o processo penal, nem conhece a divisão entre fases preliminares e fases subsequentes que se verifica naquela forma de procedimento.

Por outro lado, o complexo de direitos afetados pela necessidade de prossecução desta forma processual não tem a dimensão daquela que se verifica no processo penal.

De facto, nos termos do artigo 42.º daquele Regime, não é «permitida a prisão preventiva, a intromissão na correspondência ou nos meios de telecomunicações, nem a utilização de provas que impliquem a violação do segredo profissional».

A lesão de outros direitos fundamentais, como a reserva da vida privada ou a integridade física, só é possível com o consentimento dos visados, insuscetível de qualquer forma de suprimento, por força do disposto no n.º 2 daquele artigo 42.º.

Não ocorrem, pois, nesta forma de procedimento as lesões de direitos fundamentais legitimadas na prossecução do processo que se verificam no processo penal e que são o fundamento da judicialização de um conjunto vasto de atos daquela forma de processo[92].

São, deste modo, alheias ao processo, tal como ele emerge do Decreto-Lei n.º 433/82, de 27 de outubro, a divisão de tarefas entre o juiz de instrução e o Ministério Público que se verifica no processo penal.

Na conformação do processo das contraordenações, comum, tal como ele emerge daquele diploma, não há, deste modo, lugar a atos judicializados, quer por intervenção direta do juiz de instrução, quer por autorização prévia, ou ratificação *a posteriori*.

É certo que se conhecem casos em que no âmbito de específicos regimes de contraordenações se prevê a possibilidade da realização de buscas domiciliárias, sujeitando-as a autorização judicial prévia. É o que se passa, por exemplo, com o disposto no 2.º do artigo 215.º do Regime Geral das Instituições de Crédito de Sociedades Financeiras[93], ou com o disposto no n.º 2 do artigo 19.º da Lei n.º 19/2012, de 8 de maio, diploma que estabelece o Regime Jurídico da Concorrência.

Trata-se, contudo, de disposições especiais, alheias ao processo das contraordenações, tal como se mostra configurado no respetivo regime

[92] Artigos 268.º e 269.º do Código de Processo Penal

[93] Aprovado pelo Decreto-Lei n.º 298/92, de 31 de dezembro.

geral, que não alteram os princípios que enquadram aquela forma de procedimento.[94]

§ 2.º.3 – Impedimentos e suspeições

É aplicável ao processo das contraordenações, devidamente adaptado, o regime de impedimentos, recusas e escusas, consagrado nos artigos 39.º a 47.º do Código de Processo Penal.

A tal aplicação sempre se chegaria quer a mesma se insira na remissão genérica do n.º 1 do referido artigo 41.º do Regime Geral, quer se busque a resposta a tal questão, nos termos do n.º 2 do mesmo dispositivo, que determina que no procedimento tendente à aplicação das coimas e sanções acessórias as autoridades administrativas «gozam dos mesmos direitos e estão submetidas aos mesmos deveres das entidades competentes para o processo criminal».

As autoridades competentes para o procedimento criminal estão sujeitas a um complexo de deveres que se podem sistematizar em torno das ideias de independência, objetividade e isenção que são princípios estruturantes de uma efetiva realização de justiça.

Tais princípios têm projeções diversas nas entidades competentes para a realização do procedimento penal, em função das tarefas processuais dos sujeitos responsáveis pelo impulso e pela decisão do processo, ou seja, o Ministério Público e o Tribunal.

Por outro lado, muitos princípios que enquadram a ação do Ministério Público projetam-se na ação das polícias que lhe estão subordinadas na realização das tarefas tendentes ao impulso processual.

Deste modo, não se fala de independência relativamente à intervenção do Ministério Público, mas de objetividade e de isenção, porque se entende que a independência é elemento de caracterização da função judicial.

Pronunciando-se sobre os deveres de objetividade e imparcialidade, referem Oliveira Mendes e Santos Cabral que «o respeito dos prin-

[94] Cfr. infra, Cap. V, § 3.º

cípios da imparcialidade e da objetividade exigem que os órgãos administrativos decidam os assuntos que se levam a seu conhecimento sem nenhum tipo de considerações que sejam estranhas ao interesse geral. Infringe-se, em consequência tal princípio, (...) quando um funcionário que encarna um órgão da Administração participa na solução de um assunto no qual tem um interesse pessoal (...)» e continuam referindo que a «imparcialidade e objetividade pressupõem que o órgão a quem compete decidir um assunto não tenha uma posição preconcebida que possa influenciar a decisão num determinado sentido»[95].

As autoridades administrativas assumem no processamento das contraordenações as tarefas de impulso processual e de decisão, pelo que faz sentido enquadrar a sua ação nos parâmetros dos corolários derivados dos princípios fundamentais que enquadram a ação das autoridades judiciárias no processo penal, independentemente da conformação concreta que esses princípios possam ter relativamente aos diferentes sujeitos processuais do processo penal.

§ 2.º.4 – Impedimentos e suspeições no processo penal

A necessidade de preservar a independência e a objetividade de quem decide e a confiança que a coletividade coloca nas decisões proferidas está subjacente ao regime dos impedimentos, recusas e escusas que se encontra consagrado nos artigos 39.º a 47.º do Código de Processo Penal.

A independência visa defender os tribunais «*dos demais poderes de Estado* (nomeadamente do Governo e da Administração), pondo-os a coberto das suas ingerências ou pressões e garantindo assim a defesa dos direitos e interesses legítimos dos cidadãos perante o Estado»[96].

Mas se a independência garante uma atuação livre dos tribunais perante ingerências externas, tal não basta para que fiquem garantidas a objetividade de julgamento.

[95] *Notas ao Regime Geral das Contraordenações e Coimas*, Almedina, 2009, p. 129.

[96] J. J. Gomes Canotilho e Vital Moreira, *Constituição da República Anotada*, 3.ª Edição, Coimbra Editora, 1993, p. 794.

Com efeito, conforme refere FIGUEIREDO DIAS, «*é ainda necessário, ao lado e para além daquela segurança geral, não permitir que se ponha em dúvida a "imparcialidade" dos juízes,* já não em face de pressões exteriores, *mas em virtude de especiais relações que os liguem a um caso concreto que devam julgar*», destacando que são várias as razões «que perante um caso concreto, podem levar a pôr em dúvida a capacidade de um juiz para se revelar imparcial no julgamento; e o que aqui interessa – convém acentuar – não é tanto o facto de, a final, o juiz ter conseguido ou não manter a imparcialidade, mas sim *defendê-lo* da *suspeita* de a não ter conservado, não dar azo a qualquer *dúvida,* por esta via reforçando a confiança da comunidade nas decisões dos seus magistrados»[97].

A específica relação do juiz com o processo e o seu objeto motivam as situações de impedimentos, descritas nos artigos 39.º e 40.º do Código de Processo Penal, que se podem sistematizar em três grupos, nomeadamente, a «ligação pessoal do juiz ao arguido, ofendido, assistente ou pessoa com a faculdade de se constituir assistente ou parte civil»; a «colaboração do juiz no processo» e os «vínculos familiares ou equiparados entre juízes»[98].

Para além das situações de impedimento descritas no seu artigo 39.º, o Código de Processo Penal prevê no artigo 43.º o regime de recusas e escusas, que tem por fundamento, não situações tipificadas como as dos impedimentos, mas uma cláusula em aberto onde cabe uma multiplicidade de situações a concretizar caso a caso.

É do seguinte teor o artigo em causa:

«Artigo 43.º

Recusas e escusas

1 – A intervenção de um juiz no processo pode ser recusada quando correr o risco de ser considerada suspeita, por existir motivo, sério e grave, adequado a gerar desconfiança sobre a sua imparcialidade.

[97] *Direito Processual Penal,* 2004, Reimpressão da 1.ª Edição de 1974, Coimbra Editora, p. 315.

[98] GERMANO MARQUES DA SILVA, *Curso de Processo Penal* I, Verbo, 2000, pp. 215 e 216.

2 – Pode constituir fundamento de recusa, nos termos do n.º 1, a intervenção do juiz noutro processo ou em fases anteriores do mesmo processo fora dos casos do artigo 40.º

3 – A recusa pode ser requerida pelo Ministério Público, pelo arguido, pelo assistente ou pelas partes civis.

4 – O juiz não pode declarar-se voluntariamente suspeito, mas pode pedir ao tribunal competente que o escuse de intervir quando se verificarem as condições dos n.os 1 e 2.

5 – Os atos processuais praticados por juiz recusado ou escusado até ao momento em que a recusa ou a escusa forem solicitadas só são anulados quando se verificar que deles resulta prejuízo para a justiça da decisão do processo; os praticados posteriormente só são válidos se não puderem ser repetidos utilmente e se se verificar que deles não resulta prejuízo para a justiça da decisão do processo.»

A recusa do juiz ou o seu pedido de escusa pode ocorrer quando exista uma situação que possa ser considerada como fundamento sério e grave «adequado a gerar desconfiança» sobre a sua imparcialidade.

Na definição de GERMANO MARQUES DA SILVA «são causas de suspeição quaisquer motivos sérios e graves, adequados a gerar desconfiança sobre a imparcialidade dos juízes»[99].

Deste modo é fundamento de recusa ou escusa a particular relação do juiz com o caso, que não constituindo impedimento, pode mesmo assim afetar a imparcialidade do juiz na apreciação do caso e a confiança na sua independência e isenção.

Por força do disposto no n.º 4 deste artigo 43.º, o juiz não pode «declarar-se voluntariamente suspeito, mas pode pedir ao tribunal competente que o escuse de intervir quando se verificarem as condições» que sejam motivo da respetiva escusa ou recusa.

[99] *Obra citada*, p. 219.

§ 2.º.5 – Os regimes especiais e o estatuto da autoridade administrativa

Alguns dos regimes especiais de contraordenações alteraram o estatuto da autoridade administrativa relativamente ao complexo de direitos e obrigações que o Regime Geral lhes conferia no que se refere à intervenção na audiência de julgamento, quando ela ocorra e nos termos subsequentes do processo.

Assim, no âmbito da supervisão bancária, decorre do n.º 2 do artigo 228.º do Decreto-Lei n.º 298/92, de 31 de dezembro, que «Recebida a petição, o Banco de Portugal remeterá os autos ao Ministério Público no prazo de 15 dias úteis, podendo juntar alegações, elementos ou informações que considere relevantes para a decisão da causa, bem como oferecer meios de prova».

Confere-se deste modo ao Banco de Portugal o direito a apresentar alegações, tomando por essa forma posição face ao recurso de impugnação interposto pelo arguido.

Por outro lado, decorre do artigo 231.º do mesmo diploma, o direito daquela autoridade administrativa a participar na audiência, através de um representante, a condicionar a desistência da acusação por parte do Ministério Púbico e o direito a interpor recurso das decisões proferidas que sejam suscetíveis de recurso.

Ponderado globalmente este reforço de poderes, pode concluir-se que, mesmo na fase do recurso de impugnação, a autoridade administrativa mantém o seu estatuto de sujeito processual.

Aquele artigo 228.º, n.º 2 do Decreto-Lei n.º 298/92, foi retomado nas suas linhas gerais no Código dos Valores Mobiliários, conforme decorre do seu artigo 416.º e que é do seguinte teor:

«Artigo 416.º
Impugnação judicial

1 – Recebida a impugnação de uma decisão da CMVM, esta remete os autos ao Ministério Público no prazo de 20 dias úteis, podendo juntar alegações.

2 – Se a decisão condenatória respeitar a uma pluralidade de arguidos, o prazo de 20 dias úteis referido no número anterior conta-se a partir do termo do prazo de impugnação que terminar em último lugar.

3 – Sem prejuízo do disposto no artigo 70.º do Decreto-Lei n.º 433/82, de 27 de outubro, a CMVM pode ainda juntar outros elementos ou informações que considere relevantes para a decisão da causa, bem como oferecer meios de prova.

4 – O tribunal pode decidir sem audiência de julgamento, se não existir oposição do arguido, do Ministério Público ou da CMVM.

5 – Se houver lugar a audiência de julgamento, o tribunal decide com base na prova realizada na audiência, bem como na prova produzida na fase administrativa do processo de contraordenação.

6 – A CMVM pode participar na audiência de julgamento através de representante indicado para o efeito.

7 – A desistência da acusação pelo Ministério Público depende da concordância da CMVM.

8 – A CMVM tem legitimidade para recorrer autonomamente das decisões proferidas no processo de impugnação que admitem recurso, bem como para responder a recursos interpostos.

9 – Não é aplicável aos processos de contraordenação instaurados e decididos nos termos deste Código a proibição de *reformatio in pejus*, devendo essa informação constar de todas as decisões finais que admitam impugnação ou recurso.»

Do mesmo tipo é a situação da Autoridade da Concorrência, à luz do disposto no artigo 87.º da Lei n.º 19/2012, de 8 de maio.

Encontramos projeções destas alterações do estatuto da autoridade administrativa, entre outros, no âmbito do artigo 52.º da Lei Quadro das Contraordenações Ambientais – Lei n.º 50/2006, de 29 de agosto, e no artigo 73.º do Regime Jurídico das Contraordenações Económicas, decorrente da Lei n.º 9/2021, de 29 de janeiro.

§ 2.º.6 – A orgânica dos serviços e a gestão dos processos

A atribuição da competência para o processamento das contraordenações às autoridades administrativas impõe a definição das estruturas administrativas que assumam os poderes respetivos, matéria que é disciplinada pelo artigo 34.º do Regime Geral, que é do seguinte teor:

«Artigo 34.º

Competência em razão da matéria

1 – A competência em razão da matéria pertencerá às autoridades determinadas pela lei que prevê e sanciona as contraordenações.

2 – No silêncio da lei serão competentes os serviços designados pelo membro do Governo responsável pela tutela dos interesses que a contraordenação visa defender ou promover.

3 – Os dirigentes dos serviços aos quais tenha sido atribuída a competência a que se refere o número anterior podem delegá-la, nos termos gerais, nos dirigentes de grau hierarquicamente inferior.»

Resulta do disposto neste normativo que, no silêncio da lei, ou seja, na falta de uma solução normativa que resulte diretamente da lei que cria o concreto ilícito de mera ordenação social e define a competência material para o respetivo processamento, a competência passa a ser definida pelo «membro do Governo responsável pela tutela dos interesses que a contraordenação visa defender ou promover». Incumbe deste modo, nessas situações, a esse membro do Governo definir qual o serviço a quem tal competência é deferida.

Importa que se tenha presente que o processamento das contraordenações, por força do disposto no artigo 33.º do Regime Geral das Contraordenações, compete às autoridades administrativas e que o Governo, nos termos do artigo 182.º da Constituição da República, é o órgão superior da administração pública.

Uma vez encontrada a resposta para o «silêncio da lei», a competência definida não deixará de ser fixada com eficácia externa, balizando e objetivando para o futuro a determinação da competência e afastando por essa via a escolha do serviço competente com base em critérios arbitrários[100].

[100] No mesmo sentido, cfr. Simas Santos e Lopes de Sousa, *Contraordenações – Anotações ao Regime Geral*, 4.ª Edição, Vislis, 2007, p. 308.

As razões que estão subjacentes à norma do artigo 34.º do Regime Geral das Contraordenações (a responsabilidade do Governo como órgão superior da administração pública e a ligação do Direito das Contraordenações à prossecução de interesses específicos da administração) são igualmente válidas no presente caso.

De facto, a atribuição ao membro do Governo da competência para definir o serviço responsável pela decisão do processo em causa, não abre caminho, só por si, a qualquer manipulação do processo, não se descortinando qualquer razão válida para afastar a sua aplicação ao caso.

A intervenção do Governo nesta área deverá respeitar os princípios fundamentais que enquadram a intervenção das autoridades administrativas no processo, uma vez que intervém no cumprimento de disposições de natureza processual do processo das contraordenações, o que exclui qualquer arbitrariedade na definição do serviço competente pelo processamento em causa.

Por norma, essa competência há-de recair no serviço administrativo que acompanha a atividade no contexto da qual ocorreram os factos ilícitos a sancionar.

Na verdade, são esses serviços que têm melhor informação sobre a atividade em que se inserem os factos a sancionar e, consequentemente, aqueles que se encontram em melhores condições para apreciar o desvalor que os mesmos traduzem para os interesses coletivos postos em causa.

Na sequência das alterações introduzidas no artigo 34.º pelo Decreto-Lei n.º 356/89, de 17 de outubro, nos termos do n.º 3 deste artigo, estes poderes passaram a poder ser delegados nos dirigentes de grau inferior, dentro do departamento atinente à atividade onde tenha ocorrido o ilícito averiguado.

Em princípio, o diploma que subordina ao Direito das Contraordenações uma determinada área de atividade define quem é a entidade competente para desencadear os procedimentos sancionatórios e para aplicar as coimas respetivas.

Em regra, essa competência recai sobre o departamento a quem é atribuída a competência administrativa para o enquadramento da atividade em causa.

Deste modo, quem disciplina, enquadra e controla uma determinada atividade é igualmente responsável pelo sancionamento do incumprimento da disciplina estabelecida.

São, contudo, múltiplos os sectores de atividade onde concorrem vários departamentos da administração, muitas vezes integrados em Ministérios diversos.

Tenha-se presente, por exemplo, o caso de atividades industriais, com incidências da administração económica, ambiental, sanitária e outras.

Nestes casos, nas situações em que estejam em causa aspetos comuns aos vários departamentos, pode existir uma situação de concorrência de competências, a resolver, no silêncio da lei, de acordo com os princípios que emergem dos artigos 36.º e 37.º do Regime Geral.

Com efeito, resulta do artigo 36.º que em caso de «concurso de contraordenações será competente a autoridade a quem, segundo os preceitos anteriores, incumba processar qualquer das contraordenações», do que decorre que qualquer uma das várias entidades intervenientes numa dada situação fica com competência para conhecer da pluralidade de contraordenações constatadas, mesmo que as mesmas escapem à sua competência material.

Impõe-se, pois, uma interpretação cuidadosa desta norma, dada a dificuldade de interpenetração de competências que se verifica entre os diferentes serviços da Administração.

De facto, os serviços competentes para o processamento de infrações de uma determinada área poderão não ter qualquer capacidade para investigar infrações de outra, o que introduz limitações de facto no estrito cumprimento daquele artigo.

Daí que cada serviço tenda a processar as infrações que cabem na sua específica área de atividade, alheando-se muitas vezes de infrações que ocorram na situação concreta mas que obedecem a enquadramentos de outros serviços.

É esta dificuldade de interpenetração entre os vários serviços da administração pública que justifica a norma do n.º 2 do artigo 37.º que prevê que as autoridades competentes possam «acordar em atribuir a competência a autoridade diversa» em caso de conflito «por razões de economia, celeridade ou eficácia processuais».

Existem igualmente situações de dispersão por vários serviços da competência para o processamento, por diferentes momentos do processo.

Deste modo, um serviço pode ter competência apenas para dar notícia de uma concreta infração que remete a um outro competente pela instrução do processo e que pode ou não ter competência o decidir.

§ 2.º.7 – A autoridade administrativa e os serviços policiais no processo – conceito de subordinação funcional

Tal como no processo penal, em coerência com o acima referido, as autoridades administrativas podem confiar às autoridades policiais, de acordo com o disposto no artigo 54.º, n.º 3, do Regime Geral, a investigação e instrução dos factos suscetíveis de integrarem ilícito de ordenação.

Trata-se no fundo de uma delegação de competência análoga à que o Código de Processo Penal consagra nos artigos 270.º e 290.º, respetivamente para o Ministério Público e para o Juiz de instrução[101].

Procurando caracterizar a situação das polícias no processo de contraordenação, o artigo 48.º, n.º 2, do Regime Geral refere que, «na medida em que o contrário não resulte desta lei, as autoridades policiais têm direitos e deveres equivalentes aos que têm em matéria criminal».

Pode, pois, dizer-se que se encontram numa situação de subordinação funcional idêntica à que se resulta do artigo 56.º do Código de Processo Penal.

Em linhas gerais, a subordinação funcional implica para a autoridade administrativa a faculdade de emitir diretivas de carácter genérico relativamente à execução de atos de serviço, de acompanhar a execução dos atos atribuídos, de os avocar a todo o tempo e de os alterar ou completar.

Esta subordinação tem de ser entendida em termos muito hábeis sob pena de dar origem a distorções inqualificáveis e impor às polícias a exe-

[101] Sobre a relação entre as autoridades judiciárias e os órgãos de polícia criminal no processo penal, cfr. LEONES DANTAS, "As Polícias no Sistema Processual Penal", *Droga – A Prevenção e a Investigação Criminal do Tráfico e do Consumo*, Gabinete de Planeamento e de Coordenação do combate à Droga, 1999, pp. 28 e ss.

cução de investigações ou a simples prática de atos em áreas para as quais manifestamente não estejam preparadas.

São conhecidas as especificidades de múltiplas áreas de atividade enquadradas pelo Direito das Contraordenações, onde a constatação de ilícitos e a respetiva investigação exigem o domínio de conhecimentos altamente especializados que só existem, quando existem, nos serviços administrativos que enquadram essas áreas.

Subverteria completamente o espírito da lei admitir que pela via da delegação de competências seria possível aos serviços administrativos transferirem a sua responsabilidade na investigação dos ilícitos contraordenacionais respetivos para as polícias.

Este facto não obsta que concretos atos processuais, a cuja execução não seja necessária aquela especificidade de conhecimentos, não possam ser realizados pelas polícias.

§ 3.º – O arguido no processo das contraordenações

Embora o Código de Processo Penal não nos dê uma noção de arguido, a mesma pode deduzir-se do disposto no seu artigo 59.º, n.º 1. Refere-se nesta norma que «se, durante qualquer inquirição feita a pessoa que não é arguido, surgir fundada suspeita de crime por ela cometido, a entidade que procede ao ato suspende-o imediatamente e procede à comunicação e indicação referidas no n.º 2 do artigo anterior».

Da economia deste preceito pode deduzir-se que é arguido todo aquele relativamente ao qual exista fundada suspeita de que cometeu um crime. Esta fundada suspeita exige um conjunto mínimo de prova que legitime o juízo de suspeita, de modo a que se possa afirmar que a mesma é fundada.

A natureza do ilícito de ordenação não justifica a transposição para o processo respetivo do estatuto do arguido, tal como o conhecemos no processo penal.

Desde logo não se justificará a constituição como arguido formalizada tal como ela decorre do artigo 58.º do Código de Processo Penal.

De facto, trata-se de uma formalidade intimamente ligada à situação do arguido no processo penal, atenta a forma como o estatuto deste sujeito processual veio a ser delineado no Código de Processo Penal em vigor.

A constituição como arguido, ou seja a atribuição formal do estatuto de sujeito processual, não era autonomamente consagrada no Código de Processo Penal de 1929, em vigor na data da implementação do Direito das Contraordenações, embora muitos dos direitos autonomizados naquele estatuto já fossem reconhecidos naquele código.

Deste modo, o estatuto do arguido, tal como se mostra consagrado no Código de Processo Penal, tem de ser adequado às especificidades do processo das contraordenações.

Assim, o conjunto de deveres do arguido decorrentes do n.º 3 do artigo 61.º deve ser adequado à natureza da fase do recurso de impugnação que é a única onde os deveres da alínea a) e b) poderão ter cabimento.

Relativamente ao conjunto de direitos consignados no artigo 61.º, n.º 1, do Código de Processo Penal, eles terão em grande medida aplicação no processo das contraordenações, embora as várias alíneas daquele artigo tenham de ser ponderadas no contexto deste processo.

Assim, a notificação nos termos e para os efeitos do disposto no artigo 50.º do Regime Geral atribuirá o estatuto de arguido, por aplicação do princípio inerente ao n.º 1 do artigo 57.º do Código de Processo Penal, já que materializa uma imputação de uma factualidade concreta, que é objeto do processo.

Adquirirá igualmente o estatuto de arguido quem for ouvido, nos termos e condições referidas na alínea a) do n.º 1 do artigo 58.º, devendo neste contexto ser alertado do conjunto de direitos que lhe assistem e que derivam do n.º 1 do artigo 61.º, nomeadamente, os das alíneas c), d), e), f) e g) do Código de Processo Penal[102].

Assumirá igualmente o estatuto de arguido, quem for visado por um auto de notícia, nos termos da alínea d) do n.º 1 do artigo 58.º do referido código.

[102] Sobre o regime de audição de pessoas coletivas, cfr. parecer do Conselho Consultivo da P.G.R., n.º m10/94, de 7 de março de 1994, *in Diário da República*, 2.ª Série de 3 de março de 1995.

O Regime Geral estabelece no seu artigo 50.º o direito à audição, nos termos acima referidos, e disciplina no seu artigo 53.º o regime da assistência por defensor.

O artigo 53.º permite que o arguido se faça acompanhar de defensor em todos os atos processuais em que intervenha e em qualquer fase do processo.

Por sua vez o n.º 2 daquele mesmo artigo impõe que se nomeie defensor «sempre que as circunstâncias do caso revelarem a necessidade ou a conveniência de o arguido ser assistido».

Na redação original deste dispositivo referia-se que haveria lugar à nomeação de defensor «sempre que qualquer deficiência do arguido que lhe limite a capacidade de defesa ou a gravidade da infração o justifiquem».

A gravidade da infração aferia-se da dimensão das coimas abstratamente previstas ou da existência de sanções acessórias que no caso ocorressem.

A gravidade da infração, que não deixará de ser expressa pela dimensão das coimas abstratamente previstas, ou pela natureza das sanções acessórias que no caso possam ser aplicadas, deverá ser considerada como índice de situação onde se justifica a nomeação de defensor.

Por outro lado, as situações discriminadas na alínea c) do n.º1 do artigo 64.º do Código de Processo Penal devem igualmente motivar a nomeação de defensor ao arguido

A nomeação de defensor é feita pela autoridade administrativa nos termos do regime do apoio judiciário – Lei n.º 34/2004, de 29 de junho[103], e legislação complementar.

O artigo 53.º do Regime Geral estabelece critérios de carácter geral relativamente à nomeação de defensor sendo integralmente aplicável no âmbito do recurso de impugnação, nomeadamente na audiência de julgamento, nos termos que adiante serão retomados.

[103] Alterada pela Lei n.º 47/2007, de 28 de agosto.

§ 4.º – O Ministério Público no processo das contraordenações

Na fase do recurso de impugnação surgem também como sujeitos processuais o Ministério Público e o Tribunal.

A intervenção do Ministério Público nesta fase tem os seus momentos fulcrais na:

a) apresentação dos autos ao juiz – artigo 62.º, n.º 1, do Regime Geral
b) na retirada da acusação – artigo 65.º-A;
c) na promoção da prova – artigo 72.º;
d) na participação na audiência – artigo 69.º;
e) na interposição de recurso da sentença ou do despacho judicial proferido nos termos do artigo 64.º – artigo 73.º.

Além disso, o M.P. é ouvido noutros momentos processuais, nomeadamente:

– sobre a decisão por despacho – artigo 64.º, n.º 2;
– sobre a retirada do recurso, por parte do arguido – artigo 7.º, n.º 2.

Ao longo do presente texto tomar-se-á posição sobre este conjunto de institutos do qual decorre a nosso ver o estatuto deste sujeito processual.

É indutor de erros a leitura deste estatuto a partir de uma análise comparativa do mesmo com o processo penal.

O processo das contraordenações realiza interesses que não se confundem com os que estão subjacentes ao processo penal, materializando a atribuição de poderes de natureza sancionatória a autoridades administrativas, sendo subsidiária a intervenção do Tribunal neste sistema sancionatório, o que não ocorre no processo penal.

As funções do Ministério Público neste sistema sancionatório são, por tal motivo, completamente diferentes do que se passa no processo penal.

Importa, contudo, que se tenham presentes alguns princípios fundamentais relativamente à intervenção do Ministério Público no sistema de Justiça que são aqui igualmente válidos.

Assim, decorre do artigo 2.º do Estatuto que «O Ministério Público representa o Estado, defende os interesses que a lei determinar, participa na execução da política criminal definida pelos órgãos de soberania, exerce a ação penal orientado pelo princípio da legalidade e defende a legalidade democrática, nos termos da Constituição, do presente Estatuto e da Lei» e do artigo 104.º do mesmo diploma resulta o seguinte:

«Artigo 104.º

Dever de isenção e objetividade

1 – Os magistrados do Ministério Público devem atuar sempre com independência em relação a interesses de qualquer espécie e às suas convicções políticas, religiosas ou filosóficas, abstendo-se de obter vantagens indevidas, direta ou indiretamente, patrimoniais ou outras, para si ou para terceiro, das funções que exercem.

2 – Os magistrados do Ministério Público devem igualmente desempenhar as suas funções tendo exclusivamente em vista a realização da justiça, a prossecução do interesse público e a defesa dos direitos dos cidadãos.

3 – (...)

4 – Os magistrados do Ministério Público, no exercício da ação penal, devem velar pela correta aplicação da lei, averiguando todos os factos que relevem para o apuramento da verdade, independentemente de estes agravarem, atenuarem ou extinguirem a responsabilidade criminal.»

Por sua vez do artigo 53.º do Código de Processo Penal decorre o seguinte:

«Artigo 53.º

Posição e atribuições do Ministério Público no processo

1 – Compete ao Ministério Público, no processo penal, colaborar com o tribunal na descoberta da verdade e na realização do direito, obedecendo em todas as intervenções processuais a critérios de estrita objetividade.

2 – Compete em especial ao Ministério Público:

a) Receber as denúncias, as queixas e as participações e apreciar o seguimento a dar-lhes;

b) Dirigir o inquérito;

c) Deduzir acusação e sustentá-la efetivamente na instrução e no julgamento;

d) Interpor recursos, ainda que no exclusivo interesse da defesa;

e) Promover a execução das penas e das medidas de segurança.»

Ao nível da sua intervenção processual, o Ministério Público move-se assim no quadro de legalidade estrita, com sujeição aos deveres de isenção e objetividade que constituem a matriz da intervenção desta Magistratura.

A isenção «traduz o dever, em que os respetivos magistrados se encontram constituídos, de promover e de decidir segundo uma ética de procedimento enformada pela lei e pelas normas profissionais que dela decorrem» e a «este princípio acresce o da objetividade que significa que o Ministério Público não pode cultivar uma perspetiva unilateral dos factos e do direito, tendo antes de adotar posições representativas da realidade que podem ir ao ponto, no crime, de dever obrigatoriamente investigar, promover e alegar em benefício da defesa e de tomar sempre em conta as provas que a esta podem interessar»[104], isto sem prejuízo da dialética do processo e do seu empenho no esclarecimento dos factos e no desenlace do litígio, no fundo, do contraditório essencial à realização da Justiça.

A participação do Ministério Público na audiência do recurso de impugnação não tem particularidades relativamente às audiências de julgamento previstas no Código de Processo Penal.

No fundo, o Ministério Público desempenha aí uma função de colaboração com o tribunal na descoberta da verdade e na realização do Direito[105], tarefa esta que deve assumir em obediência aos critérios de objetividade e isenção que marcam a ação desta Magistratura.

Não pode, contudo, o Ministério Público desligar-se do interesse público que está subjacente ao processo e que de certa forma representa junto da instância judiciária.

O facto de a autoridade administrativa não ter nesta fase do processo, conforme vimos, o estatuto de sujeito processual, o que limita a sua

[104] Cunha Rodrigues, *Em Nome do Povo*, Coimbra Editora, 1999, pp. 106.

[105] Artigo 53.º, n.º 1 do C.P.P.

capacidade de intervenção na audiência e de reação às decisões proferidas, impõe ao Ministério Público um particular cuidado na forma como acompanha estas audiências de julgamento[106].

O sistema pressupõe o empenhamento do Ministério Público no processo, o que contribui para aprofundar o contraditório na audiência que é indiscutivelmente o melhor meio para a realização da Justiça.

Para a realização deste objetivo tem o Ministério Público especial facilidade de contacto com as autoridades administrativas, o que lhe permite melhorar a sua informação sobre os factos e dessa forma situar-se com mais facilidade na matéria em análise na audiência.

Tal contacto permitirá também ajuizar da reação daquela entidade à decisão que seja proferida e perspetivar, caso se justifique, um recurso da mesma.

Esta interação pode realizar-se de várias formas, quer através do contacto direto e fora da audiência com os funcionários convocados para aquela, quer através do contacto com os responsáveis pela autoridade administrativa.

Importa sempre ter presente que, independentemente dos poderes decisórios de natureza processual, mais ou menos intensos, que o Código de Processo Penal, ou Regime Geral das Contraordenações, atribuam ao Ministério Público, este deve sempre agir como um colaborador do tribunal na realização do Direito e da Justiça, o que não se confunde com a função do tribunal propriamente dito que é a da resolução de litígios.

No âmbito do recurso de impugnação um parecer estruturado sobre a admissibilidade do recurso e sobre o seu objeto, uma intervenção ativa na audiência de julgamento, quando seja essa a forma de decisão, e a interposição de recurso sempre que a dimensão da divergência o justifique, são formas válidas de realização do interesse coletivo que dá razão de ser à existência desta Magistratura.

Daí que seja redutor e indutor de erros tentar entender o sentido do estatuto do Ministério Público no processo das contraordenações comparando-o como o do processo penal e recorrer a argumentos do tipo «É impensável (...) que o legislador tivesse encarado o Ministério Público

[106] Sobre as relações entra a autoridade administrativa e as judiciárias na fase do recurso, cfr. "O Direito das Contraordenações e o Ambiente", *Textos, Ambiente e Consumo* II, Cej, 440 e ss.

como um simples "estafeta" da autoridade administrativa, a quem foi confiada a única missa de apresentar os autos do processo contraordenacional em tribunal para que tivesse início a fase judicial»[107].

Argumentos desta natureza esquecem que a função do Ministério Público no sistema de Justiça é mesmo a de um colaborador do tribunal na realização do Direito e da Justiça e é nesse quadro que lhe incumbem poderes/deveres de impulso processual em determinadas áreas de Direito, mas onde por regra os poderes decisórios que exerce são de natureza meramente processual.

A intervenção nos processos onde não tem poderes decisórios é tão nobre como aquela em que assume poderes de iniciativa processual e pode representar um contributo decisivo para a realização da Justiça.

Ignorar o papel e o relevo dos pareceres do Ministério Público na multiplicidade de situações em que intervém nessa qualidade é redutor para a compreensão da importância do contributo daquela Magistratura no funcionamento do sistema de Justiça.

§ 5.º – O Tribunal

Na dinâmica do recurso de impugnação o tribunal surge no centro da resolução do litígio.

Incumbe-lhe receber o recurso, nos termos dos artigos 62.º e 63.º do Regime Geral, definir a forma de conhecimento do mesmo, nos termos do artigo 64.º, ou em audiência, nos termos dos artigos 65.º e 66.º do mesmo Regime.

Admitido o recurso, incumbe ao Juiz a condução processo o que implica a prática dos atos processuais necessários à realização do seu objetivo, sejam eles atos de mero expediente, ou decisórios de quaisquer incidentes suscitados no processo.

[107] Parecer do Conselho Consultivo da Procuradoria-Geral da República n.º 5/2020, a que abaixo nos referiremos.

Nos termos do n.º 1 do artigo 61.º do Regime Geral é competente para conhecer do recurso, «o tribunal em cuja área se tiver consumado a infração».

Esta norma está direcionada para a competência territorial, tendo hoje que ser articulada com a dispersão da competência material para conhecer destes processos por diversos tribunais, quer no âmbito dos Tribunais Judiciais, quer no âmbito dos Tribunais Administrativos e Fiscais.

Na sequência das alterações introduzidas no Regime Geral pelo Decreto-Lei n.º 356/89, de 17 de outubro, a competência para o conhecimento do recurso prevista naquele artigo 61.º do Regime Geral passou da comarca em que a autoridade administrativa tinha a sua sede para o tribunal que tenha jurisdição sobre o local da prática de infração.

A revisão de 1995 voltou a alterar a definição do tribunal competente para conhecer do recurso, estabelecendo agora o artigo 61.º que é o «tribunal em cuja área territorial se tiver consumado a infração».

A dispersão da competência para conhecimento dos recursos de impugnação pelos tribunais de todo o País, em função do local onde a «infração se tiver consumado», é negativa e carece de um fundamento objetivo.

A lógica da preservação dos meios de prova em relação ao local onde a infração se consumou e da maior facilidade de produção da prova nesse local, que são o fundamento da norma do Código do Processo Penal, não tem aqui relevo que justifique a solução agora adotada.

Mau grado possam existir razões respeitáveis para a dispersão de competência que está subjacente à alteração decorrente do Decreto-Lei n.º 356/89, e da legislação de 1995, a verdade é que a concentração da competência para conhecer dos recursos no tribunal da sede da autoridade administrativa trazia mais valias consideráveis em termos de realização da justiça.

Na verdade, há múltiplos serviços concentrados em Lisboa com competência em todo o território nacional que veem a sua ação profundamente afetada com a deslocação dos seus profissionais por todo o território nacional para acorrerem a audiências de julgamento de recursos.

Por outro lado, a concentração permite a especialização que é em muitos casos fundamental para uma cabal apreciação dos factos.

Esta realidade esteve subjacente no abandono da solução do Regime Geral no âmbito da regulação e na criação de um tribunal especializado, hoje o «Tribunal da concorrência, regulação e supervisão», disciplinado, para além do mais, nos artigos 83.º da Lei da Organização do Sistema Judiciário – Lei n.º 62/2013, de 26 de agosto, que o define como um tribunal de competência especializada e territorial alargada concretizada no artigo 112.º daquele diploma, e que é do seguinte teor:

«Artigo 112.º
Competência

1 – Compete ao tribunal da concorrência, regulação e supervisão conhecer das questões relativas a recurso, revisão e execução das decisões, despachos e demais medidas em processo de contraordenação legalmente susceptíveis de impugnação:

a) Da Autoridade da Concorrência (AdC);
b) Da Autoridade da Mobilidade e dos Transportes (AMT);
c) Da Autoridade Nacional da Aviação Civil (ANAC);
d) Da Autoridade Nacional de Comunicações (ANACOM);
c) Da Autoridade de Supervisão de Seguros e Fundos de Pensões (ASF);
f) Do Banco de Portugal (BP);
g) Da Comissão do Mercado de Valores Mobiliários (CMVM);
h) Da Entidade Reguladora para a Comunicação Social (ERC);
i) Da Entidade Reguladora da Saúde (ERS);
j) Da Entidade Reguladora dos Serviços de Águas e Resíduos (ERSAR);
k) Da Entidade Reguladora dos Serviços Energéticos (ERSE).

2 – Compete ainda ao tribunal da concorrência, regulação e supervisão conhecer das questões relativas a recurso, revisão e execução:

a) Das decisões da AdC proferidas em procedimentos administrativos a que se refere o regime jurídico da concorrência, bem como da decisão ministerial prevista no artigo 34.º do Decreto-Lei n.º 10/2003, de 18 de janeiro;

b) Das demais decisões da AdC que admitam recurso, nos termos previstos no regime jurídico da concorrência.

3 – Compete ao tribunal julgar ações de indemnização cuja causa de pedir se fundamente exclusivamente em infrações ao direito da concorrência, ações destinadas ao exercício do direito de regresso entre coinfratores,

bem como pedidos de acesso a meios de prova relativos a tais ações, nos termos previstos na Lei n.º 23/2018, de 5 de junho.

4 – Compete ainda ao tribunal julgar todas as demais ações civis cuja causa de pedir se fundamente exclusivamente em infrações ao direito da concorrência previstas nos artigos 9.º, 11.º e 12.º da Lei n.º 19/2012, de 8 de maio, em normas correspondentes de outros Estados-Membros e/ou nos artigos 101.º e 102.º do Tratado sobre o Funcionamento da União Europeia bem como pedidos de acesso a meios de prova relativos a tais ações, nos termos previstos na Lei n.º 23/2018, de 5 de junho.

5 – As competências referidas nos números anteriores abrangem os respetivos incidentes e apensos, bem como a execução das decisões.»

No âmbito dos Tribunais Judiciais há que ter em conta a competência dos Juízos do Trabalho para conhecer dos recursos de impugnação «nos domínios laboral e da segurança social» que decorre do n.º 2 do artigo 126.º da Lei n.º 62/2013, de 26 de agosto.

Ainda no âmbito dos Tribunais Judiciais, a competência para julgamento dos recursos de impugnação decorre da estrutura dos tribunais a quem a competência territorial for atribuída nos termos do artigo 61.º do Regime Geral, tendo em conta o disposto no artigo 130.º da mencionada Lei n.º 62/2013.

Capítulo IV
Atos processuais

§ 1.º - Regime geral dos atos processuais

Não contém o Regime Geral das Contraordenações quaisquer normas que definam os princípios que devem enquadrar os atos processuais do processo respetivo.

Tem, pois, de se entender como diretamente aplicáveis as normas resultantes do Código de Processo Penal, nos termos do artigo 41.º, n.º 1, já citado, embora atendendo a eventuais aspetos incompatíveis com a disciplina deste processo.

Neste contexto, tem aplicação no processo das contraordenações as normas dos artigos 92.º a 95.º, 99.º e 100.º do Código de Processo Penal, relativos à forma que devem assumir os atos processuais.

Do mesmo modo, se devem ter por aplicáveis as normas dos artigos 104.º e 105.º daquele código relativas aos prazos, sempre tendo presente que o processo das contraordenações nunca tem arguidos presos e que o regime acaba por se reconduzir, nos aspetos essenciais, às normas do Código de Processo Civil, nomeadamente no que se refere ao respetivo cômputo[108].

O regime de cômputo dos prazos no âmbito do processo das contraordenações tem motivado múltiplos debates jurisprudências, muitos deles derivados da desfocagem de princípios essenciais à estruturação do processo.

[108] Artigo 138.º do Código de Processo Civil, *apud* artigo 104.º do Código de Processo Penal.

Na verdade, entendido o processo de contraordenação como um todo que engloba a fase administrativa do processo e o recurso de impugnação, nos termos acima referidos, aceite que, à luz do disposto no artigo 41.º, n.º 1 do Regime Geral, o direito subsidiário é Código de Processo Penal, os prazos só não obedecerão à disciplina que resulta daquele código, nas situações em que exista norma expressa em sentido contrário, ou nas situações em que a disciplina do processo penal for contrária aos princípios que estruturam o processo das contraordenações.

§ 2.º – A comunicação de atos processuais e as notificações

Já no que se refere ao regime da comunicação dos atos processuais, embora tendo presente a disciplina resultante do Código de Processo Penal, haverá que atender também à disciplina que resulta do Regime Geral.

É sabido que o Código de Processo Penal, nos seus artigos 111.º e ss., autonomiza o conceito de notificação do conceito de comunicação, reservando a primeira para a comunicação ou convocatória para os atos mais importantes do processo – artigo 112.º, n.º 3, e adotando a segunda como mera figura residual.

Dentro desta linha de ideias, o Código de Processo Penal rodeou a notificação de exigências de forma mais rigorosas, no pressuposto de que seria a melhor forma de garantir a comunicação e de dar ao processo a certeza e a segurança daí derivadas.

Neste contexto, resulta do n.º 1 do artigo 46.º da Regime Geral que todas as decisões e demais medidas tomadas pelas autoridades administrativas são comunicadas às pessoas a que se dirigem.

Todavia, o n.º 2 daquele artigo impõe que as medidas que admitem impugnação sujeita a prazo revistam a forma de notificação que deverá conter todos esclarecimentos necessários sobre a admissibilidade prazo e forma de impugnar.

As notificações obedecem aos mecanismos previstos no processo penal – hoje artigo 113.º do código respetivo, devendo respeitar também os parâmetros estabelecidos no referido n.º 2 do artigo 46.º, bem como o disposto no artigo 47.º da Regime Geral das Contraordenações, que é do seguinte teor:

«Artigo 47.º
Da notificação

1 – A notificação será dirigida ao arguido e comunicada ao seu representante legal, quando este exista.

2 – A notificação será dirigida ao defensor escolhido cuja procuração conste do processo ou ao defensor nomeado.

3 – No caso referido no número anterior, o arguido será informado através de uma cópia da decisão ou despacho.

4 – Se a notificação tiver de ser feita a várias pessoas, o prazo de impugnação só começa a correr depois de notificada a última pessoa.»

Disciplina este artigo a articulação da notificação feita ao defensor com a comunicação feita ao arguido, e a articulação da notificação deste com a comunicação ao representante legal, quando exista, afastando-se da disciplina que decorreria do artigo 113.º, n.º 9, do Código de Processo Penal.

Assim, quando o arguido tenha defensor ou mandatário constituído, é a este que é dirigida a notificação, por força do disposto no n.º 2 deste artigo, sendo apenas dado conhecimento ao arguido, «com cópia da decisão ou despacho», comunicação esta que já não exige a forma de notificação.

Nos casos em que o arguido não tenha defensor deverá ser notificado diretamente, nos termos do n.º 1 do artigo 47.º

O Regime Geral não estabelece qualquer disciplina para a forma que deve rodear a efetivação das notificações e das meras comunicações devendo recorrer-se ao disposto nos artigos 112.º e 113.º do Código de Processo Penal, com as necessárias adaptações, quando tal se justifique.

Importa, contudo, ter presente que têm sido introduzidas múltiplas formas especiais de efetivação de notificações na legislação que tem aplicado o Direito das Contraordenações a diversos sectores de atividade.

Por outro lado, verifica-se presentemente uma tendência no sentido da generalização das notificações por via eletrónica no âmbito das relações entre a administração pública e os particulares, com aplicação ao processo das contraordenações, notificações hoje disciplinadas no Decreto-Lei n.º 93/2017, de 1 de agosto[109].

Do mesmo modo, através da Lei n.º 1/2018, de 29 de janeiro, passaram a ser permitidas as notificações por via eletrónica aos advogados e defensores oficiosos, no âmbito da plataforma CITIUS, disciplinada pela Portaria n.º 280/2013, de 26 de agosto, relativa à tramitação eletrónica de processos judiciais.

A existência paralela dos dois regimes de comunicações eletrónicas, uma aplicável aos arguidos, na fase administrativa do processo e a outra, a da plataforma CITIUS, aplicável aos advogados e defensores oficiosos, na fase do recurso de impugnação, nos termos do artigo 1.º, alínea c) daquela Portaria, exige algum cuidado, sobretudo na sua articulação com o regime decorrente do artigo 47.º do Regime Geral, acima referido.

§ 3.º – Tramitação eletrónica no processo de contraordenação

Na sequência da entrada em vigor da Portaria n.º 170/2017, de 25 de maio, passou a ser aplicável aos processos de natureza penal, a partir do despacho a que se refere o artigo 311.º do Código de Processo Penal, e aos processos de contraordenação, «a partir do momento em que os autos são presentes ao juiz» o regime de tramitação eletrónica dos processos judiciais disciplinado pela Portaria n.º 280/2013, de 26 de agosto.

No que se refere à fase administrativa do processo vários regimes especiais vêm consagrando a possibilidade da prática dos atos processuais sob essa forma, abandonando-se o regime clássico assente no papel como suporte material desses atos.

[109] Para uma panorâmica da jurisprudência dos tribunais em matéria de notificações e do regime decorrente do Decreto-Lei n.º 93/2017, de 1 de agosto, cfr. ANA SIRAGE COIMBRA, *O Regime das Notificações no Processo Contraordenacional*, Petrony, 2018.

São exemplos desta tendência o disposto no artigo 169.º – A do Código da Estrada[110], ou o disposto no artigo 43.º do Regime Jurídico das Contraordenações Económicas, aprovado pelo Decreto-Lei n.º 9/2021, de 29 de janeiro e que é do seguinte teor:

«Artigo 43.º

Tramitação eletrónica

1 – A tramitação das contraordenações económicas pode ser efetuada eletronicamente em termos a definir por portaria dos membros do Governo responsáveis pelas áreas da economia e da modernização administrativa.

2 – A assinatura autógrafa no processo administrativo em suporte de papel é dispensável quando os atos procedimentais possam ser praticados em suporte eletrónico com aposição de assinatura eletrónica qualificada, incluindo as do Cartão de Cidadão e da Chave Móvel Digital, com possibilidade de recurso ao Sistema de Certificação de Atributos Profissionais, ou outra que conste da Lista Europeia de Serviços de Confiança.

3 – A tramitação eletrónica dos processos deve garantir a respetiva integralidade, autenticidade e inviolabilidade.»

Não estabelece o Regime Geral das Contraordenações uma disciplina específica do incumprimento do dever de colaboração, na linha daquilo que encontramos nos artigos 116.º e 117.º do Código de Processo Penal. Contudo, algumas disposições avulsas permitem reconstituir os aspetos marcantes desse regime.

Assim, o artigo 52.º, relativo aos deveres das testemunhas e peritos, refere no seu n.º 2 que «em caso de recusa injustificada, poderão as auto-

[110] Do seguinte teor:

«Artigo 169.º-A

Forma dos atos processuais

1 – Os atos processuais podem ser praticados em suporte informático com aposição de assinatura digital qualificada, nomeadamente através do Cartão de Cidadão e da Chave Móvel Digital, podendo ser utilizado o Sistema de Certificação de Atributos Profissionais.

2 – Os atos processuais e documentos assinados nos termos do número anterior substituem e dispensam para quaisquer efeitos a assinatura autografa no processo em suporte de papel.

3 – [Revogado.]».

ridades administrativas aplicar sanções pecuniárias até € 49,88 e exigir a reparação dos danos causados com a sua recusa».

Da conjugação destas normas com o regime do Código de Processo Penal pode deduzir-se que não é permitida a detenção de testemunhas por incumprimento do dever de comparência, a que se refere o artigo 116.º, n.º 2 daquele código, e que incumbe às autoridades administrativas, na fase administrativa do processo, sancionar o incumprimento de tal dever relativamente a testemunhas e a peritos.

§ 4.º – Segredo de justiça no processo contraordenacional

4.1 – Ocorrem no procedimento das contraordenações as razões justificativas do segredo de justiça disciplinado nos artigos 86.º a 90.º do Código de Processo Penal[111].

De facto, também nesta forma de procedimento as necessidades da investigação, quer ao nível da individualização dos meios de prova, quer ao nível da proteção da prova já recolhida, são fundamento bastante para que o processo seja sujeito ao regime de segredo. Embora existam inúmeras contraordenações em que a investigação dos factos se esgota no respetivo auto de notícia, o Direito das Contraordenações foi implementado em áreas da atividade onde a investigação das infrações passa forçosamente por complexas peritagens e outras diligências que só podem ser levadas a cabo com a serenidade e a tranquilidade que só o regime de segredo potencia.

Com efeito, na fundamentação do segredo de justiça não pode deixar de se fazer apelo à serenidade e à independência de quem investiga, valores estes que não se compatibilizam com a discussão na comunicação social de atos processuais, com o confronto de testemunhas com depoimentos prestados, reais ou hipotéticos, e com a indução de depoimentos que o debate na comunicação social potencia.

[111] Texto originário do parecer do Conselho Consultivo da Procuradoria-Geral da República n.º 84/2007, de 8 de abril de 2008.

A investigação de factos exige serenidade ao nível do seu planeamento e é incompatível com o debate público sobre o conteúdo dos elementos de prova já recolhidos no processo.

Mas ao lado dos interesses da investigação e da realização da justiça confluem no procedimento das contraordenações os interesses da proteção da imagem social do próprio arguido, a que hoje o processo penal atribuiu um relevo de primeiro plano e que já estava no núcleo do princípio da presunção de inocência e da própria justificação das fases preliminares do processo.

A proteção da imagem e consideração social do arguido, a que acresceram a de outros sujeitos ou meros participantes processuais, assume agora a natureza de um direito processual, nos termos do n.º 2 do artigo 86.º do Código de Processo Penal.

A necessidade de proteção daqueles interesses ocorre igualmente no âmbito do processo das contraordenações, agravada aqui com a dimensão dos interesses de natureza económica que podem ser injustamente afetados pela divulgação pública de um processo mal fundamentado.

Estes interesses, quer da investigação, quer da proteção da imagem do arguido são fundamento bastante para legitimar o segredo de justiça no processo de contraordenação, devendo ceder nessa medida o princípio da publicidade que é igualmente aplicável àquela forma de processo.

4.2 - A adaptação exigida pelo artigo 41.º, n.º 1, do Decreto-Lei n.º 433/82, de 27 de outubro, deverá processar-se no respeito pela estrutura do processo contraordenacional.

Deste modo, por aplicação do disposto no n.º 2 do artigo 86.º do Código de Processo Penal, os arguidos e os visados com qualquer medida instrutória tomada no processo podem requerer à autoridade administrativa a sujeição do processo a segredo de justiça[112].

[112] Nos termos da alínea d), i), n.º 2, do artigo 2.º do Decreto-Lei n.º 194/2012, de 23 de agosto, incumbe à Autoridade de Segurança Alimentar e Económica «d) Na área da instrução e aplicação de sanções em processos de contraordenação: i) Proceder à investigação e instrução de processos por contraordenação cuja competência lhe esteja legalmente atribuída, bem como arquivá-los sempre que se verificar que os factos que constam dos autos não constituem

A autoridade administrativa deverá ponderar na fundamentação da decisão a proferir a lesividade da pendência do processo para a imagem social do arguido e para os interesses económicos conexos com a mesma. Deverá igualmente tomar em consideração que o interesse público no conhecimento dos factos tem outras fases do processo para ser integralmente realizado.

Não há no processo das contraordenações, tal como emerge daquele decreto-lei, outros sujeitos ou participantes processuais cujos interesses legitimem a sujeição do processo a segredo[113].

Por outro lado, por aplicação do disposto nos n.os 3 e 4 do mesmo artigo, a autoridade administrativa pode, por sua iniciativa, sujeitar o processo ao segredo, sempre que entenda que as exigências da investigação, ou os interesses do arguido, o justificam.

O conceito de segredo decorrente dos artigos 86.º, n.º 8, do Código de Processo Penal e o conceito de publicidade decorrentes das alíneas b) e c) do n.º 6 daquele artigo, com as especificações decorrentes dos artigos 88.º e 89.º do mesmo código, no que se refere à divulgação pelos meios de comunicação social do conteúdo de atos e à consulta do auto e obtenção de cópias, extratos e certidões não têm especificidades no processo das contraordenações, sendo aplicáveis diretamente.

Não é, contudo, aplicável no processo de contraordenações, na sua fase administrativa, a dimensão da publicidade referida na alínea a) do n.º 6 daquele artigo 86.º, se se entender que a mesma se verifica nas fases preliminares do processo penal, uma vez que não ocorrem naquele processo as razões que legitimam a presença do público nos atos processuais. Na verdade, conforme acima se referiu, o fundamento da presença do público em atos processuais decorre da sindicância coletiva sobre a Administração da Justiça, no caso penal legitimada no relevo que a repressão

infração ou não existam elementos de prova suscetíveis de imputar a prática da infração a um determinado agente»..

[113] As disposições avulsas existentes em específicos regimes contraordenacionais que permitem a intervenção de terceiros como assistentes no processo das contraordenações (artigo 23.º da Lei n.º 107/2009, de 14 de setembro), ou lhes atribuem poderes paralelos aos dos assistentes no processo penal (artigo 18.º, n.º 3, alínea m), da Lei n.º 24/96, de 31 de Julho), não legitimam o alargamento a estes "assistentes" do direito à sujeição do processo ao segredo de justiça que se verifica no processo penal.

do crime tem para o conjunto de cidadãos, valores estes que estão ausentes do processo das contraordenações.

Por outro lado, apesar de enquadrado subsidiariamente pelo processo penal, o procedimento das contraordenações materializa uma atuação administrativa, onde o direito à informação, disciplinado nos artigos 82.º e seguintes do Código de Procedimento Administrativo está presente e que não integra a presença dos cidadãos, em geral, na prática dos atos, como forma de acesso ao processo.

São também aplicáveis no âmbito do processo das contraordenações as quebras ao regime do segredo, decorrentes dos n.os 9 e 13 do artigo 86.º do Código de Processo Penal, o primeiro motivado em exigências da própria investigação e o último na necessidade de esclarecimentos públicos sobre factos.

4.3 – Uma vez sujeito o processo ao regime de segredo, se o mesmo não for afastado, por outros motivos, a requerimento do arguido ou por iniciativa da autoridade administrativa, ele mantém-se, na sua dimensão externa, até à decisão prevista no artigo 59.º do Decreto-Lei n.º 433/82, de 27 de outubro.

É irrelevante para a subsistência do segredo que a decisão estabilize ou que seja impugnada, cessando sempre o regime do segredo com a mesma.

A manutenção do segredo nesta dimensão, e importa destacar que quando requerido apenas pelo arguido só vigora nessa dimensão, não obsta à aplicação no processo das contraordenações do regime de acesso ao processo previsto no artigo 89.º do Código de Processo Penal.

De facto, se não vigorar o regime de segredo, o arguido e os terceiros visados com as medidas nele decretadas têm acesso ao processo e à obtenção dos elementos que constam da referida disposição legal.

Se o processo se mantiver em segredo de justiça decretado pela autoridade administrativa com fundamento na preservação dos interesses da investigação, aquela autoridade pode vedar ao arguido o acesso ao processo, nos termos da parte final daquele n.º 1 do artigo 89.º, ou seja, sempre que entenda, fundadamente, que tal acesso pode prejudicar a investigação.

É esta dimensão interna do segredo que é oponível ao arguido que vai cessar no momento em que a investigação inicial estiver esgotada e em que a autoridade administrativa der cumprimento ao disposto no artigo 50.º do Decreto-Lei n.º 433/82, de 27 de outubro.

A passagem do processo para a fase da audição e da defesa implica a cessação do regime de segredo de justiça na sua dimensão interna e o acesso do arguido ao conteúdo do processo na sua plenitude.

Antes da chegada a esse momento, durante a pendência da investigação preliminar, decretado o segredo de justiça, o arguido pode requerer à autoridade administrativa o acesso ao processo, invocando a necessidade desse acesso para preparar desde logo a sua defesa e atento o disposto no n.º 1 do artigo 89.º do Código de Processo Penal.

Se tal requerimento for indeferido pela autoridade administrativa, nos termos acima referidos, com o fundamento de que o mesmo pode perturbar a investigação, a decisão proferida é suscetível de ser impugnada perante o tribunal competente, nos termos do artigo 55.º do Regime Geral das Contraordenações.

4.4 – As razões que estão subjacentes ao n.º 6 do artigo 89.º do Código de Processo Penal acima referidas podem igualmente verificar-se no processo das contraordenações, nos específicos casos em que a lei tenha sujeitado a tramitação do processo a determinados prazos[114]. Não é o que sucede no regime geral das contraordenações onde a gestão do processo, nomeadamente a sua duração, foi deixada na discricionariedade da autoridade administrativa.

Onde tais prazos existam o esgotamento dos mesmos implica a cessação do segredo, na sua dimensão interna e o acesso ao processo por parte do arguido ou de terceiros visados com quaisquer medidas.

Também aqui o acesso ao processo pode desempenhar uma função de aceleração da tramitação do mesmo e do respeito pelos prazos estabelecidos.

[114] Artigo 24.º do regime jurídico emergente da Lei n.º 107/2009, de 14 de setembro e artigo 48.º, n.ºs 2 e 3, da Lei n.º 50/2006, de 29 de agosto

Capítulo V
A Fase Administrativa do Processo

§ 1.º - A notícia da infração na dinâmica do processo

Perante a notícia da prática de uma infração contraordenacional, a entidade competente terá de proceder a uma cuidadosa análise da mesma tendo em conta, nomeadamente, a factualidade noticiada e a respetiva qualificação jurídica.

É neste plano que deverá ser proferida a decisão que determine a instauração do respetivo processo, o que define o seu início. A partir desse despacho passa a existir formalmente um processo contraordenacional.

Nesse despacho deverá igualmente a entidade competente, à luz da qualificação jurídica dos factos, averiguar se se está perante uma infração que admite pagamento voluntário da coima correspondente e se o imputado já foi notificado para esse efeito, ou se haverá ainda necessidade de ordenar essa notificação.

Deverá ainda ser ponderado, se se está perante uma situação em que o processo poderá terminar com uma solução alternativa ao procedimento comum das contraordenações e, neste caso, deverão ser desencadeados os atos processuais necessários para o efeito, sendo certo que os pressupostos dessas formas de procedimento também poderão a vir a ser evidenciados num momento posterior.

Quando a notícia da infração careça de esclarecimentos complementares, nomeadamente, para aferir da respetiva consistência, terá se proceder à investigação preliminar dos factos noticiados.

É a partir da análise da notícia da infração que investigação preliminar é delineada, sendo certo que a definição das diligências a levar a cabo e o momento da sua realização está na discricionariedade de quem investiga.

Em muitos casos, a lei expressamente permite a passagem ao contraditório e à notificação nos termos e para os efeitos do disposto no artigo 50.º do Regime Geral, quando se esteja perante uma notícia que resulte de um auto de notícia.

À luz do Regime Geral, a abertura do processo ao contraditório não decorre de um nível de prova que tenha já sido recolhida no processo, nada impedindo que o arguido seja ouvido e que depois disso se desencadeiem outras diligências complementares.

Importa, contudo, ter presente que a abertura ao contraditório pressupõe o esclarecimento de um quadro factual que preencha uma concreta contraordenação, e que, sempre que esse quadro factual não decorra, nomeadamente, de um auto de notícia, para ouvir o visado sobre os factos que lhe são imputados, esses factos terão de ser concretizados pela entidade que dirige a instrução do processo.

§ 1.º.1 – A identificação de agentes de infrações

Entre as medidas de polícia objeto de disciplina específica no Regime Geral figura a medida prevista no artigo 49.º daquele regime[115].

Na sua redação anterior à revisão de 1995 este dispositivo tinha o seguinte teor:

> «Artigo 49.º
> *(Identificação pelas autoridades administrativas e policiais)*
>
> 1 – As autoridades administrativas competentes e as autoridades policiais podem exigir ao autor de uma contraordenação a respetiva identificação.
>
> 2 – Se esta não for imediatamente possível, em caso de flagrante delito podem as autoridades policiais deter o indivíduo pelo tempo necessário à identificação.

[115] Sobre a medida de identificação coativa, cfr. Parecer do Conselho Consultivo da P.G.R. n.º 13/96, de 3 de março de 1996, in *Diário da República*, 2.ª Série de 31 de março de 1997.

3 – Esta deve processar-se no mais curto espaço do tempo, não podendo nunca a detenção exceder 24 horas.»

Tratava-se de uma medida de polícia análoga à referida no artigo 250.º do Código de Processo Penal, mas que tem fundamentos diversos e autonomia relativamente àquela.

Referia aquele artigo, no seu n.º 1, que as autoridades administrativas competentes e as autoridades policiais podiam exigir do autor de uma contraordenação a respetiva identificação.

O interesse público subjacente a realização dos objetivos deste ramo do direito sancionatório legitimava este dever de identificação, pelo que a sua admissibilidade nenhuma dúvida poderia suscitar.

Enquanto no artigo 250.º do Código de Processo Penal se impõe a obrigação de identificação a "suspeitos da prática de crimes" que se encontrem em «lugar público, aberto ao público ou sujeito a vigilância policial», aqui exige-se a identificação a autores de infrações já constatadas.

No artigo 250.º do Código de Processo Penal os motivos de suspeita e a ausência de identificação vão legitimar a condução ao estabelecimento policial mais próximo e a permanência neste nos termos e para os efeitos referidos no n.º 6 daquele artigo.

Por sua vez, o artigo 49.º do Regime Geral das contraordenações legitimava a privação da liberdade de quem não se identificasse, pelo tempo necessário à identificação, mas quando existisse flagrante delito da prática de uma contraordenação.

Também aqui os fundamentos da privação de liberdade se afastavam daquilo que resulta do artigo 250.º do Código de Processo Penal.

Com efeito, seria profundamente lesivo da eficácia do sistema que os órgãos fiscalizadores presenciassem a prática em flagrante delito de uma infração e estivessem privados de meios que lhes permitissem a identificação do seu autor.

Acresce que o facto de a infração ter sido constatada em flagrante delito legitimava o período de duração da privação da liberdade diverso daquele que o Código de Processo Penal consagra.

Na sequência da revisão de 1995 do Regime Geral, o artigo em causa passou a ter a seguinte redação:

«Artigo 49.º
Identificação pelas autoridades administrativas e policiais

As autoridades administrativas competentes e as autoridades policiais podem exigir ao agente de uma contraordenação a respetiva identificação.»

Desta norma, apenas decorre hoje o direito de as autoridades administrativas exigirem a identificação do autor de uma contraordenação e a obrigação de a fornecer por parte desses autores.

Desapareceu desta forma a possibilidade de detenção em caso de flagrante delito para garantir essa identificação que resultava dos números 2 e 3 daquele artigo, na sua versão originária.

Às razões da revogação destes números 2 e 3 não será alheio o debate que se travou sobre a constitucionalidade desta forma de detenção.

O regime da detenção para identificação de suspeitos tem hoje assento no artigo 250.º do Código de Processo Penal que disciplina as condições em que as forças policiais podem exigir a identificação – n.º1 deste artigo -, estabelecendo depois, nos demais números, os procedimentos necessários à efetivação da mesma, dispositivos que são aplicáveis no âmbito do Direito das Contraordenações, por força do princípio da subsidiariedade, decorrente do artigo 41.º do Regime Geral acima analisado.

A redação em vigor daquele artigo 250.º do Código de Processo Penal aproveitou o debate que rodeou a conformação da obrigação de identificação que veio a ser aprovada na Lei n.º 5/95, de 21 de fevereiro.

No âmbito dos procedimentos tendentes à identificação não está prevista a possibilidade de os agentes da autoridade darem uma ordem à pessoa a identificar e, em caso de recusa de cumprimento, a detenção dessa pessoa, em flagrante delito, pela prática de um crime de desobediência.

Seria uma forma simples de coagir um cidadão à identificação, mas violadora de princípios fundamentais, nomeadamente do princípio da subsidiariedade da intervenção penal.

De facto, aquele artigo 250.º do Código de Processo Penal impõe às autoridades que averiguem a identidade da pessoa a identificar e, em caso de recusa de colaboração desta, estabelece um conjunto de mecanismos que podem realizar esse objetivo.

Deste modo, se é possível a identificação do agente de uma infração sem a imputação de um crime e as restrições de direitos que dessa imputação decorrem, através dos procedimentos previstos naquela norma, carece de qualquer fundamento o recurso ao direito penal para realizar esse objetivo.

Em termos gerais, na falta de dispositivo específico que estabeleça a obrigação de identificação, o artigo 49.º do Regime Geral não legitima a ordem do agente da autoridade para que o cidadão se identifique e, muito menos, a punição da recusa de identificação como desobediência[116].

Ao nível do processo penal, são pontuais os casos em que os cidadãos têm o dever de se identificar, com a cominação de que a recusa é criminalmente punida.

As razões subjacentes a essa conformação do dever de identificação prendem-se com a especificidade dos atos em que existe e com a categoria da entidade perante a qual os mesmos ocorrem, nomeadamente nos interrogatórios judiciais.

§ 1.º.2 – A apreensão de bens

Uma das medidas cautelares mais importantes no âmbito do direito das contraordenações é a apreensão de bens cujo regime processual se encontra disciplinado nos seus artigos 48.º-A, 83.º e 85.º, que são do seguinte teor:

«Artigo 48.º-A

Apreensão de objetos

1 – Podem ser provisoriamente apreendidos pelas autoridades administrativas competentes os objetos que serviram ou estavam destinados a servir para a prática de uma contraordenação, ou que por esta foram produzidos, e bem assim quaisquer outros que forem suscetíveis de servir de prova.

[116] Em sentido contrário, cfr. Parecer do Conselho Consultivo da P.G.R n.º 28/2008, de 8 de maio de 2008, *in Diário da República*, 2.ª Série de 12 de agosto de 2008.

2 – Os objetos são restituídos logo que se tornar desnecessário manter a apreensão para efeitos de prova, a menos que a autoridade administrativa pretenda declará-los perdidos.

3 – Em qualquer caso, os objetos são restituídos logo que a decisão condenatória se torne definitiva, salvo se tiverem sido declarados perdidos.»

«Artigo 83.º
Processo de apreensão

Quando, no decurso do processo, a autoridade administrativa decidir apreender qualquer objeto, nos termos do artigo 48.º-A, deve notificar a decisão às pessoas que sejam titulares de direitos afetados pela apreensão.»

«Artigo 85.º
Impugnação judicial da apreensão

A decisão de apreensão pode ser impugnada judicialmente, sendo aplicáveis as regras relativas à impugnação da decisão de perda de objetos.»

Da economia destes dispositivos pode deduzir-se que a autoridade administrativa deve determinar a apreensão cautelar de bens «que serviram ou estavam destinados a servir para a prática de uma contraordenação, ou que por esta forma produzidos e bem assim quaisquer outros que forem suscetíveis de servir de prova».

No fundo, devem ser apreendidos os bens que foram utilizados na prática da infração ou que por ela foram produzidos, bem como os bens que sejam relevantes como meio de prova.

A apreensão deve manter-se sempre que se mostrem preenchidas as condições em que a lei prevê a perda, cessando a apreensão dos bens que não sejam suscetíveis de perda, salvo quando a apreensão se deva manter para efeitos de prova.

A apreensão deve igualmente ocorrer nas situações em que os bens representem «um grave perigo para a comunidade ou exista sério risco da sua utilização para a prática de um crime ou de uma contraordenação», nos termos do disposto no artigo 22.º do Regime Geral.

As pessoas titulares dos direitos afetados com a apreensão, devem ser notificados da mesma e têm o direito de a impugnar, nos termos do artigo

55.º do Regime Geral, dispositivo, para o qual se deve entender, corretivamente, a remessa estabelecida no artigo 85.º

Com efeito, o Regime Geral não consagra quaisquer regras aplicáveis à «impugnação da decisão de perda de objetos», a não ser que se entenda que são regras relativas ao recurso de impugnação das decisões administrativas, que mais não são do que os termos seguidos pelas impugnações previstas no referido artigo 55.º

§ 1.º.3 – As medidas cautelares na Lei n.º 50/2006, de 29 de agosto

Tem sido frequente a consagração no âmbito de específicos sectores de atividade abrangidos pelo Direito das Contraordenações de medidas designadas como medidas cautelares, prevendo-se mesmo, em algumas situações, a possibilidade de tais medidas serem aplicadas no âmbito do processo de contraordenação, estabelecendo-se mecanismos de articulação dessas medidas com as sanções acessórias adotadas.

Servem de exemplo neste modelo de abordagem as soluções adotadas no âmbito dos artigos 41.º e 42.º da Lei das Contraordenações Ambientais – Lei n.º 50/2006, de 29 de agosto, que são do seguinte teor:

«Artigo 41.º

Determinação das medidas cautelares

«1 – Quando se revele necessário para a instrução do processo de contraordenação ambiental ou quando estejam em causa a saúde, a segurança das pessoas e bens e o ambiente, a autoridade administrativa pode determinar uma ou mais das seguintes medidas:

a) Suspensão da laboração ou o encerramento preventivo no todo ou em parte da unidade poluidora;

b) Notificação do arguido para cessar as atividades desenvolvidas em violação dos componentes ambientais;

c) Suspensão de alguma ou algumas atividades ou funções exercidas pelo arguido;

d) Sujeição da laboração a determinadas condições necessárias ao cumprimento da legislação ambiental;

e) Selagem de equipamento por determinado tempo;

f) Recomendações técnicas a implementar obrigatoriamente quando esteja em causa a melhoria das condições ambientais de laboração;

g) Imposição das medidas que se mostrem adequadas à prevenção de danos ambientais, à reposição da situação anterior à infração e à minimização dos efeitos decorrentes da mesma.

2 – A determinação referida no número anterior vigora, consoante os casos:

a) Até à sua revogação pela autoridade administrativa ou por decisão judicial;

b) Até ao início do cumprimento de sanção acessória de efeito equivalente às medidas previstas no artigo 30.º da presente lei;

c) Até à superveniência de decisão administrativa ou judicial que não condene o arguido às sanções acessórias previstas no artigo 30.º, quando tenha sido decretada medida cautelar de efeito equivalente;

d) Até à ultrapassagem do prazo de instrução estabelecido pelo artigo 48.º

3 – Quando se verifique obstrução à execução das medidas previstas no n.º 1 deste artigo, pode ser solicitada pela autoridade administrativa às entidades distribuidoras de energia elétrica a interrupção do fornecimento desta aos arguidos por aquela indicados.

4 – A determinação da suspensão e do encerramento preventivo previstos no n.º 1 podem ser objeto de publicação pela autoridade administrativa, sendo as custas da publicação suportadas pelo infrator.

5 – Quando, nos termos da alínea c) do n.º 1, seja determinada a suspensão total das atividades ou das funções exercidas pelo arguido e este venha a ser condenado, no mesmo processo, em sanção acessória que consista em interdição ou inibição do exercício das mesmas atividades ou funções, é descontado por inteiro no cumprimento da sanção acessória o tempo de duração da suspensão preventiva.»

As medidas cautelares administrativas, também designadas por medidas de polícia, são um conjunto de meios que servem para reagir a situações de particular perigo para um conjunto de interesses juridicamente protegidos.

Pela sua natureza, pela sua função e pelos objetivos que lhe estão subjacentes, as medidas cautelares enquadram-se no âmbito das medidas de polícia administrativa e estão sujeitas aos princípios constitucionais derivados do artigo 272.º, n.º 2, da Constituição da República.

A sujeição destas medidas ao disposto naquele normativo tem importantes consequências práticas, a mais importante das quais consiste na aplicação às mesmas do princípio da proibição do excesso, previsto naquela norma, o que impõe a subordinação daquelas medidas aos requisitos da necessidade, exigibilidade e proporcionalidade[117].

Em geral, as medidas cautelares são formas de ação administrativa enquadradas pelas normas relativas ao procedimento administrativo, decorrem de decisões administrativas – atos administrativos – e estão sujeitas às formas de impugnação típicas do contencioso administrativo.

As medidas previstas nos artigos 41.º e 42.º da referida Lei n.º 50/2006, de 29 de agosto, são legitimadas apenas na necessidade de proteção dos bens ali referidos não se invocando, expressamente, uma situação de perigo grave que as justifique.

Por outro lado, são fundamentadas na necessidade de instrução do processo, «Quando se revele necessário para a instrução do processo de contraordenação», como se tratasse de medidas de coação do processo penal, o que manifestamente ultrapasse o fundamento e âmbito deste tipo de medidas, o que lhe retira fundamento constitucional.

O sistema jurídico não legitima as restrições de direitos previstas com fundamento na necessidade de instrução do processo.

A Administração, ao intervir nos termos em que se propõe nessas normas, não está a reagir a situações de urgência, mas a invadir o espaço dos tribunais como terreno natural para a solução de litígios entre a coletividade e os cidadãos, carecendo de fundamento para tanto.

Tem aqui inteira aplicação a abordagem feita por ASSUNÇÃO ESTEVES às normas do artigo 4.º e 1.º, n.º 1, al. b) e n.º 2, do Decreto-Lei n.º 234/99,

[117] Sobre a conformação das medidas de polícia administrativa, cfr. os Pareceres do Conselho Consultivo da P.G.R n.º 9/96, de 25/3/99; Parecer n.º 52/93, de 2/12/93 e Parecer n.º 35/89, de 25/10/89 *in* Bases de Dados Jurídicas do Ministério da Justiça.

de 25 de junho, que previa, em matéria de consumo, medidas de natureza análoga às que vimos analisando[118].

Referia-se no citado artigo 4.º daquele diploma que a autoridade administrativa competente podia impor «medidas cautelares de cessação, suspensão ou interdição de fornecimento(s) de bens, de prestação de serviços ou de transmissão de direitos que, independentemente de prova de uma perda ou um prejuízo real, pelo seu objeto, forma ou fim, acarretem ou possam acarretar riscos para a saúde, a segurança ou interesses económicos dos consumidores».

Considerou aquela autora que aquelas medidas «são contrárias ao princípio da reserva de função jurisdicional dos Tribunais» e que a solução constitucionalmente admissível para as mesmas seria a de conferir à autoridade administrativa legitimidade para «as requerer e ao juiz para as decretar».

§ 1.º.4 – A impugnação das medidas cautelares

Quando legalmente inseridas no âmbito do procedimento contraordenacional, como medidas restritivas de direitos, quer dos visados, quer de terceiros, são impugnadas através de uma especial forma de recurso, a prevista no artigo 55.º daquele diploma, que dispõe:

> «Artigo 55.º
>
> *Recurso das medidas das autoridades administrativas*
>
> 1 – As decisões, despachos e demais medidas tomadas pelas autoridades administrativas no decurso do processo são suscetíveis de impugnação judicial por parte do arguido ou da pessoa contra as quais se dirigem.
>
> 2 – O disposto no número anterior não se aplica às medidas que se destinem apenas a preparar a decisão final de arquivamento ou aplicação da coima, não colidindo com os direitos ou interesses das pessoas.
>
> 3 – É competente para decidir do recurso o tribunal previsto no artigo 61.º, que decidirá em última instância.»

[118] *Estudos de Direito Constitucional*, Coimbra Editora, 2001, pp. 112 e ss.

Trata-se, contudo, de um dispositivo que não foi moldado para enquadrar restrições de direitos com a gravidade das previstas nas referidas medidas cautelares, não conferindo os meios de defesa que são garantidos pelo procedimento administrativo.

Tais medidas são concebidas e justificadas como forma de reagir, em situações de urgência, ao risco de lesão de interesses coletivos relevantes. Trata-se preocupações que nada têm a ver com a legitimação do Direito das Contraordenações e o sancionamento das condutas abrangidas pelo mesmo.

Por tal motivo, essas medidas restritivas de direitos devem manter-se fora do processo das contraordenações ao qual são alheias.

Acresce que não há qualquer dificuldade na articulação da duplicidade de procedimentos a que este entendimento pode dar lugar.

De facto, uma certidão do auto de notícia que dá origem ao processo contraordenacional, pode igualmente servir de base a um processo administrativo onde as medidas em causa possam ser aplicadas. Daqui derivará uma duplicidade de procedimentos, que têm tramitações próprias e que visam objetivos diversos, embora a factualidade que lhes serve de fundamento possa ser a mesma.

§ 2.º – A investigação dos factos e a instrução do processo – meios de prova e de obtenção de prova

Refere o artigo 54.º, n.º 2, do Regime Geral que a autoridade administrativa procederá à investigação e instrução do processo, finda a qual arquivará o processo ou aplicará uma coima.

A instrução do processo visa a recolha da prova dos factos imputados ao arguido que legitimaram a instauração do processo bem como de todas as circunstâncias que rodearam a respetiva prática.

Valem aqui por inteiro os princípios da investigação e da demanda da verdade material, bem como os deveres de objetividade e isenção que enquadram a atividade sancionatória.

Em coerência com esses princípios, a autoridade administrativa deve investigar os factos com objetividade, procurando aperceber-se de todas as facetas dos mesmos, indagando não apenas aquilo que possa legitimar a condenação do arguido, mas também tudo o que possa contribuir para excluir a sua responsabilidade, ou mesmo só para diminuir a sua culpa.

Sinteticamente pode definir-se a investigação como o conjunto de atividades através das quais se visa o esclarecimento da forma como ocorreram os factos integrativos de ilícito de ordenação e recolher prova que permita a imputação desses factos ao arguido.

Através da instrução materializam-se no processo os meios de prova identificados já que a ação punitiva das autoridades pressupõe necessariamente o processo e é inconcebível sem ele.

Em princípio, na instrução do processo são permitidos todos os meios de prova, com as exceções decorrentes do artigo 42.º do Regime Geral, relativamente à intromissão na correspondência ou nas telecomunicações e a violação do segredo profissional.

Por outro lado, só são permitidas com o consentimento do respetivo titular, nos termos do n.º 2 daquele artigo, insuscetível de suprimento judicial, as provas que colidam com a reserva da vida privada e os exames corporais e hematológicos.

É manifesto que ao consagrar estes princípios o legislador sacrificou os objetivos da repressão deste tipo de infrações, perante a lesão dos direitos dos cidadãos que seriam afetados com aqueles meios de obtenção de prova.

São assim admitidos no processo de contraordenação a prova testemunhal, disciplinada nos artigos 128.º a 139.º do Código de Processo Penal, com a ressalva relativamente ao segredo profissional acima referida, a prova pericial, a que se referem os artigos 151.º a 163.º daquele código, e a prova documental, referida nos artigos 164.º a 170.º do mesmo diploma.

São igualmente permitidos os exames, previstos nos artigos 171.º e ss. do Código de Processo Penal, com a ressalva dos exames corporais acima referidas e todas as buscas que não colidam com a reserva da vida privada, excluindo-se as domiciliárias, apenas admitidas com consentimento do titular dos direitos atingidos, nos termos do n.º 2 do artigo 42.º do Regime Geral acima referido.

Não são permitidas as apreensões de correspondência, previstas no artigo 179.º do Código de Processo Penal, bem como as apreensões previstas no artigo 180.º do mesmo diploma.

§ 3.º – As buscas domiciliárias nos regimes especiais

Alguns dos regimes especiais das contraordenações preveem a possibilidade de realização de buscas domiciliárias, mesmo em escritórios de advogado.

É o que acontece no âmbito da supervisão bancária, conforme decorre do artigo 215.º do Decreto-Lei n.º 298/92, de 31 de dezembro, que é do seguinte teor:

«Artigo 215.º
Recolha de elementos

1 – Quando necessária à averiguação ou à instrução do processo, pode proceder-se a buscas a quaisquer locais e à apreensão de quaisquer documentos e equipamentos, bem como determinar-se o congelamento de quaisquer valores, independentemente do local ou instituição em que se encontrem, devendo os valores apreendidos ser depositados em conta à ordem do Banco de Portugal, garantindo o pagamento da coima e das custas em que venha a ser condenado o arguido.

2 – As buscas e apreensões domiciliárias são objeto de mandado judicial.

3 – Quaisquer pessoas e entidades têm o dever de prestar ao Banco de Portugal todos os esclarecimentos e informações, bem como de entregar todos os documentos, independentemente da natureza do seu suporte, objetos e elementos, na medida em que os mesmos se revelem necessários à instrução dos processos da sua competência.

4 – Tratando-se de busca em escritório de advogado, em escritório de revisores oficiais de contas ou em consultório médico, esta é decretada e realizada, sob pena de nulidade, pelo juiz de instrução, nos termos de legislação específica.

5 – Com exceção das situações previstas no artigo 126.º, as buscas e apreensões realizadas a entidades não sujeitas à supervisão do Banco de Portugal são objeto de autorização da autoridade judiciária competente.

6 – Sempre que, no decurso de uma busca, sejam apreendidos equipamentos ou suportes de informação que sejam suscetíveis de conter informação que não respeite apenas a clientes, operações ou informação de natureza contabilística e prudencial da instituição, são os mesmos apresentados à autoridade judiciária competente que autoriza ou ordena por despacho

que se proceda a uma pesquisa dos elementos relevantes num sistema informático, realizando uma cópia ou impressão desses dados, em suporte autónomo, que é junto ao processo.

7 – No decurso de inspeções a entidades sujeitas à supervisão do Banco de Portugal, estão obrigadas a facultar-lhe o acesso irrestrito aos seus sistemas e arquivos, incluindo os informáticos, onde esteja armazenada informação relativa a clientes ou operações, informação de natureza contabilística, prudencial ou outra informação relevante no âmbito das competências do Banco de Portugal, bem como a permitir que sejam extraídas cópias e traslados dessa informação.

Conforme decorre do n.º 2 deste dispositivo são expressamente previstas as buscas domiciliárias.

Do mesmo modo, no âmbito do Regime Jurídico da Concorrência, as buscas domiciliárias estão previstas no artigo 19.º da Lei n.º 19/2012, de 8 de maio, e que é do seguinte teor:

«Artigo 19.º
Busca domiciliária

1 – Existindo fundada suspeita de que existem, no domicílio de sócios, de membros de órgãos de administração e de trabalhadores e colaboradores de empresas ou associações de empresas, provas de violação grave dos artigos 9.º ou 11.º da presente lei ou dos artigos 101.º ou 102.º do Tratado sobre o Funcionamento da União Europeia, pode ser realizada busca domiciliária, que deve ser autorizada, por despacho, pelo juiz de instrução, a requerimento da Autoridade da Concorrência.

2 – O requerimento deve mencionar a gravidade da infração investigada, a relevância dos meios de prova procurados, a participação da empresa ou associação de empresas envolvidas e a razoabilidade da suspeita de que as provas estão guardadas no domicílio para o qual é pedida a autorização.

3 – O juiz de instrução pode ordenar à Autoridade da Concorrência a prestação de informações sobre os elementos que forem necessários para o controlo da proporcionalidade da diligência requerida.

4 – O despacho deve ser proferido no prazo de 48 horas, identificando o objeto e a finalidade da diligência, fixando a data em que esta tem início e indicando a possibilidade de impugnação judicial.

5 – À busca domiciliária aplica-se o disposto na alínea b) do n.º 4 e nos n.os 5 a 8 do artigo 18.º, com as necessárias adaptações.

6 – A busca em casa habitada ou numa sua dependência fechada só pode ser ordenada ou autorizada pelo juiz de instrução e efetuada entre as 7 e as 21 horas, sob pena de nulidade.

7 – Tratando-se de busca em escritório de advogado ou em consultório médico, esta é realizada, sob pena de nulidade, na presença do juiz de instrução, o qual avisa previamente o presidente do conselho local da Ordem dos Advogados ou da Ordem dos Médicos, para que o mesmo, ou um seu delegado, possa estar presente.

8 – As normas previstas no presente artigo aplicam-se, com as necessárias adaptações, a buscas a realizar noutros locais, incluindo veículos, de sócios, membros de órgãos de administração e trabalhadores ou colaboradores de empresas ou associações de empresas.»

§ 4.º – O encerramento da fase administrativa do processo: decisão de arquivamento e decisão condenatória

Cumpridas as diligências que o arguido tenha requerido, na sequência da sua audição, nos termos do artigo 50.º, o processo entrará na fase da decisão, através da qual se dá cumprimento ao disposto no artigo 54.º, n.º 2, do Regime Geral.

Incumbe então à autoridade administrativa, no exercício da sua competência para decidir, apreciar a prova recolhida de acordo com os parâmetros gerais derivados do Código de Processo Penal, mais concretamente os princípios decorrentes do artigo 127.º, relativo à livre apreciação da prova, do artigo 163.º, relativo à apreciação da prova pericial e do artigo 169.º, relativo à apreciação da prova documental.

Em função do juízo de prova que venha a ser feito, o processo comportará uma decisão de arquivamento sempre que a infração seja dada como não provada, ou sempre que se verifique qualquer situação que determine a extinção da responsabilidade pela prática do ilícito averiguado, valendo aqui por inteiro os princípios gerais que têm expressão no artigo 277.º, n.º 1, do Código de Processo Penal.

Caso julgue provada a prática dos factos integrativos da infração averiguada, e não se verificando uma situação em que a responsabilidade pela prática da contraordenação se mostre extinta, a autoridade administrativa proferirá uma decisão condenatória em conformidade com o disposto no artigo 58.º da Regime Geral.

As decisões de arquivamento terão de ser fundamentadas de facto e de direito e não é permitido o recurso a quaisquer critérios de oportunidade para pôr termo ao processo, uma vez todo o processo é inspirado pelo princípio da legalidade.

§ 5.º – Elementos da decisão condenatória

O artigo 58.º do Regime Geral disciplina os termos em que deve ser formulada a decisão condenatória, especificando o seu conteúdo formal, valendo aqui como referência de base as normas do artigo 374.º do Código de Processo Penal, relativamente aos requisitos da sentença.

Para além de múltiplos aspetos acessórios, todos os referidos no n.º 2, que se prendem com o regime da impugnação, e os previstos no n.º 3, relativos às condições de pagamento da coima, define aquele artigo, no seu n.º 1, os elementos essenciais da decisão.

De acordo com os princípios decorrentes da norma do Código de Processo Penal acima citada, a decisão deve conter um "relatório" que incluirá a identificação do arguido, a indicação da infração que lhe vem imputada e a indicação sumária da posição que este tenha tomado quando ouvido nos termos do artigo 50.º, atento o disposto no artigo 58.º, n.º 1, al. a) e b), 1ª parte.

Seguir-se-á a "fundamentação" que incluirá os factos provados e as razões subjacentes a este juízo de prova, nos termos do n.º 2 do artigo 374.º do Código de Processo Penal e alínea b), 1ª parte, do n.º 1 do artigo 58.º, bem como a fundamentação de Direito.

A fundamentação do juízo de prova subjacente à decisão não é expressamente assumida no n.º1 deste artigo 58.º como um dos elementos da decisão, limitando-se a alínea b) a referir a «descrição dos factos imputados, com a indicação das provas obtidas».

A prova neste tipo de procedimento consta do próprio processo sendo preenchida na generalidade dos casos por documentos, perícias e depoimentos de testemunhas e dos visados.

Num contexto destes, a mera indicação das provas obtidas deixaria de ter qualquer conteúdo útil, pelo que a norma tem um conteúdo que está para além do seu mero teor literal e que aponta claramente para indicação das bases do juízo de prova subjacente à decisão condenatória.

Acresce que nos encontramos num processo de natureza sancionatória, sendo fundamental para um exercício efetivo da defesa que quem é condenado conheça os fundamentos dessa condenação e saiba das razões pelas quais a entidade que decidiu o processo fixou os factos num determinado sentido. Só desta forma pode contrariar esse juízo em sede de recurso de impugnação.

Partindo das razões subjacentes à fundamentação do juízo de prova no processo penal, referem Oliveira Mendes e Santos Cabral que «o entendimento que a lei se basta com a mera indicação dos elementos de prova frustra a "*mens legis*" impedindo de se comprovar se na sentença se seguiu um processo lógico e racional na apreciação da prova, não sendo portanto uma decisão ilógica, arbitrária ou notoriamente violadora das regras da experiência comum na apreciação da prova» e prosseguem, referindo que «Colocada por essa forma a necessidade de fundamentação, e radicando a mesma num incontornável direito a conhecer as razões do sancionamento, é evidente que o mesmo é comum aos dois tipos de processo e, consequentemente entende-se que o incumprimento dos requisitos enumerados no n.º 1 implica a existência de uma nulidade, nos termos cominados no artigo 379.º do Código de Processo Penal»[119].

Aceite que a mera indicação das provas obtidas não satisfaz as exigências legais inerentes à fundamentação da decisão sancionatória, impõe-se, contudo, projetar na dimensão da fundamentação a especificidade do processo das contraordenações, em obediência ao disposto no artigo 41.º, n.º 1 do Regime Geral.

Conforme referem Simas Santos e Jorge de Sousa, «A "descrição sumária" referida nesta alínea b), não exige a "enumeração dos factos

[119] *Notas ao Regime Geral das Contraordenações e Coimas*, Almedina, 2009, pp. 193 e 194.

provados e não provados, bem como uma exposição tanto quanto possível completa, ainda que concisa, dos motivos de facto e de direito que fundamentam a decisão, com indicação e exame crítico das provas que serviram para formar a convicção do tribunal" (...) Trata-se, neste artigo 58.º, n.º 1, alínea b), de estabelecer um regime de menor solenidade para as decisões de aplicação das coimas comparativamente com as sentenças criminais, regime esse justificável pela menor gravidade das sanções contraordenacionais»[120].

Finalmente a "decisão" integra o dispositivo que indicará as disposições legais aplicáveis, a coima e as sanções acessórias, bem como a condenação em custas, em conformidade com o disposto no artigo 92.º do mesmo diploma e n.º 3 do artigo 374.º do Código de Processo Penal.

A decisão proferida torna-se definitiva se não for impugnada com a interposição de recurso para o tribunal, nos termos do artigo 58.º, recurso este que vai dar origem à 2ª fase do processo, conhecida por fase do recurso de impugnação.

Na versão original era utilizada no Regime Geral o conceito de "trânsito em julgado" para caracterizar a estabilidade e exequibilidade da decisão condenatória, nomeadamente nos artigos 79.º e 88.º, o que foi objeto de críticas na Doutrina que entendia aquele conceito era incompatível com a natureza materialmente administrativa da decisão em causa.

A preclusão do conhecimento do facto como contraordenação de que o artigo 79.º se faz eco, confere-lhe uma situação de estabilidade análoga à do caso julgado.

Por força do disposto no artigo 379.º do Código de Processo Penal, é nula a decisão condenatória que não contiver os elementos do n.º 1 do artigo 58.º do Regime Geral, nomeadamente a fundamentação do juízo de prova, conforme acima se referiu.

Tais nulidades estão sujeitas ao regime decorrente dos artigos 118.º, 120.º, n.º 1, 121.º e 122.º, do Código de Processo Penal.

[120] *Contraordenações – Anotações ao Regime Geral*, 4.ª Edição, Vislis, 2007, p. 419.

É igualmente aplicável o disposto no artigo 380.º do Código de Processo Penal, relativamente à correção de outros vícios da decisão.

Da mesma forma, importa ter presente que o não preenchimento dos requisitos a que se refere o artigo 468.º, als. a) e b), do Código de Processo Penal determina a inexequibilidade da decisão proferida.

Os vícios da decisão condenatória proferida pela autoridade administrativa, tal como quaisquer vícios que sejam imputáveis ao processo ocorridos durante a sua fase administrativa, devem ser arguidos no recurso de impugnação dirigido ao tribunal dada a sua natureza de nulidades sanáveis, sendo aplicável o disposto no n.º 2 do artigo 379.º do Código de Processo Penal, devidamente adaptado.

Por força do disposto nesta norma, o que no caso já resultava da natureza do recurso de impugnação, o Tribunal deve sempre que possível suprir quaisquer nulidades que resultem da decisão, ou do processo, em caso de omissão ou preterição de atos essenciais à defesa.

Com efeito, a natureza do recurso de impugnação implica a transferência do litígio entre o arguido e a Administração para o tribunal que vai conhecer do caso, de forma autónoma, independentemente do sentido da decisão administrativa, que será substituída pela decisão do tribunal, o que fará quando conhecer do recurso e no âmbito do mesmo.

A ocorrência de nulidades e a necessidade do seu suprimento, quando necessário, poderá ter reflexos na forma de conhecimento do recurso e projeta-se claramente nos termos subsequentes do processo na instância judiciária.

§ 6.º – A reformatio in pejus no processo das contraordenações

Na sequência da revisão do Regime Geral de 1995 desapareceu a alínea c) do n.º 2 do artigo 58.º, do qual decorria a notificação do condenado da circunstância de não vigorar neste processo o princípio da *reformatio in pejus*.

A introdução daquele princípio no processo das contraordenações constitui uma das alterações mais significativas resultantes daquela revisão e que maior perturbação pode provocar na aplicação deste ramo do Direito.

Aquele princípio nada tem a ver com a estrutura do processo das contraordenações, nem com a natureza do recurso de impugnação e transformou-se num estímulo ao recurso para os tribunais à revelia daquilo que era a lógica desjudicializadora que estava subjacente a esta componente do sistema jurídico.

O Direito das Contraordenações assumia-se no âmbito da reforma penal como um instrumento da descriminalização e de desjudiciarização, permitindo a solução fora do sistema judiciário de casos despidos de dignidade que justificassem a intervenção desta instância formal de controlo.

A introdução daquele princípio permite e potencializa o recurso sistemático aos tribunais, desvirtuando toda a estrutura de articulação entre a fase administrativa e a fase do recurso do processo, tal como inicialmente fora concebida. Além disso, põe claramente em causa aquele objetivo da política criminal.

Alheando-se desta realidade, o legislador de 1995 introduziu o princípio, quer no recurso de impugnação, quer no recurso para o Tribunal da Relação, de decisões condenatórias proferidas pelo Tribunal de 1.ª instância.

Deixou, contudo, marcas que evidenciam o âmbito dos poderes de investigação do tribunal e das consequências que desses poderes poderiam resultar.

Lido atentamente, o n.º 2 do artigo 75.º do Regime Geral, relativo ao âmbito do recurso das decisões proferidas pelo Tribunal de 1.ª instância para a Relação, o que temos é afirmação da amplitude dos poderes de investigação e das consequências daí derivadas, o que, diga-se, é inteiramente compatível com a salvaguarda dos direitos de defesa que terão justificado esta descaracterização do processo decorrente da introdução daquele princípio.

A afirmação em alguns dos regimes especiais da não vigência no seu âmbito de aplicação daquele princípio tem motivado um debate centralizado na inconstitucionalidade das normas que suportam o afastamento do Regime Geral nessa matéria[121].

[121] Para além das posições citadas no texto, cfr. sobre este debate as posições de Lobo Mouti-

A *reformatio in pejus* é uma garantia do processo penal, sem fundamentação inequívoca[122], e não tem sequer suporte constitucional direto naquele ramo do Direito, havendo que fazer apelo a princípios constitucionais para a conformar.

O que é certo é que o legislador constitucional, a partir de 1997, marcou claramente o terreno das garantias constitucionais no processo das contraordenações.

Ao introduzir no artigo 32.º da Lei Fundamental um n.º 10 relativo às garantias daquele processo, o que se quis foi afirmar que o mesmo não tem de reconhecer ao arguido o mesmo quadro de defesa que o processo penal lhe confere e foi exatamente para salvaguardar a autonomia do processo das contraordenações que aquele número foi introduzido na Lei Fundamental.

Cabe deste modo ao legislador ordinário a conformação do processo das contraordenações de forma a que ele assegure as garantias de defesa necessárias para que que se possa considerar um processo justo e equitativo, o que não implica que tenha de integrar o complexo de direitos que o processo penal assegura aos arguidos.

Não tem, assim, suporte constitucional a conformação no processo das contraordenações do princípio da *reformatio in pejus*, matéria em que o legislador tem total autonomia. O que o legislador ordinário não poderá fazer é conformar o processo sem que o mesmo assegure um quadro de garantias de defesa que desrespeite aquele n.º 10 do artigo 32.º da Constituição.

Carece, assim, de fundamento a afirmação de que o direito à *reformatio in pejus* no processo das contraordenações surge «Como garantia *fundamental*, no sentido próprio e constitucional do termo, do arguido em processo contraordenacional, na qual vai *constitucionalmente* implicada uma

NHO, *in* "A *Reformatio in Pejus* no Processo das Contraordenações", *Estudos dedicados ao Professor Gomes da Silva*, Volume I, pp. 421 e ss. e do mesmo autor e de PEDRO GARCIA MARFQUES, a anotação ao artigo 88.º da Lei n.º 19/2012, de 8 de maio, *in Lei da Concorrência – Comentário Conimbricense*, Almedina, 2013, pp. 840 e ss.

[122] Cfr. GERMANO MARQUES DA SULVA, *Curso de Processo Penal*, III, Volume, Verbo 1994, a pp. 322 e ss.

proibição da *reformatio in pejus* da condenação contraordenacional ditada pela administração – que será tanto mais forte quanto mais severas forem as sanções potencialmente aplicáveis ao arguido – e uma exigência de concessão ao tribunal de poderes de jurisdição plena na apreciação do mérito do pleito contraordenacional que por via de impugnação, é submetido à sua apreciação»[123].

A inexistência do princípio da *reformatio in pejus* no processo das contraordenações é um corolário da natureza do recurso de impugnação e dos amplos poderes de investigação atribuídos ao juiz nesta fase do processo.

Com efeito, transferido por iniciativa do arguido o processo para a instância judiciária o tribunal conhece dos factos que estão subjacentes à condenação do arguido e evidenciados pelo processo, sem qualquer dependência da modelação jurídica que aos mesmos tenha sido dada pela autoridade administrativa.

O tribunal não está limitado pelos termos da decisão administrativa impugnada, nem pela qualificação jurídica que esta tenha feito dos factos, assumindo na plenitude o conhecimento do caso, vindo a proferir uma decisão sobre o litígio, não confirmando nem alterando a decisão recorrida, mas assumindo a decisão do caso como se o mesmo tivesse sido apreciado pela primeira vez.[124]

É daqui que decorria a possibilidade de diversa qualificação jurídica dos factos e a possibilidade de condenação em sanção mais grave do que aquela que a autoridade administrativa tivesse encontrado na decisão proferida.

Ao introduzir o princípio da *reformatio in pejus*, não tomando em consideração a natureza do recurso de impugnação e a distância a que a intervenção do tribunal neste processo se encontra daquela que caracteriza o processo penal, o legislador acabou por retirar a possibilidade de o tribunal extrair todas as consequências que decorrem da liberdade de investi-

[123] Nuno Brandão, "O Controlo Judicial da decisão administrativa condenatória manifestamente infundada no Processo Contraordenacional" in *Boletim da Faculdade de Direito*, 2018, 309-332.

[124] Cfr. infra, Cap. VIII, § 6.º

gação e de apreciação dos factos e da autonomia da qualificação jurídica dos mesmos.

Revelou igualmente um profundo desconhecimento daquilo que é a cultura judiciária vigente, onde não existe qualquer tendência para o agravamento das sanções, mas para a sua diminuição, muitas vezes à revelia dos critérios legais relativos à sua fixação.

Nas palavras de Costa Pinto, «A consagração genérica da proibição de *reformatio in peius* no processo de contraordenação no Regime Geral das Contraordenações em 1995 constituiu uma importação acrítica de um aspeto do regime dos recursos penais que não teve em conta a estrutura e organização do processo de contraordenação, os intervenientes e a sequência de atos e fases processuais que têm lugar a partir da impugnação judicial apresentada pelo arguido.

Podendo ser aceitável no recurso exclusivamente interposto pelo arguido da decisão judicial proferida pela 1.ª instância para o Tribunal da Relação, designadamente pelo facto de todos os sujeitos processuais poderem interpor recurso e o Tribunal *ad quem* só conhecer de direito, a proibição de *reformatio in peius* é uma figura completamente inadequada e inconstitucional na fase de impugnação judicial da decisão da autoridade administrativa. Entre outros aspetos, é uma garantia criada pelo legislador para vigorar num momento anterior ao julgamento requerido e à sentença judicial a proferir e não num momento posterior à sentença, em função da posição assumida pelos sujeitos processuais, como acontece no processo penal».

E conclui «Em suma, a proibição de *reformatio in peius* não pode ser vista como um princípio geral das impugnações, porque tal amplitude conferida à figura não tem apoio o sistema legal, transcende a sua vocação e ignora vários problemas jurídico-constitucionais. Trata-se apenas do regime de alguns recursos em processo penal, em nome dos interesses que os motivam e do contraditório, no quadro dum processo penal marcado pelo princípio da acusação, que pode ser transposto para alguns recursos no direito sancionatório público, mas não para todas as impugnações de atos processuais.»[125]

125 "A Proibição da *Refomatio in Pejus* e o Processo de Contraordenação" in *CADERNOS DO*

§ 7.º – A execução da decisão não impugnada

Estabilizada a decisão condenatória proferida, seguia-se a respetiva execução nos termos dos 88.º a 91.º do Regime Geral.

A execução era promovida pelo Ministério Público – artigo 89.º, n.º 2 do Regime Geral -, e seguia os termos da execução das penas de multa – artigo 491.º, n.º 2 do Código de Processo Penal.

A Lei n.º 27/2019, de 28 de março[126], pôs cobro a este paradigma, remetendo a execução das «custas, multas penais e outras sanções pecuniárias fixadas em processo judicial» para o regime das execuções fiscais, disciplinada no Código de Procedimento e Processo Tributário.

Daqui decorre que a execução das coimas fixadas pelas autoridades administrativas, por decisões estabilizadas, são igualmente executadas no âmbito daquele regime, incumbindo à Administração Tributária a promoção daquela execução.

A remessa para o regime das execuções fiscais não implica a atribuição aos tribunais tributários da competência para conhecer dos incidentes suscitados na execução, cuja resolução incumbe ao tribunal que seria competente para a execução, se ela corresse no âmbito dos tribunais judiciais.

Mantém-se em vigor o disposto no artigo 91.º do Regime Geral, resultando da alínea a) do n.º1 deste artigo, que «o Tribunal perante o qual se promove a execução será competente para decidir sobre todos os incidentes e questões suscitadas na execução, nomeadamente: a) admissibilidade da execução».

Nas palavras de Pinto de Albuquerque «os fundamentos relativos "admissibilidade da execução" (...) dizem respeito a obstáculos processuais à própria execução, tais como a inexistência de uma decisão transi-

MERCADO DE VALORES MOBILIÁRIOS – ENSAIOS DE HOMENAGEM A AMADEU FERREIRA, Vol. II, pp. 136 e ss.

[126] Sobre as consequências desta mudança de paradigma na atividade do Ministério Público, cfr. a Diretiva da Procuradoria-Geral da República n.º 3/2021, publicada no *Diário da República, 2.ª Série*, de 1 de outubro de 2021.

tada, a prescrição da coima, o pagamento total ou parcial, a amnistia da infração, a diferença entre a pessoa executada e a pessoa condenada».[127]

[127] *Comentário*, p. 340.

Capítulo VI
Processos Especiais

§ 1.º - O pagamento voluntário da coima e a extinção do procedimento contraordenacional

Na sequência da revisão do Regime Geral de 1995 foi introduzido o pagamento voluntário como forma de extinção da responsabilidade pela prática de contraordenações, através do artigo 50.º-A, que é do seguinte teor:

«Artigo 50.º-A
Pagamento voluntário

1 - Nos casos de contraordenação sancionável com coima de valor não superior a metade dos montantes máximos previstos nos n.ºs 1 e 2 do artigo 17.º, é admissível em qualquer altura do processo, mas sempre antes da decisão, o pagamento voluntário da coima, a qual, se o contrário não resultar da lei, será liquidada pelo mínimo, sem prejuízo das custas que forem devidas.

2 - O pagamento voluntário da coima não exclui a possibilidade de aplicação de sanções acessórias.»

Essa forma de extinção da responsabilidade já existia antes em alguns segmentos especiais do Direito das Contraordenações.

O pagamento voluntário era uma forma de extinção da responsabilidade específica das contravenções, sendo disciplinado pelo artigo 125.º, n.º 5, do Código Penal de 1886, que o limitava às contravenções puníveis simplesmente com multa.

A existência de segmentos significativos de contravenções puníveis com outras formas de privação de direitos, como é o caso da privação do direito de conduzir, deu origem a situações em que o pagamento voluntário passou a ser admitido, sem prejuízo da aplicação pela entidade competente da sanção em causa.

É essa a origem da norma do n.º 2 daquele artigo que refere expressamente que o pagamento voluntário, quando admissível, não exclui a «possibilidade de aplicação de sanções acessórias».

A esta norma está, contudo, subjacente um equívoco relativamente à natureza das sanções acessórias, tema ao qual adiante voltaremos.[128]

De facto, se as sanções em causa são efetivamente acessórias, com o conteúdo que esta noção implica, não faz sentido permitir-se a extinção da responsabilidade pela prática da contraordenação por pagamento voluntário, o que pressupõe uma diminuta gravidade da infração, e, mesmo assim, partir do pressuposto de que a aplicação das sanções acessórias é sempre obrigatória e fazer prosseguir o processo para a sua aplicação.

Na verdade, se a gravidade da infração é diminuta e justifica esta forma simplificada de sancionamento, então não faz sentido falar-se na aplicação de sanções acessórias, que, como veremos, exigem para a sua aplicação um mais, em termos de finalidades sancionatórias, não realizável através da coima.

Importa que se tenha presente que a privação do direito de conduzir decorrente da prática de contraordenações rodoviárias, referida pelo Código da Estrada como sanção acessória, e que é o quadro de referência que motivou esta norma, não é uma verdadeira sanção acessória, mas uma sanção complementar da coima.

Esta realidade altera a relação entre as duas sanções e a fundamentação da inibição de conduzir, o que pode justificar a premência da sua aplicação, independentemente do pagamento voluntário da coima correspondente, pelo mínimo.

Com efeito, naquela específica infração o sistema jurídico não prescinde da aplicação da privação do direito de conduzir, por existirem finalidades preventivas não realizáveis apenas através da aplicação da coima.

[128] Cfr. *infra*, Cap. VII, § 10.º

O pagamento voluntário, tal como previsto no Regime Geral, está dependente da dimensão da coima abstratamente prevista para a contraordenação em causa, sendo possível relativamente a contraordenações puníveis com coima «de valor não superior a metade dos montantes máximos previstos nos n.os 1 e 2 do artigo 17.º».

§ 2.º – O processo de advertência e a admoestação como sanção substitutiva da coima

O Regime Geral das Contraordenações consagrava na versão anterior à revisão de 1995 um instituto inspirado nas soluções ditadas pelo princípio da oportunidade, na linha dos artigos 280.º e 281.º do Código de Processo Penal. Tratava-se do processo de advertência, referido no artigo 51.º daquele Regime[129], cujo teor era o seguinte:

> «Artigo 51.º
>
> *(Processo de advertência)*
>
> 1 – Em caso de contraordenação ligeira poderão as autoridades administrativas competentes decidir-se por uma advertência acompanhada da exigência do pagamento de uma soma pecuniária nunca superior a 500$00.
>
> 2 – Este processo só terá lugar quando o arguido, informado do direito de o recusar, com ele se conformar e se dispuser a pagar a respetiva soma pecuniária imediatamente ou no prazo de 5 dias.
>
> 3 – Nos casos referidos nos n.os 1 e 2 não pode o facto voltar a ser apreciado e sancionado como contraordenação.»

Eram pressupostos da aplicação deste processo o carácter ligeiro da contraordenação averiguada e a aceitação pelo arguido do pagamento de uma soma pecuniária proposta pela Administração.

[129] Sobre este instituto na versão original do Decreto-Lei n.º 433/82, de 27 de outubro, e instituto análogo do sistema alemão e a alteração decorrente da revisão de 1995, cfr. Alexandra Vilela, *O Direito de Mera Ordenação Social*, Coimbra Editora, 2013, pp. 424 e ss.

O cumprimento por parte do arguido da obrigação de pagamento daquela soma determinava o arquivamento do processo, que não podia ser reaberto, de acordo com o disposto no n.º 3 do mesmo artigo.

Deixava-se, deste modo, à autoridade administrativa a faculdade de optar entre o processamento comum, ou optar por esta forma de advertência como modo de realização dos fins do processo.

Na revisão de 1995 do Regime Geral este instituto desapareceu como solução processual alternativa ao sancionamento da infração, sendo substituído por uma sanção específica, a admoestação, que era alheia ao Direito das Contraordenações.

É o seguinte o teor desse artigo, na sequência daquela revisão:

> «Artigo 51.º
> *Admoestação*
>
> 1 – Quando a reduzida gravidade da infração e da culpa do agente o justifique, pode a entidade competente limitar-se a proferir uma admoestação.
>
> 2 – A admoestação é proferida por escrito, não podendo o facto voltar a ser apreciado como contraordenação.»

A admoestação passou a integrar o elenco de sanções do Direito das Contraordenações, sendo uma sanção ao lado da coima e das sanções acessórias, aplicável «quando a reduzida gravidade da infração e da culpa do agente o justifique»[130].

§ 3.º – O processo de advertência nos regimes especiais

O procedimento de advertência, apesar de ter desaparecido do Regime Geral renasceu em vários dos regimes especiais.

[130] Sobre esta sanção, cfr. MÁRIO MONTE, "Para Lá das Coimas: As sanções substitutivas do regime jurídico das contra-ordenações", *Scientia Iuridica*, maio/agosto de 2017 – Tomo LXVI-n.º 344. pp. 263 e ss.; e *Lineamentos de Direito das Contraordenações*, AEUM, 2019, pp. 188 e ss.

Encontra-se, assim, consagrado no artigo 413.º do Código dos Valores Mobiliários em dispositivo do seguinte teor:

«Artigo 413.º
Procedimento de advertência

1 – Quando a contraordenação consistir em irregularidade sanável da qual não tenham resultado prejuízos para os investidores ou para o mercado de valores mobiliários ou de outros instrumentos financeiros, a CMVM pode advertir o infrator, notificando-o para sanar a irregularidade.

2 – Se o infrator não sanar a irregularidade no prazo que lhe for fixado, o processo de contraordenação continua a sua tramitação normal.

3 – Sanada a irregularidade, o processo é arquivado e a advertência torna-se definitiva, como decisão condenatória, não podendo o mesmo facto voltar a ser apreciado como contraordenação.»

No mesmo sentido caminha o disposto no artigo 47.º -A, da Lei n.º 50/2016, de 29 de agosto, do seguinte teor:

«Artigo 47.º-A
Advertência

1 – Após confirmar a receção do auto de notícia, a autoridade administrativa pode optar por não proceder à instrução e decisão do processo de contraordenação, advertindo o autuado, quando se verifiquem, cumulativamente, as seguintes situações:

a) Esteja em causa apenas a prática de contraordenações ambientais classificadas como leves;

b) Não exista, nos últimos cinco anos, qualquer condenação do autuado por contraordenação ambiental grave ou muito grave;

c) Tenha decorrido um período superior a três anos sobre advertência anterior relativa à mesma contraordenação ambiental.

2 – Na situação prevista no número anterior, a autoridade administrativa adverte o autuado para, em prazo determinado, demonstrar que se encontra a cumprir a norma ordem ou mandado a que se refere o auto de notícia e que promoveu a reparação da situação anterior ao mesmo auto.

3 – Sempre que necessário, a autoridade administrativa notifica o autuado para a adoção das medidas necessárias para reparar a situação.

4 – Se o autuado cumprir o disposto nos n.ºs 2 e 3, a autoridade administrativa determina o arquivamento dos autos.

5 – Se o autuado não cumprir o disposto nos n.ºs 2 e 3, o procedimento contraordenacional prossegue os seus termos legais, sendo aplicável ao incumprimento o disposto no n.º 1 do artigo 25.º

6 – A decisão de aplicação da advertência prevista no presente artigo não constitui uma decisão condenatória.»

As mesmas preocupações estão subjacentes ao artigo 56.º do Regime Jurídico das Contraordenações Económicas, que é do seguinte teor:

«Artigo 56.º
Advertência

1 – Quando a contraordenação económica for classificada como leve e não existam, nos últimos três anos, condenação ou advertência por contraordenação económica, pode ser levantado auto de advertência, com a indicação da infração verificada, das medidas corretivas e do prazo para o seu cumprimento.

2 – O infrator fica imediatamente notificado, através da entrega do auto de advertência, para a adoção das medidas necessárias para reparar a situação reportada e para, em prazo determinado no auto, demonstrar que se encontra a cumprir a norma, ordem ou mandado e que promoveu a reparação da situação que deu origem ao auto de advertência, avisando-o de que o incumprimento das medidas corretivas determina a instauração de processo por contraordenação.

3 – A autoridade administrativa determina o arquivamento dos autos ou a instauração do processo de contraordenação, consoante o infrator cumpra ou não o disposto no número anterior.

4 – A decisão de aplicação da advertência não equivale a decisão condenatória.»

Todos estes institutos procuram dar resposta à necessidade de em casos de menor gravidade subtrair as autoridades administrativas e os arguidos ao peso de um procedimento normal das contraordenações, no pressuposto de que as finalidades subjacentes ao sistema do mesmo são realizáveis sem esse processamento.

Destaque-se, contudo, a diferente natureza da «advertência» no Código dos Valores Mobiliários, expressamente assumida como decisão condenatória.

Realce-se também que o Regime Jurídico das Contraordenações Económicas consagra igualmente a sanção de admoestação, como sanção de substituição, no seu artigo 25.º que é do seguinte teor:

> «Artigo 25.º
> *Admoestação*
>
> 1 – Se a infração consistir em contraordenação classificada como leve e a reduzida culpa do arguido o justifique, pode a autoridade administrativa, em substituição da coima, limitar-se a proferir uma decisão de admoestação.
>
> 2 – A decisão de aplicação da admoestação prevista no presente artigo constitui uma decisão condenatória.
>
> 3 – As custas pela aplicação da decisão de admoestação são suportadas pelo arguido.»

Embora se apele nos pressupostos da aplicação desta sanção à gravidade da infração e à culpa do agente, tal como no artigo 51.º do Regime Geral, assume-se claramente que se trata de uma sanção substitutiva e que a decisão que a aplica constituiu uma decisão de natureza condenatória.

§ 4.º – O processo de advertência nas contraordenações laborais

Procedimentos desta natureza têm sido uma constante no âmbito do processamento das infrações laborais.

Resulta, com efeito, do artigo 10.º, n.º 1, alínea d) do «Regime processual aplicável às contraordenações laborais e da segurança social», aprovado pela Lei n.º 107/2009, de 14 de setembro, que «1 – No exercício das suas funções profissionais o inspetor do trabalho efetua, sem prejuízo do disposto em legislação específica, os seguintes procedimentos: d) Levantar autos de notícia e participações, relativamente a infrações constatadas no exercício das respetivas competências, podendo ainda levantar autos de advertência em caso de infrações classificadas como leves e das quais ainda não tenha resultado prejuízo grave para os trabalhadores, para a administração do trabalho ou para a segurança social».

O instituto perdeu a projeção que tinha no artigo 632.º do Código do Trabalho de 2003, tendo desaparecido do Código do Trabalho em vigor, mas mantém o essencial do seu conteúdo, deixando aos inspetores do trabalho a possibilidade de, em casos de infrações classificadas como leves e das quais ainda não tenha resultado prejuízo grave para os trabalhadores, para a administração do trabalho, em vez do auto de notícia, optarem pelo auto de advertência, que, uma vez cumprida, poderá conduzir ao arquivamento do processo.

Na falta de dispositivo legal que enquadre o exercício deste poder é imperioso que o seu uso seja disciplinado, devendo aplicar-se, por analogia e devidamente adaptados, os dispositivos relativos ao auto de noticia dos artigos 13.º e 15.º do regime jurídico emergente da Lei n.º 107/2009, de 14 de setembro.

Está subjacente a estes institutos da legislação do trabalho, igualmente, a dimensão pedagógica que se queria como um dos vetores da ação da Inspeção de Trabalho, preocupação essa que entronca na Convenção da OIT n.º 81, adotada em 11 de julho de 1947, integrada no sistema jurídico português pelo Decreto-Lei n.º 44 148, de 6 de janeiro.

§ 5.º – A suspensão do processo no Regime da Supervisão Bancária

É ainda no quadro da busca de soluções alternativas ao procedimento comum no âmbito do processo das contraordenações que se encontra a solução resultante do artigo 214.º do Regime da Supervisão Bancária, resultante do Decreto-Lei n.º 298/92, de 31 de dezembro e que é do seguinte teor:

«Artigo 214.º

Suspensão do processo

1 – Quando a infração constitua irregularidade sanável, não lese significativamente nem ponha em perigo próximo e grave os direitos dos deposi-

tantes, investidores, acionistas ou outros interessados e não cause prejuízos importantes ao sistema financeiro ou à economia nacional, o conselho de administração do Banco de Portugal poderá suspender o processo, notificando o infrator para, no prazo que lhe fixar, sanar a irregularidade em que incorreu.

2 – A falta de sanação no prazo fixado determina o prosseguimento do processo.»

A suspensão do processo refere-se ao decurso do prazo para cumprimento das injunções que sejam estabelecidas, e terminará com o despacho em que se julguem as mesmas cumpridas ou se determine a prossecução dos seus termos.

Mau grado a norma não afirme pela positiva qual é o destino do processo após o cumprimento das medidas decorrente da notificação feita ao infrator, está implícito no n.º 2 deste artigo que o processo será arquivado.

Não decorrem daquela norma quaisquer consequências do comportamento futuro do infrator sobre o reatamento do processo.

Embora a norma tenha algum paralelismo com o procedimento de advertência previsto no artigo 413.º do Código dos Valores Mobiliários acima referido, o legislador não quis adotar a solução do n.º 3 deste dispositivo, o que esclareceria o destino do processo.

§ 6.º – Procedimentos especiais no âmbito do Regime Jurídico da Concorrência

A Lei n.º 19/2012, de 8 de maio, que estabeleceu o Regime Jurídico da Concorrência, consagra vários institutos que são expressão desta preocupação de realizar as finalidades subjacentes à dimensão sancionatória da atividade reguladora, sem que face aos ilícitos contraordenacionais que chegam ao conhecimento daquela Autoridade da Concorrência, se siga necessariamente a instauração de um processo contraordenacional, ou, no caso de o mesmo ter sido instaurado, que não prossiga seus termos de acordo com o processado comum.

Estão em causa os procedimentos de transação no inquérito e na instrução, disciplinados respetivamente nos artigos 22.º e 27.º daquele diploma, mas também o arquivamento, mediante imposição de condições no inquérito, referido no seu artigo 23.º.

§ 6.º.1 – A transação no inquérito e na instrução

Importa ter presente que a Lei da Concorrência divide a fase organicamente administrativa do processo das contraordenações em duas subfases, que designa por «inquérito» e «instrução», visando a primeira a investigação preliminar dos factos e a segunda a abertura do processo ao contraditório, o que não impede a autoridade administrativa de realizar, no âmbito da mesma, novas diligências instrutórias.

A transação nos procedimentos sancionatórios da concorrência é um verdadeiro processo especial, ao lado do processo comum, conduzindo a uma decisão condenatória negociada entre a Autoridade da Concorrência e os arguidos.

É expressivo desta realidade o teor do n.º 12 do artigo 22.º quando refere que «A minuta de transação convola-se em decisão definitiva condenatória com a confirmação pelo visado do processo nos termos do n.º 9, e o pagamento da coima aplicada, não podendo os factos voltar a ser apreciados como contraordenação para os efeitos da presente lei».

No âmbito da primeira fase do processo, a autoridade administrativa pode dar início ao procedimento negocial, nos termos do n.º 1 do artigo 22.º, o que não impede o arguido de, também ele, manifestar a sua intenção de negociar, conforme decorre do n.º 2 daquele artigo.

Trata-se de institutos modelados com base no Direito da União Europeia.

Conforme referem Gonçalo Anastácio e Marta Flores da Silva, «o procedimento de transação no inquérito do processo de contraordenação por práticas restritivas da concorrência é (...) largamente inspirado no procedimento de transação europeu, previsto no artigo 10.º -A do Regulamento 773/2004 na sequência das alterações introduzidas pelo Regulamento 622/2008».[131]

[131] *Lei da Concorrência, Comentário Conimbricense*, Almedina, 2013, p. 246.

Em síntese, conforme referem aqueles autores, «o regime de transação consiste no reconhecimento, por parte das empresas, da sua responsabilidade numa infração às regras da concorrência, entrando em cooperação com a AdC, permitindo que esta sancione as infrações de forma efetiva» e «como contrapartida, as empresas que transigem com a AdC verão ser-lhes aplicada uma coima mais reduzida do que a que seria aplicável em concreto, caso o processo seguisse os seus termos normais, de forma a compensar a sua cooperação».[132]

§ 6.º.2 – O arquivamento mediante a aceitação de compromissos

Instituto também original e diverso da transação é aquele que a Lei da Concorrência disciplina no seu artigo 23.º, sob a epígrafe «arquivamento mediante imposição de condições no inquérito». [133]

Trata-se de um arquivamento do processo dependente da imposição de «compromissos (...) que sejam suscetíveis de eliminar os efeitos sobre a concorrência das práticas investigadas», «mediante a imposição de condições destinadas a garantir o cumprimento dos compromissos propostos».

Nos termos do n.º 6 daquele artigo, «A decisão de arquivamento mediante a aceitação de compromissos e a imposição de condições nos termos do presente artigo não conclui pela existência de uma infração à presente lei, mas torna obrigatório para os destinatários o cumprimento dos compromissos assumidos», pelo que, nos termos do n.º 7 do mesmo dispositivo, «Sem prejuízo das sanções que devam ser aplicadas, a Autoridade da Concorrência pode, no prazo de dois anos, reabrir o processo que tenha sido arquivado com condições, sempre que: a) Tiver ocorrido uma alteração substancial da situação de facto em que a decisão se fundou; b) As condições não sejam cumpridas; c) A decisão de arquivamento tiver sido fundada em informações falsas, inexatas ou incompletas.»

[132] *Oba citada*, p.247.

[133] Sobre este dispositivo, cfr. Miguel Moura e Silva, em anotação, *Lei da Concorrência – Comentário Conimbricense*, Almedina, 2013, pp. 262 e ss.

Na linha do instituto consagrado no artigo 281.º do Código de Processo Penal, as finalidades subjacentes ao processo instaurado podem ser realizadas pelo cumprimento dos compromissos assumidos, cuja verificação compete à Autoridade da Concorrência e, se forem cumpridos, isso impede a reabertura do processo, nos termos do n.º 7 do mesmo artigo, em conformidade com o disposto no n.º 8 do mesmo dispositivo.

§ 6.º.3 – A discricionariedade na decisão de instauração de processo de contraordenação

A Lei n.º 19/2012, de 8 de maio, prevê ainda no seu artigo 7.º um dispositivo original no sistema sancionatório, consagrando uma margem de discricionariedade vinculada por parte da Autoridade da Concorrência relativamente à decisão de instaurar ou não procedimentos de natureza sancionatória, afastando, neste específico domínio, uma leitura tradicional do princípio da legalidade processual.

Esse dispositivo é do seguinte teor:

«Artigo 7.º

Prioridades no exercício da sua missão

1 – No desempenho das suas atribuições legais, a Autoridade da Concorrência é orientada pelo critério do interesse público de promoção e defesa da concorrência, podendo, com base nesse critério, atribuir graus de prioridade diferentes no tratamento das questões que é chamada a analisar.

2 – A Autoridade da Concorrência exerce os seus poderes sancionatórios sempre que as razões de interesse público na perseguição e punição de violações de normas de defesa da concorrência determinem a abertura de processo de contraordenação no caso concreto, tendo em conta, em particular, as prioridades da política de concorrência e os elementos de facto e de direito que lhe sejam apresentados, bem como a gravidade da eventual infração, a probabilidade de poder provar a sua existência e a extensão das diligências de investigação necessárias para desempenhar, nas melhores condições, a missão de vigilância do respeito pelos artigos 9.º, 11.º e 12.º da presente lei e pelos artigos 101.º e 102.º do Tratado sobre o Funcionamento da União Europeia.

3 – (...).»

Decorre do n.º 2 deste dispositivo que «A Autoridade da Concorrência exerce os seus poderes sancionatórios sempre que as razões de interesse público na perseguição e punição de violações de normas de defesa da concorrência determinem a abertura de processo de contraordenação no caso concreto».

Por outro lado, o critério para a instauração de um procedimento sancionatório decorre do juízo que aquela Autoridade faça sobre a existência dessas razões de interesse público que justifiquem a instauração daquele processo, razões essas que são aferidas, nomeadamente, em função das «prioridades da política de concorrência e os elementos de facto e de direito que lhe sejam apresentados, bem como a gravidade da eventual infração, a probabilidade de poder provar a sua existência e a extensão das diligências de investigação necessárias para desempenhar, nas melhores condições, a missão de vigilância».

Num contexto de rejeição de uma denúncia que lhe seja apresentada, conforme referem Cruz Vilaça e Maria João Melícias, «a AdC não pode aludir em abstrato à inexistência de interesse público, estando vinculada a proceder a uma fundamentação adequada de direito e de facto acerca dos motivos que presidem à rejeição», e prosseguem aqueles autores afirmando que, «Com efeito, o contraponto do abandono, nesta sede, do princípio da legalidade formal que orienta o sistema processual penal português, deverá traduzir-se numa exigência acrescida da fundamentação pela AdC, que habilite os visados a compreenderem o sentido da decisão e o tribunal de recurso a exercer um controlo jurisdicional efetivo»[134].

A conformação de um "recurso", nos termos do n.º 4 do artigo 8.º do Regime Jurídico da Concorrência, relativamente a este tipo de decisões é suscetível de criar equívocos quanto ao objeto desta forma de impugnação.

Estamos claramente perante um poder discricionário, em que o tribunal pode sindicar os fundamentos da decisão e a sua adequação aos interesses de natureza pública, cuja prossecução incumbe à Autoridade

[134] Lei da Concorrência - *Comentário Conimbricense*, Almedina, 2013, p. 68.

da Concorrência, mas terá sempre de respeitar a margem da autonomia e de avaliação subjacente à decisão que é inerente a poderes deste tipo.

A forma de impugnação da decisão de não instauração de inquérito proferida pela Autoridade da Concorrência no uso destes poderes, não pode ser outra que não a do recurso previsto no artigo 85.º da Lei n.º 19/2012, em coerência com o artigo 55.º do Regime Geral.

Embora não se ignore que o Supremo Tribunal de Justiça, por acórdão de 19 de janeiro de 2017[135], aceitou a competência para conhecer de um recurso direto interposto de uma ação administrativa que correu termos

[135] Proferido no processo n.º 11/15.1YQSTR.S1, disponível nas Bases de Dados Jurídicas e de que foi extraído o seguinte sumário: «I – Das decisões do Tribunal da Concorrência, Regulação e Supervisão, nos termos do art. 93.º, n.º 1, da Lei n.º 19/2012, de 08.05 (NRJC), cabe recurso para o tribunal da relação competente, sem prejuízo de recurso direto para o Supremo Tribunal de Justiça quando o âmbito do recurso esteja restringido a matéria de direito, nos termos do art. 93.º, n.º 2, da NRJC; sendo que estes recursos têm efeito meramente devolutivo (art. 93.º, n.º 4) (também segundo o regime anterior havia possibilidade de recurso direto para o STJ nos mesmos termos e com os mesmos efeitos – art. 55.º, n.ºs 2 e 3, da Lei n.º 18/2003, de 11.06).
II – Poderá haver recurso direto para o STJ restrito a matéria de direito quanto às sentenças do Tribunal da Concorrência, Regulação e Supervisão relativas a decisões de arquivamento das denúncias da prática de contraordenações, proferidas ao abrigo do art. 8.º, n.º 4, do NRJC.
III – Nos termos do novo NRJC, a denúncia nem sempre dá lugar à abertura de um inquérito para prosseguimento do processo contraordenacional, podendo a Autoridade da Concorrência considerar que, ao abrigo do disposto nos arts. 7.º e 8.º, não existem fundamentos para que aquela prossiga; a decisão da autoridade no sentido de a admitir ou não constituirá um ato administrativo que, quando não realizado, se pode entender como a omissão da prática do ato devido, e por isso a impugnação deste ato deve seguir as regras subjacentes ao Código de Procedimento Administrativo e ao Código de Processo dos Tribunais Administrativos e Fiscais – tal como determina o disposto o art. 91.º, do NRJC.
IV – Não só se tem considerado que a atribuição da competência em matéria administrativa não impede que os tribunais da jurisdição comum possam também decidir sobre estas matérias, considerando-se que aquele normativo da Constituição não estabelece uma reserva absoluta material de jurisdição a favor dos tribunais administrativos e fiscais, como o Tribunal Constitucional já considerou não se tratar de uma violação do disposto no art. 212.º, da CRP.
V – Acresce uma outra justificação a permitir o entendimento de que deve ser o STJ a analisar estas matérias. Sabendo que se trata de analisar se o não prosseguimento da denúncia com a consequente abertura de inquérito para averiguação da prática de contraordenações, e sabendo que o regime geral das contraordenações atribui a fiscalização judicial das decisões

no Tribunal da Concorrência e que tinha uma recusa de instauração de inquérito como fundamento, apesar da Doutrina invocada, não se podem considerar líquidas as bases em que assentou essa decisão.

Na verdade, a Lei n.º 19/2012, de 8 de maio, é extremamente rigorosa na delimitação das formas de impugnação das decisões da Autoridade da Concorrência, separando o âmbito do processo das contraordenações, das decisões de natureza administrativa proferidas, conforme resulta dos artigos 83.º a 90.º e 91.º a 93.º e da forma de impugnação das mesmas.

Além disso, aquela lei é clara também na identificação da forma de procedimento em que aquela Autoridade intervém, nomeadamente, no âmbito do procedimento administrativo, conforme resulta dos artigos 42.º e 60.º

das autoridades administrativas à jurisdição comum, entende-se ser o STJ o tribunal superior em matéria de jurisdição comum o competente nestas matérias.
VI – Todavia, não se compreende que no âmbito do recurso das próprias decisões de aplicação das coimas por verificação de contraordenações se considere que o recurso apenas seguirá até ao tribunal da Relação (cf. art. 89.º, n.º 1, do NRJC), sem possibilidade de recurso, ainda que restrito a matéria de direito, para o STJ; ou seja, no atual regime, o STJ é competente para averiguar da exatidão ou não do ato administrativo que não permitiu a abertura de inquérito a partir da denúncia apresentada, mas já não é competente para apreciar a exatidão ou não da qualificação jurídica contraordenacional aplicada ao facto realizado, ou a exatidão ou não da coima aplicada em casos em que esta pode chegar aos milhares de euros
VII – Perante o NRJC, passou a valer o princípio da oportunidade em matéria processual quanto aos ilícitos contraordenacionais – a partir do disposto no art. 7.º e 8.º do NRJC, pode a Autoridade da Concorrência aceitar ou não a abertura de inquérito a partir da denúncia apresentada sempre que entenda que existem "razões de interesse público na perseguição e punição de violação de normas de defesa da concorrência", devendo ter em conta, "em particular, as prioridades da política de concorrência e os elementos de facto e de direito que lhe sejam apresentados, bem como a gravidade da eventual infração, a probabilidade de poder provar a sua existência e a extensão das diligências de investigação necessárias para desempenhar, nas melhores condições, a missão de vigilância do respeito pelos artigos 9.º, 11.º e 12.º da presente lei e pelos artigos 101.º e 102.º do Tratado sobre o Funcionamento da União Europeia" (acresce que, nos termos do art. 17.º, do NRJC, a abertura de inquérito pela AdC deve respeitar o disposto no referido art. 7.º).
VIII – Diferente do regime atual era o regime jurídico anterior da concorrência (Lei n.º 18/2003), onde vigorava um princípio da legalidade (art. 24.º, n.º 1) – perante uma denúncia, a Autoridade da Concorrência necessariamente teria que abrir inquérito, findo o qual poderia concluir por uma decisão de arquivamento.»

Não é o facto de a decisão de não instauração de um inquérito não fazer ainda formalmente parte de um processo de contraordenação que lhe retira a natureza de uma decisão inerente à aplicação do Direito das Contraordenações e a atira para os quadros do procedimento administrativo.

Sendo a decisão em causa materialmente uma decisão que se insere no âmbito da aplicação do Direito das Contraordenações, esse facto deve levá-la para os quadros do procedimento contraordenacional e as formas de impugnação das decisões que o integram.

Esta solução é, a nosso ver, a única forma de respeitar a letra da lei, que a propósito da impugnação da decisão em causa fala em «recurso» e não em "ação administrativa", o que, num diploma rigoroso na separação das formas de impugnação, não pode ser esquecido.

Por outro lado, esta solução é também a única que respeita o elemento sistemático na determinação de sentido da norma.

Com efeito, para além das distorções de que o acórdão dá notícia, que sentido faz que a impugnação de uma decisão de não instauração de inquérito seja feita pela via da ação administrativa, quando a decisão contrária já seria impugnável nos termos do referido artigo 85.º da Lei n.º 19/2012, como decisão interlocutória, no âmbito de um processo de contraordenação?

§ 6.º – O processo sumaríssimo no Código dos Valores Mobiliários

É ainda uma forma de procedimento alternativo à tramitação comum do processo das contraordenações a forma processual denominada «processo sumaríssimo» que se encontra consagrada no artigo 414.º do Código dos Valores Mobiliários, que é do seguinte teor:

«Artigo 414.º
Processo sumaríssimo

1 – Quando a natureza da infração, a gravidade do facto ou a intensidade da culpa o justifiquem, pode a CMVM, antes de acusar formalmente o arguido, comunicar-lhe a decisão de proferir uma admoestação ou de aplicar uma coima cuja medida concreta não exceda um quarto do limite máximo da moldura abstratamente prevista para a infração.

2 – Pode, ainda, ser determinado ao arguido que adote o comportamento legalmente exigido, dentro do prazo que a CMVM para o efeito lhe fixe.

3 – A decisão prevista no n.º 1 é escrita e contém a identificação do arguido, a descrição sumária dos factos imputados, a menção das disposições legais violadas e termina com a admoestação ou a indicação da coima concretamente aplicada.

4 – O arguido é notificado da decisão e informado de que lhe assiste o direito de a recusar ou a aceitar, no prazo de 10 dias, pagando nesse prazo a respetiva coima se a mesma tiver sido aplicada, e das consequências previstas nos números seguintes.

5 – Sem prejuízo do disposto no número seguinte, a recusa ou o silêncio do arguido ou o não pagamento da coima no prazo de 10 dias após a notificação referida no número anterior, assim como o requerimento de qualquer diligência complementar ou o incumprimento do disposto no n.º 2, determinam o imediato prosseguimento do processo de contraordenação, ficando sem efeito a decisão referida nos n.os 1 a 3.

6 – Caso tenha sido aplicada apenas uma admoestação, nos termos do n.º 1, a decisão da CMVM só fica sem efeito se o arguido recusar expressamente a admoestação no prazo referido no n.º 4.

7 – Tendo o arguido procedido ao cumprimento do disposto no n.º 2 e ao pagamento da coima que lhe tenha sido aplicada, a decisão torna-se definitiva, como decisão condenatória, não podendo o facto voltar a ser apreciado como contraordenação.

8 – As decisões proferidas em processo sumaríssimo são irrecorríveis.»

Tendo com étimo inspirador o processo sumaríssimo, disciplinado nos artigos 392.º e ss. do Código de Processo Penal, esta é uma solução processual para os casos de menor gravidade, quando a «natureza da infração, a gravidade do facto ou a intensidade da culpa o justifiquem», assente na adesão do arguido à proposta da autoridade reguladora e que preclude o conhecimento dos factos imputados ao arguido como contraordenação, já que «tendo o arguido procedido ao cumprimento do disposto no n.º 2 e ao pagamento da coima que lhe tenha sido aplicada, a decisão torna-se definitiva, como decisão condenatória, não podendo o facto voltar a ser apreciado como contraordenação».

A lógica de consenso subjacente ao instituto conduz à irrecorribilidade das decisões proferidas nesta forma de processo.

Este tipo de processo acabou por ser adotado em outras áreas da regulação, nomeadamente, no artigo 227.º-A do regime da supervisão bancária – Decreto Lei n.º 298/92, de 31 de dezembro, e no artigo 15.º do «Regime processual aplicável aos crimes especiais do setor segurador e dos fundos de pensões e às contraordenações cujo processamento compete à Autoridade de Supervisão de Seguros e Fundos de Pensões, resultante do Anexo II à Lei n.º 147/2015, de 9 de setembro de 2015.

Capítulo VII
As sanções

§ 1.º – A coima como elemento de caraterização do Direito das Contraordenações face ao Direito Penal

Um dos elementos de caracterização do Direito das Contraordenações encontra-se na especificidade da que utiliza para a realização dos seus objetivos globais.

Embora formalmente a coima se aproxime da multa penal, uma vez que ambas se exprimem através de um quantitativo monetário, a sua inserção num ramo do direito autonomizado do Direito Penal projeta-lhe características próprias que a separam daquele tipo de sanção.

O relevo atribuído àquela sanção no contexto da autonomização do Direito das Contraordenações motivou o facto de a mesma sanção ser assumida como paradigma para a classificação de uma infração como contraordenação.

Na verdade, nos termos do n.º 1 do artigo 1.º do Decreto-Lei n.º 433/82, de 27 de outubro, é considerada como contraordenação todo o «facto ilícito e censurável que preencha um tipo legal no qual se comine uma coima». Assim, a fixação de coima como sanção relativamente a um facto ilícito retira-o desde logo do Direito Penal e integra-o naquele ramo do direito sancionatório.

Não adotou, deste modo, o legislador um critério material para a delimitação da contraordenação face ao crime e enveredou por um critério formal[136] que, apesar de tudo, sempre traduz uma maior segurança na separação dos dois tipos de ilícito.

[136] *Índice conceitual formal*, o denomina Figueiredo Dias, "O Movimento de Descriminali-

A denominação adotada afasta esta sanção da multa e retoma uma denominação tradicional no direito português que se encontrava abandonada, servindo também como elemento objetivo de demarcação das duas sanções.

Apesar desta diferente denominação, a caracterização da coima como sanção de natureza pecuniária face à multa criminal resulta essencialmente da delimitação que se faça entre o Direito das Contraordenações e o Direito Penal.[137]

Na verdade, a diferença entre as duas categorias de sanções, mais do que da sua denominação, resulta dos elementos que se utilizarem para caracterizar o Direito das Contraordenações como um direito autónomo face ao Direito Penal.

§ 2.º – A coima enquanto sanção

A coima é construída como uma advertência dirigida ao cidadão que omite o cumprimento do dever de colaborar com a administração na realização das tarefas que a esta incumbem, traduzindo uma censura puramente social, nas palavras de EDUARDO CORREIA[138].

Aquela sanção não se apresenta desta forma como expressão de um juízo de reprovação dirigido pela coletividade a um dos seus membros[139] que põe em causa através da sua conduta valores essências à normalidade da vida comum, mas apenas uma censura dirigida pela Administração

zação e o Ilícito de Mera Ordenação Social", *Direito Penal Económico e Europeu*, Volume I, Coimbra Editora, 1998, p. 26.

[137] Sobre a distinção entre ilícito penal e de mera ordenação social, com projeção na caracterização da coima, face à multa penal, cfr. MÁRIO MONTE, *Lineamentos de Direito das Contraordenações*, pp. 73 e ss., 2019, AEUM.

[138] "Direito Penal e Direito de Mera Ordenação Social", *Boletim da Faculdade de Direito*, Vol XLIX, 273.

[139] "Aviso ao cidadão que faltou ao seu dever de colaborar na prossecução dos interesses do Estado e como medida preventiva, desprovida de todo o carácter infamante" – COSTA ANDRADE, "Contributo para o conceito de contraordenação", *Revista de Direito e Economia*, Anos VI/VII, 114.

a um dos membros dessa coletividade, fundada no incumprimento do dever de não obstar à execução da ordem administrativa definida.

Este facto articula-se com a caracterização da conduta subsumível ao tipo da contraordenação como uma infração despida de qualquer ressonância ética, axiologicamente neutra, nas palavras de FIGUEIREDO DIAS[140], ao contrário do crime, o que implica que a coima, como sanção específica da contraordenação, seja privada de qualquer desvalor ético, de qualquer censura com aquela natureza.

Desta forma a ilicitude própria das contraordenações é uma ilicitude de natureza formal derivada de uma diretiva administrativa[141], enquanto que a ilicitude penal tem uma natureza material, derivada da ofensa a valores pré-jurídicos e que são o fundamento da vida coletiva.

Importa que se tenha presente que a função prioritária da coima é a salvaguarda da normatividade administrativa violada, de uma forma mais direta, a capacidade de intervenção da administração na sua função de conformação da vida social e não a tutela de quaisquer bens jurídicos concretamente individualizados.

Estes poderão eventualmente ser protegidos por forma indireta, mas não são a razão de ser da consideração de um facto como contraordenação e do sancionamento do agente desse facto com uma coima ou uma qualquer medida de natureza administrativa.

A tutela dos bens jurídicos fundamentais à existência coletiva é assegurada pelo Direito Penal e não pelo Direito das Contraordenações.

[140] «O que no direito de ordenação é axiologicamente neutral não é o ilícito, mas a conduta em si mesma, divorciada da proibição legal – sem prejuízo, de uma vez conexionada com esta, ela passar a constituir substrato idóneo do desvalor ético-social.» "Para uma dogmática do Direito Penal Secundário", *Direito e Justiça*, Vol IV, 1989/1990, p. 26.

[141] Nas palavras de COSTA ANDRADE enquanto no direito penal «clássico» é a ilicitude material que serve de fundameno à ilicitude formal, nas *Zuwiderhandungen* é a ilicitude formal da proibição normativa que serve de fundamento à ilicitude «material». "Contributo para o Conceito de Contraordenação", *Direito e Economia*", Anos VI e VII, 1980/1981, 114.

§ 3.º – A culpa como elemento da responsabilidade contraordenacional

Esta ausência de ressonância ética das condutas enquadradas pelo Direito das Contraordenações atravessa todo este ramo do Direito e reflete-se em vários dos seus institutos.

Assim, embora o artigo 18.º refira que a coima dever ser fixada em função da culpa, a verdade é que a culpa no direito das Contraordenações não tem o mesmo conteúdo que conhecemos da culpa penal.

Como refere Figueiredo Dias, não se trata de uma «censura ética dirigida à pessoa do agente e à sua atitude interna, mas apenas de uma imputação do facto à responsabilidade social do seu autor»[142], o que a afasta da dimensão penal da culpa.

De facto, o Direito Penal é a grande matriz dos sistemas sancionatórios de natureza pública, funcionando em relação a eles como um dos pontos de referência, e em alguns casos, é mesmo assumido como direito subsidiário.

Este facto deriva da circunstância de lidar com os instrumentos de natureza sancionatória mais graves existentes nas nossas sociedades, o que levou a que tenha sido no seu seio que se desenvolveu uma reflexão mais profunda sobre toda a problemática dos pressupostos da responsabilidade e das formas de sancionamento das infrações que constituem o seu objeto.

Apesar de aquele ramo do direito desempenhar esta função de referente permanente dos sistemas sancionatórios, não é legítimo transpor diretamente do mesmo para os outros sistemas sancionatórios os conceitos e as categorias ali desenvolvidos, sem uma cuidada ponderação prévia, o que ocorre com a noção e funções da culpa.

Com efeito, antes da importação das soluções normativas, deverá indagar-se se os conceitos, aparentemente comuns, têm no específico ramo do direito sancionatório o mesmo conteúdo que lhes é atribuído no Direito Penal e depois deve ponderar-se se as soluções penais se ade-

[142] "O Movimento de Descriminalização e o Ilícito de Mera Ordenação", *Jornadas de Direito Criminal*, Cej, 331.

quam às especificidades e aos princípios estruturantes do ramo do direito em análise.

É nesta sede que a reflexão levada a cabo naquele ramo do direito sobre os pressupostos da responsabilidade e sobre as soluções normativas que os caracterizam surge como elemento decisivo na compreensão dos pressupostos da responsabilidade pela infração contraordenacional.

Deste modo, embora seja uma evidência afirmar-se que a culpa é um dos elementos da infração contraordenacional, não podemos esquecer que a mesma não é uma infração penal, mas sim uma infração de natureza administrativa, alheia aos quadros daquele ramo do direito sancionatório público.

Quando se fala em culpa como elemento da responsabilidade por esta infração deve, assim, ter-se por assente que a mesma materializa um juízo de censura dirigido ao agente por ter violado um dever decorrente da sua relação com a Administração, por norma um dever inerente ao exercício da sua atividade, não estando aqui em causa os referentes que conhecemos da culpa como elemento da responsabilidade criminal[143].

A culpa surge aqui e apenas como vínculo que permite imputar os factos à vontade do agente e fundamentar nessa imputação a sua responsabilização perante a sociedade e não «o ter que responder pela sua personalidade que fundamenta um facto ilícito típico e nele se exprime»,[144] como no direito penal.

É esta aceção de culpa que leva a que a mesma seja ponderada apenas como um dos elementos que fundamenta o juízo de proporcionalidade relativo à determinação da coima e não surja como limite de uma sanção concretamente aplicada ao agente, como sucede na responsabilidade criminal.

[143] Sobre o conceito de culpa em direito penal, cfr. FIGUEIREDO DIAS, *Direito Penal, Parte Geral*, Tomo I, Coimbra Editora, 2004, pp. 471 e ss.

[144] *Ibidem*, p. 486

§ 4.º – O princípio da culpa no Direito das Contraordenações

Não tem aplicação aqui o princípio da culpa, com o conteúdo que o caracteriza no Direito Penal, «em caso algum haver pena ou a medida da pena ultrapassar a medida da culpa»[145], sendo certo que aquele princípio não é um princípio geral do direito, mas um princípio inerente ao Direito Penal.

Tal como refere Figueiredo Dias, se aquele princípio fosse um princípio geral do direito «teria de ser um princípio jurídico-constitucional de todo o ordenamento sancionatório (civil, administrativo, contraordenacional, etc.) e não o é. Outras formas existem, na verdade, que não a da exigência de culpa em sentido jurídico-penal, de limitação do poder de Estado; e também elas podem ser reconduzidas a expressões da eminente dignidade da pessoa humana»[146].

Ora, uma das formas de limitação do poder punitivo do Estado é precisamente o princípio da proporcionalidade, consagrado no artigo 18.º, n.º 2, da Constituição da República.

Este princípio, segundo J. J. Gomes Canotilho e Vital Moreira «desdobra-se em três subprincípios: (a) princípio da adequação (também designado por princípio da idoneidade), isto é as medidas restritivas legalmente previstas devem revelar-se como meio adequado para a prossecução dos fins visados pela lei (salvaguarda de outros direitos ou bens constitucionalmente protegidos); (b) princípio da exigibilidade (também chamado princípio da necessidade ou da indispensabilidade), ou seja, as medidas restritivas previstas na lei devem revelar-se necessárias (tornarem-se exigíveis), porque os fins visados pela lei não podiam ser obtidos por outros meios menos onerosos para os direitos e garantias; (c) princípio da proporcionalidade em sentido restrito, que significa que os meios legais restritivos e os fins obtidos devem situar-se numa "justa medida", impedindo-se a adoção de medidas legais restritivas desproporcionadas, excessivas em relação aos fins visados»[147].

[145] Figueiredo Dias, *Direito Penal Português*, Aequitas, 1993, p. 73.

[146] *Direito Penal Português*, Aequitas, 1993, p. 421.

[147] *Constituição da República Portuguesa*, Volume I, Coimbra Editora, 2007, pp. 392 e 393.

Conforme refere Augusto Silva Dias, o princípio da proporcionalidade em sentido estrito «assume particular relevância no que toca à correspondência entre a gravidade das coimas e a gravidade das infrações: as sanções mais graves devem ser aplicadas às contraordenações mais graves, as menos graves às mais leves, valendo critério idêntico para os escalões intermédios».[148]

§ 5.º – Finalidades da coima enquanto sanção

Por outro lado, à coima não estão subjacentes preocupações de reintegração social do agente da infração[149], com a dimensão e o relevo que ocorre nas sanções penais.

Na verdade, as condutas abrangidas pelo Direito das Contraordenações não são expressão de qualquer desvio aos parâmetros fundamentais que devem nortear a vida coletiva, o que afasta aquela reintegração dos objetivos que se façam corresponder às sanções que se lhe apliquem.

Daqui derivam importantes consequências relativamente à aplicabilidade no Direito das Contraordenações de alguns institutos do Direito Penal, que tem subjacente aquela preocupação.

Esta específica natureza da coima vai impor também a impossibilidade da sua substituição por prisão, ou a configuração desta como alternativa àquela sanção, o que constitui também um dos elementos de caracterização do Direito das Contraordenações face ao Direito Penal.

A coima é estruturada como uma sanção pecuniária variável entre um limite mínimo e um limite máximo, ambos expressos em quantitativos monetários.

De acordo com o modelo subjacente ao Regime Geral, os limites abstratamente previstos variam em função da qualidade do agente – pessoa singular ou pessoa coletiva – e em função de a imputação ser feita a título de dolo ou a título de mera negligência.

[148] *Direito das Contraordenações*, Almedina, 2018, p.58.

[149] *Idem*, p. 333.

§ 6.º – O papel do benefício económico retirado da prática da infração no âmbito da fixação da coima

De acordo com o disposto no n.º 1 do artigo 18.º, a determinação da medida da coima é feita em função da gravidade da contraordenação, da culpa, da situação económica do agente e do benefício que este retirou da prática da contraordenação.

O papel do benefício económico retirado da prática da infração, no contexto da determinação da coima, sofreu uma alteração significativa com a revisão de 1995 do Regime Geral das Contraordenações.

Assim, de acordo com o disposto no n.º 2 daquele artigo, na versão em vigor, «Se o agente retirou da infração um benefício económico calculável superior ao limite máximo da coima, e não existirem outros meios de o eliminar, pode este elevar-se até ao montante do benefício, não devendo todavia a elevação exceder um terço do limite máximo legalmente estabelecido»[150].

Na redação original deste artigo referia-se que «sem prejuízo dos limites máximos fixados no artigo anterior, a coima deverá sempre que possível exceder o benefício económico que o agente retirou da prática da contraordenação».

O limite máximo abstratamente previsto da coima correspondente à infração funcionava como limite do benefício suscetível de eliminação. Acima dele, o sistema jurídico prescindia da perda.

Acresce que a função prioritária da coima era a privação do benefício económico derivado da prática da infração, função esta que continua a inspirar o regime em vigor.

Com a alteração, alargou-se a dimensão deste benefício, suscetível de eliminação através da coima, alterando-se também de forma significativa o papel daquele benefício na determinação da coima.

Assim, quando o benefício auferido ultrapasse aquele limite e seja possível eliminá-lo por outros meios, é a essa forma a que se recorre para realizar tal objetivo, sendo a coima fixada apenas com base nos demais

[150] Sobre a proposta de alteração deste artigo, não acatada pelo legislador, cfr. Fernanda Palma e Paulo Otero, "A Revisão do Regime legal do Ilícito de Mera Ordenação Social", *Revista da Faculdade de Direito de Lisboa*, XXXVII, n.º 2 – 1996, pp. 557 e ss.

elementos referidos no n.º 1 daquele artigo, não podendo o benefício ser ponderado duplamente como circunstância agravante qualificativa e como circunstância geral.

Por outro lado, quando o benefício económico auferido ultrapasse o limite máximo abstratamente previsto e não seja possível eliminá-lo por outros meios, este limite elevar-se-á até ao montante do benefício. A elevação do limite máximo não poderá ultrapassar, contudo, um terço do limite abstratamente previsto, renunciando o sistema jurídico ao desapossamento da parte do benefício que exceda este limite.

A culpa, a situação económica do agente, e os demais elementos que poderiam refletir-se na "gravidade" da infração, acabam por ter um papel diverso na fixação em concreto da coima.

Assim, o princípio que constava do n.º 2 do artigo 18.º do Regime Geral, na versão inicial, no sentido de que a coima deverá, sempre que possível, exceder o benefício económico que o agente retirou da prática da contraordenação, de forma a desapossar o agente do benefício que tenha auferido em consequência da prática da infração, continua a ser um objetivo do sistema sancionatório contraordenacional, embora tenha de ser entendido agora noutros termos.

Na determinação da coima concreta, de acordo com os princípios que decorrem daquele artigo, impõe-se, primeiramente, encontrar a dimensão do benefício económico auferido, e, no caso de o mesmo, uma vez concretizado, ultrapassar o limite máximo abstratamente previsto, é necessário apurar se é suscetível de ser eliminado por outra forma ou não.

No caso de ser possível tal eliminação, o benefício deixa de funcionar autonomamente como elemento de ponderação na fixação da sanção. A coima concreta será fixada então apenas com base nos demais parâmetros, acrescendo sempre a perda de benefício ilegítimo.

Se tal benefício se situar abaixo do limite máximo abstratamente previsto, definirá ele então o limite mínimo da coima a aplicar, sendo eliminado por essa via, ou seja, através da coima, e intervindo depois os demais critérios, como fatores da determinação da coima concreta.

Com efeito, apesar do silêncio da lei, não pode conceber-se que o sistema jurídico tolere que o agente da infração não seja desapossado de benefício ilegítimo derivado e concretizado da mesma.

Deste modo, distingue-se o relevo atribuído ao benefício económico concretizado no contexto dos critérios de determinação da coima, entre as situações em que ele é inferior ao limite máximo abstratamente previsto e aquelas em que é superior, o que retira qualquer coerência lógica ao sistema introduzido.

Por outro lado, faz-se intervir a dimensão do benefício ao nível da definição dos limites abstratos da coima, sempre que ele os ultrapasse, de um facto perfeitamente aleatório que é a possibilidade de desapossamento poder ser realizado por outros meios.

Mas, independentemente da existência de meios que permitam realizar esse objetivo, a definição da dimensão abstrata da coima passa a depender agora, para além do mais, da determinação do benefício e da possibilidade de concretização da transferência do mesmo para o património do Estado.

Apesar de continuar a ser tomado em consideração ao nível da determinação da coima concreta, o relevo do benefício económico auferido pelo agente em consequência da prática da contraordenação, é completamente diverso daquele que se previa no regime anterior.

O benefício vai agora intervir ao nível da determinação do limite máximo abstratamente previsto da coima, condicionando de forma diversa a sua dimensão concreta.

Assim, encontrado o benefício económico auferido pelo agente, o intérprete terá, antes de mais, de indagar se ele é superior ou inferior ao limite máximo da coima abstratamente previsto.

Se for inferior, o intérprete prosseguirá na operação de determinação da coima deixando de se preocupar com o reflexo da dimensão do benefício sobre o limite abstrato superior da coima, embora o deva ponderar no contexto da determinação da coima concreta.

Se, contudo, o benefício encontrado for superior, então o intérprete ainda terá que responder a uma outra questão prévia: se existem ou não meios que permitam a sua eliminação.

Caso seja afirmativo fixar-se-á a coima normalmente, porque a eliminação do benefício é tarefa desses outros meios. Caso seja negativo, então o limite máximo da coima subirá até à dimensão do benefício com o limite de um terço do limite máximo abstratamente previsto da coima.

A falta de coerência e de lógica do sistema é evidente.

Por um lado, fica por esclarecer a diferenciação de regimes em função da dimensão do benefício auferido: a funcionar como circunstância agravante qualificativa, quando superior ao valor do limite máximo abstratamente previsto para a coima e como circunstância geral nas outras situações.

O mais criticável, contudo, é que funciona ou não como circunstância agravante qualificativa em função da existência de meios que permitam a sua eliminação.

Ora, a existência ou não de meios que permitam a eliminação do benefício é questão que o intérprete no momento da determinação da coima terá de resolver sempre em função de um prognóstico, que não de uma efetiva concretização.

O limite abstrato da coima será nessas situações fixado em função de um facto incerto, tantas vezes dependente da situação económica do infrator e da eficácia do sistema judiciário.

Impõe-se, assim, um particular cuidado na indagação da existência daquele benefício, o que deverá ser feito a partir da natureza da contraordenação cometida e do apuramento das circunstâncias que rodearam a sua prática.

Nem sempre a natureza da infração cometida aponta para a existência do mencionado benefício que poderá não existir em inúmeras contraordenações.

Por benefício económico entende-se todo o proveito económico que não ocorreria no património do agente se este tivesse adotado a conduta que o ordenamento lhe impunha e não tivesse contrariado a ação administrativa.

Tal indagação não deixará desde logo de ser feita pela autoridade administrativa na fase administrativa do processo, recorrendo a todos os meios de prova ali admitidos, e, em caso de recurso de impugnação, aquele benefício económico não poderá escapar à atividade cognitiva do tribunal.

A existência deste elemento e o seu papel na determinação da coima levou FARIA COSTA, na vigência da versão inicial do Decreto-Lei n.º 433/82, de 27 de Outubro, a referir que "*l'assomption du príncipe selon lequel la coima devra, malgré les limites établis par la règle générale, tant que possible, être supérieur au profit que l'auteur a retiré de la contraordenação, nous conduit à un encadrement – louable à tout titre – qui dépasse la propre compositio*"[151] [152].

§ 7.º – A revisão de 1995 e a alteração da função do benefício económico na determinação da coima

A revisão de 1995 do Regime Geral veio, contudo, dar origem a um outro problema, qual seja o da forma através da qual se pode proceder à eliminação do benefício em causa, circunstância que condiciona a forma de determinação da coima conforme se referiu.

Na verdade, embora o n.º 2 do artigo 18.º daquele Regime aponte para a existência de formas de retirada do benefício económico ao agente da infração, (outros meios de o eliminar), não se encontra no texto daquele regime, dispositivo específico para a realização desse objetivo.

Em certas situações, o benefício económico pode materializar-se em bens que sejam suscetíveis de ser considerados "produzidos" pela infração, mas um aumento do património do agente de uma contraordenação, ou mesmo a não diminuição do seu passivo, não tem tal natureza, podendo reconduzir-se a um conceito mais lato de vantagem.

De facto, o Regime Geral prevê no seu artigo 21.º, n.º 1, alínea a), a sanção acessória de perda de objetos pertencentes ao agente, sanção esta que o artigo 21.º A, n.º 1, do mesmo diploma limita a objetos que «serviram ou estavam destinados a servir para a prática de uma contraordenação, ou que por esta foram produzidos».

[151] «Les Problèmes Juridiques et Pratiques Posés ...» *Boletim da Faculdade de Direito*, 1986, 162.

[152] «A assunção do princípio segundo o qual a coima deverá, apesar dos limites estabelecidos pela regra geral, sempre que possível, ser superior ao benefício que o autor retirou da contraordenação, conduz-nos a um enquadramento – louvável a qualquer título – que ultrapassa a própria *compositio*» (tradução livre do autor).

O conceito de objetos utilizado nesta norma do Regime Geral é aparentemente o mesmo que se encontra subjacente às normas dos artigos 109.º e 110.º do Código Penal, não surgindo naquele diploma, de forma autonomizada, um regime da perda de vantagens análogo ao previsto no artigo 111.º do Código Penal.

Poder-se-ia questionar a viabilidade de uma interpretação lata do conceito de objetos utilizados na prática da infração ou que da mesma sejam produto, de forma a integrar na sanção acessória prevista na alínea a) do n.º 1 do artigo 21.º do Regime Geral, não apenas a perda de coisas, mas também a perda de direitos, o que permitiria incluir a perda de vantagens no âmbito daquela sanção.

Sempre se poderia ver um antecedente dessa interpretação no artigo 9.º, n.º 1 do Decreto-lei n.º 28/84, de 20 de janeiro, que determina «a perda de bens, a declarar nos termos do presente diploma e do Código Penal, abrange o lucro ilícito obtido pelo infrator».

A consagração de uma medida sancionatória autónoma e com pressupostos diversos para os bens perigosos poderia afastar algumas das objeções que tal interpretação lata suscite[153].

§ 8.º – A perda de vantagens derivadas da prática da infração no âmbito do Direito das Contraordenações

O regime da perda das vantagens derivadas da prática de contraordenações poderá ser encontrado no regime da perda de vantagens derivadas da prática de um crime, referido no artigo 111.º do Código Penal, se subsidiariamente for aplicável, por força do disposto no artigo 32.º do Decreto-Lei n.º 433/82, de 27 de outubro.

Refere-se no n.º 2 daquele artigo, que "são também perdidos a favor do Estado, (...), as coisas direitos ou vantagens que através do facto ilícito típico, tiverem sido diretamente adquiridos, para si ou para outrem pelos agentes e representem uma vantagem patrimonial de qualquer espécie".

[153] Figueiredo Dias, *Direito Penal Português – Consequências Jurídicas do Crime*, 617, nota 8, relativamente à solução do C.P. alemão.

Trata-se de uma medida que, no âmbito do Direito Penal, tem como finalidade principal, tal como refere FIGUEIREDO DIAS, "reafirmar a força da vigência da norma e responder ao alarme social que pode advir da convicção de que em último termo a violação normativa «possa compensar»", tendo fundamentos diversos da perda de objetos prevista nos artigos 109.º e 110.º do Código Penal.

Na verdade, conforme refere aquele autor, debruçando-se sobre o regime penal, «A distinção de um regime de perda relativa a instrumentos e produto, por um lado, e as vantagens, por outro, justifica-se amplamente. Desde logo (e sobretudo) porque é diferente, num caso e noutro, o fundamento político criminal do regime, se bem que ambos assentem – como não poderia deixar de ser, dada a sua natureza de instrumentos sancionatórios de carácter criminal – em considerações de prevenção. Nos instrumentos e produto está em causa a perigosidade imediata, resultante da sua adequação para a prática de crimes. Nas vantagens, diversamente, o que está em causa primariamente é um propósito de prevenção da criminalidade em bloco, ligado à ideia – antiga, mas nem por isso menos razoável – de que «o 'crime' não compensa»[154].

Neste contexto, de acordo com o mesmo autor, «a perda de vantagens não tem de possuir qualquer correlação com a culpa ou com a sua medida. Mas já a tem de ter, através do princípio da proporcionalidade, com a gravidade do ilícito cometido»[155].

A perda de vantagens derivadas da prática do crime, na sua fundamentação, não se afasta significativamente da sanção acessória de perda de objetos prevista no artigo 21.º, n.º 1, alínea a) do Regime Geral, pelo que o recurso àquele instituto não provoca qualquer rutura com o sistema sancionatório das contraordenações.

De facto, conforme se verá os pressupostos desta sanção acessória no Direito das Contraordenações em vigor afastam-se significativamente dos artigos 109.º e 110.º do Código Penal.

Com efeito, a perda surge no Direito das Contraordenações como uma sanção acessória, sujeita aos pressupostos subjacentes à aplicação da coima, cujos fins sancionatórios completa, não tendo como pressuposto

[154] *Direito Penal Português – Consequências Jurídicas do Crime*, Aequitas, 1993, p. 632.
[155] *Idem*, p. 635.

específico a suscetibilidade de colocar em perigo «a segurança das pessoas, a moral ou a ordem pública» ou a suscetibilidade de serem utilizados para ao cometimento de novos factos ilícitos.

Especial interesse para a questão que nos preocupa, tem a norma do n.º 4 daquele artigo do Código Penal, que dispõe que: «se a recompensa, os direitos, coisas ou vantagens não puderem ser apropriados em espécie, a perda é substituída pelo pagamento ao Estado do respetivo valor».

Trata-se também de um meio através do qual se pode retirar ao agente o benefício económico retirado da prática da infração, o que vai ter importantes reflexos práticos na projeção dos efeitos do benefício sobre os limites abstratos da coima, acima referidos.

Na verdade, esta medida tem natureza autónoma da coima ou da sanção acessória da perda, devendo sempre ser imposta ao agente da prática de um contraordenação, sempre que se tenha evidenciado no processo que aquele retirou um benefício da prática da infração não suscetível de ser apropriado em espécie.

Quando essa transferência para o património do Estado, decorrente dessa condenação, não seja viável, nomeadamente por ausência de património do condenado ou impossibilidade deste, colocar-se-á a questão do reflexo do benefício sobre o limite abstrato da coima, sempre que o ultrapasse.

Na vigência da versão inicial do Decreto-Lei n.º 433/82, de 27 de outubro, a questão da definição do destino a dar às vantagens económicas derivadas para o agente da prática da infração não tinha autonomia no contexto das finalidades da coima uma vez que aquelas vantagens se integravam no benefício económico derivado para o agente da prática da infração.

Além do benefício económico derivado da prática da contraordenação, a fixação da coima depende também da gravidade da infração cometida, da culpa manifestada e da situação económica do infrator.

A gravidade da infração referida na norma resulta da respetiva ilicitude definida em função da maior ou menor desconformidade dos factos relativamente aos comandos derivados do ordenamento jurídico e da maior ou menor intensidade da lesão dos interesses protegidos e da natureza dos mesmos.

A maior ou menor intensidade dessa desconformidade é ponderada a partir do conjunto de circunstâncias que tenham rodeado a prática dos factos e que se projetem na respetiva ilicitude. Incluir-se-ão aí também as características decorrentes do modo de execução dos factos, na parte em que as mesmas se refiram igualmente àquele desvalor e às consequências dos mesmos.

Relativamente à culpa, apesar do modo através da qual a mesma é concretizada neste ramo do Direito, também aqui ela não poderá deixar de integrar um juízo de censura dirigido ao agente pelo facto de, tendo podido agir em conformidade com os seus deveres de cidadão, o não ter feito.

Este juízo não pode ser reduzido a uma mera imputação dos factos ao seu autor, o que lhe retiraria qualquer conteúdo suscetível de ser ponderado na fixação da advertência a dirigir àquele.

A culpa, independentemente da sua ponderação no contexto da definição do tipo de ilícito, com o reflexo que daí deriva relativamente à alteração dos limites abstratamente previstos da coima, nos termos do artigo 17.º, n.º 3, é ponderada em função do conjunto de circunstâncias que rodeiam a prática dos factos e que são expressão da atitude do agente face aos mesmos.

§ 9.º – O papel da situação económica do autor da infração na fixação da coima

Como sanção de natureza pecuniária, a coima não poderia deixar de ser fixada em função da situação económica do agente. Terá assim também este elemento de ser objeto de indagação no processo conducente à prolação de decisão de modo a que a coima o reflita.

A situação económica do agente da infração é, de facto, pressuposto do sentido e da dimensão sancionatórios da medida que seja aplicada.

Na verdade, se a sanção não representar uma lesão efetiva dos interesses de natureza patrimonial do agente, perde qualquer sentido sancionatório, não sendo entendida pelo agente nem pela comunidade como um mal inerente à prática da infração e nela legitimado.

A situação económica intervém aqui num contexto diverso daquele que se passa ao nível da multa penal. Ali, a situação económica só intervém na definição do *quantum* diário da multa, depois de a culpa e as exigências de prevenção terem definido a dimensão dos dias de multa que a materializam[156].

Neste caso, sendo a coima variável em quantitativo monetário, entre um limite mínimo e um limite máximo, a situação económica tem de intervir desde logo na definição do *quantum* da coima juntamente com os demais fatores a ponderar, não sendo assim relegada para um segundo momento no processo de determinação da coima.

§ 10.º – As sanções acessórias

Ao lado da coima como sanção principal, o Direito das Contraordenações consagra igualmente um conjunto de sanções acessórias que podem desempenhar um papel importante na realização dos objetivos subjacentes a este ramo do Direito e que em certas situações podem ter uma eficácia interventiva mais intensa do que a própria coima.

A configuração concreta destes instrumentos sancionatórios, tal como resulta dos artigos 21.º e seguintes é discutível.

De facto, já em 1982, face ao quadro de sanções acessórias introduzido pela versão inicial do Decreto-Lei n.º 433/82, de 27 de Outubro, Figueiredo Dias punha em causa a admissibilidade das sanções que não constavam do Decreto-Lei n.º 232/79, de 24 de julho, referindo que a sua natureza «se aproxima sensivelmente das sanções criminais quando com ela não se confunde», o que poria em causa a bondade da sua adoção[157].

156 Figueiredo Dias, *Direito Penal Português – Consequências Jurídicas do Crime*, 1993, Aequitas, p. 127.

157 "O Movimento de Descriminalização e o Ilícito de Mera Ordenação Social", *Direito Penal Económico e Europeu – Textos Doutrinários*, Volume I, Coimbra Editora, 1998, p. 31.

É a própria lei que atribui a estas medidas a natureza de sanções acessórias, em coerência com a estruturação que foi dada no Código Penal às penas acessórias, concebidas ali como «certos efeitos jurídicos da condenação» que «desempenham uma função preventiva adjuvante da sanção principal, de que o sistema sancionatório não pode ou não quer prescindir; e, na verdade, de uma função preventiva que se não esgota na intimidação da generalidade, mas se dirige também, ao menos em alguma medida, à perigosidade do delinquente»[158].

Como sanções acessórias, elas terão necessariamente que ser aferidas ao facto ilícito cometido, à culpa manifestada pelo agente e às exigências de prevenção que se verifiquem no caso concreto, não se configurando como efeitos da condenação ou da coima, do que resulta que não são de aplicação automática.

A sua aplicação deverá, pois, ser feita à luz dos critérios estabelecidos no artigo 18.º para a fixação da coima, devendo atender-se à dimensão da ilicitude do facto, à culpa manifestada e à situação económica do agente.

Além disso, não poderá esquecer-se que, atenta a acessoriedade das mesmas, elas só intervêm, quando subsistam finalidades de natureza sancionatória que não obtêm satisfação nos quadros da coima, que é a sanção principal e específica deste tipo de ilícito.

Dito de outro modo, só perante um quadro em que os objetivos subjacentes ao sancionamento dos factos não sejam integralmente realizáveis através da coima, é que se justifica o recurso à aplicação de sanções acessórias.

§ 10.º.1 – A evolução das sanções acessórias desde 1979

O elenco específico de sanções acessórias sofreu uma considerável evolução desde o Decreto-Lei n.º 232/79, de 24 de julho, diploma que introduziu o ilícito de mera ordenação social no sistema jurídico português.

[158] FIGUEIREDO DIAS, *Direito Penal Português – As Consequências Jurídicas do Crime*, Aequitas, 19993, p. 96.

Este diploma consagrava como sanções acessórias apenas a «apreensão», referida no seu artigo 19.º, que poderia incidir sobre bens que «ao tempo da decisão pertencessem ao agente» ou que representassem um perigo «para a comunidade ou para a prática de outra contraordenação», ou que «tendo sido alienados ou onerados a terceiro, este conhecesse ou devesse conhecer as circunstâncias determinantes da possibilidade da sua apreensão».

A apreensão, por força do disposto no artigo 20.º daquele diploma, salvo no que se refere a bens perigosos, não poderia ser aplicada quando fosse «manifestamente desproporcionada à gravidade da contraordenação e da censurabilidade do agente ou de terceiro» e seria suspensa «sempre que as suas finalidades possam ser devidamente prosseguidas através de medidas menos gravosas para as pessoas atingidas».

Aquele diploma previa ainda a possibilidade de substituição da apreensão da apreensão pela «apreensão do valor», nos termos do seu artigo 21.º, e a «apreensão independente de coima», cujos pressupostos eram definidos no seu artigo 23.º

A perda de bens produzidos ou utilizados na prática de uma contraordenação surgia com uma natureza claramente subsidiária, expressamente consagrada no artigo 20.º daquele diploma, destacando-se o carácter acessório desta medida e a dimensão da coima como sanção principal do direito das contraordenações.

O Decreto-Lei n.º 433/82, de 27 de outubro, manteve a perda de bens nos termos que resultavam da legislação anterior, introduzindo no seu artigo 21.º um elenco complementar de sanções acessórias aglutinado em torno da restrição de direitos.

Eram consagradas como sanções acessórias «a) Interdição de exercer uma profissão ou uma atividade»; a «b) Privação do direito a subsídio outorgado por entidades ou serviços públicos»; e «c) Privação do direito de participar em feiras ou mercados». Previa-se também como sanção acessória a «publicidade da condenação».

O elenco de sanções acessórias que se encontra na versão em vigor daquele Decreto-Lei tem origem, na sua parte mais significativa, na alteração introduzida naquele diploma pelo Decreto-Lei n.º 356/89, de 17 de outubro.

§ 10.º.2 – As concretas sanções acessórias no Regime Geral

Na versão em vigor, o Regime Geral das Contraordenações identifica as sanções acessórias no seu artigo 21.º, referindo depois os específicos pressupostos das mesmas no artigo 21.º-A.

Com a exceção da «perda de objetos pertencentes ao agente», que sempre esteve presente no quadro sancionatório do Direito das Contraordenações e que integra a alínea a) do n.º 1 daquele artigo, são consideradas como sanções acessórias, a «Interdição do exercício de profissões ou atividades cujo exercício dependa de título público ou de autorização ou homologação de autoridade pública», que integra a alínea b), a «Privação do direito a subsídio ou benefício outorgado por entidades ou serviços públicos» que integra a alínea c), e a «Privação do direito de participar em feiras ou mercados» que constitui a alínea d).

Na alínea e) daquele número, prevê-se, também, como sanção dessa natureza, a «Privação do direito de participar em arrematações ou concursos públicos que tenham por objeto a empreitada ou a concessão de obras públicas, o fornecimento de bens e serviços, a concessão de serviços públicos e a atribuição de licenças ou alvarás»; na alínea f) prevê-se «Encerramento de estabelecimento cujo funcionamento esteja sujeito a autorização ou licença de autoridade administrativa» e na alínea g) prevê-se também a «Suspensão de autorizações, licenças e alvarás».

Além das sanções acima referidas, o n.º 3 do artigo 21.º admite como medida dessa natureza a publicação da decisão condenatória, que, como medida sancionatória, só faz sentido quando o condenado exerça uma atividade em que a sua imagem seja elemento relevante no exercício da mesma e que seja suscetível de ser afetada através da divulgação dos factos ilícitos cometidos.

Na generalidade dos casos, as sanções previstas afetam direitos de natureza administrativa, que decorrem da relação do agente da infração com a autoridade pública, no contexto do exercício de uma atividade administrativamente enquadrada, o que se torna mais claro quando se abordam os pressupostos específicos destas sanções que se encontram consagrados no artigo 21.º-A daquele diploma.

Assim, a interdição do exercício de profissões ou atividades, prevista na alínea b) do n.º1 do artigo 21.º, «só pode ser decretada se o agente praticou a contraordenação com flagrante e grave abuso da função que exerce ou com manifesta e grave violação dos deveres que lhe são inerentes».

Por sua vez, a privação de direitos prevista na alínea c) daquele n.º 1 do artigo 21.º, «só pode ser decretada quando a contraordenação tiver sido praticada no exercício ou por causa da atividade a favor da qual é atribuído o subsídio».

A privação do direito de participar em feiras ou mercados só «pode ser decretada quando a contraordenação tiver sido praticada durante ou por causa da participação em feira ou mercado».

Por outro lado, a sanção prevista na alínea e) daquele número «só pode ser decretada quando a contraordenação tiver sido praticada durante ou por causa dos atos públicos ou no exercício ou por causa das atividades mencionadas nessa alínea».

O encerramento de estabelecimentos previsto na alínea f) daquele número e a suspensão de autorizações, licenças ou alvarás, previstas na alínea g) só «podem ser decretadas quando a contraordenação tenha sido praticada no exercício ou por causa da atividade a que se referem as autorizações, licenças e alvarás ou por causa do funcionamento do estabelecimento».

A proximidade destas medidas com as penas acessórias do direito penal económico resulta evidente quando se comparam os respetivos pressupostos.

Assim, a «interdição temporária do exercício de certas atividades ou profissões» prevista no artigo 12.º do Decreto-lei n.º 28/84, de 20 de janeiro, tem como pressuposto o facto de a infração ter sido cometida «com flagrante abuso da profissão ou no exercício de uma atividade que dependa de um título público ou de uma autorização ou homologação da autoridade pública».

Por outro lado, a pena de «privação do direito de participar em arrematações ou concursos públicos de fornecimento» tem como pressupostos, nos termos do artigo 13.º daquele diploma, que o agente «tenha praticado infração punida com pena superior a 6 meses de prisão» e que «b) as circunstâncias em que a infração tiver sido praticada revelem que não é digno da confiança geral necessária à sua participação em arrematações ou concursos públicos de fornecimento».

A pena de «privação do direito a subsídios ou subvenções outorgados por entidades ou serviços públicos», é aplicável, nos termos do artigo 14.º do mesmo diploma, «a agente que exerça ou não profissão ou atividade subsidiada ou subvencionada».

A violência das restrições de direitos inerentes a este tipo de sanções implica um particular cuidado na demonstração dos respetivos pressupostos, quando a sua aplicação se possa justificar.

Contudo, o simples preenchimento dos pressupostos específicos de cada uma das sanções não legitima só por si a sua aplicação, impondo-se, sempre, a existência de um contexto, em termos de ilicitude e de culpa, que, atentas as exigências de prevenção que no caso existam, justifique a restrição de direitos inerente à sanção acessória, para além da coima aplicada como sanção principal.

Só desta forma a restrição de direitos inerente à sanção acessória estará constitucionalmente legitimada à luz do princípio da proporcionalidade, consagrado no artigo 18.º, n.º 2 da Constituição da República.

A relação entre a atividade no contexto da qual a infração é cometida e a sanção acessória que veio a ser especificada com a revisão de 1995 do Regime Geral já se deveria considerar como pressuposto específico das sanções em causa, no quadro da versão inicial do Decreto-Lei n.º 433/82, de 27 de outubro[159].

§ 10.º.2.1 – A perda de bens no âmbito do Direito das Contraordenações

O artigo 21.º do Regime Geral, na alínea a) do seu número 1, consagra também como sanção acessória a «perda de objetos pertencentes ao agente» que, de acordo com o disposto no n.º 1 do artigo 21.º-A do mesmo diploma, «só pode ser decretada quando os objetos serviram ou estavam

[159] Cfr. "Coimas e Sanções Acessórias no Direito das Contraordenações do Ambiente", in *Textos, Ambiente e Consumo*, II Volume, CEJ, 1996, pp. 445 e ss.

destinados a servir para a prática de uma contraordenação, ou por esta foram produzidos»[160].

A perda, nos termos do artigo 24.º, «determina a transferência da propriedade para o Estado ou outra entidade pública, instituição particular de solidariedade social ou pessoa coletiva de utilidade pública» dos bens abrangidos e poderá incidir sobre «uma quantia correspondente ao valor daqueles bens», quando «devido a atuação dolosa do agente se tiver tornado, total ou parcialmente impossível a perda dos mesmos».

Embora a perda tenha nos seus objetivos preocupações retributivas, prosseguem-se através dela, tal como acontece com idêntica medida no Código Penal, também finalidades de prevenção geral[161] – o reforço da convicção entre os membros da comunidade de que os proventos da atividade delituosa a não compensam.

Por outro lado, a perda procura também dar satisfação às preocupações de prevenção especial, nomeadamente, no impedimento de utilização desses bens na prática de novas infrações pelo arguido.

A sanção acessória «perda de objetos» não tem na versão em vigor do Regime Geral o carácter subsidiário que a caracterizava desde o Decreto-Lei n.º 232/79, de 24 de julho, e que era consequência do facto de a coima ser entendida como o meio normal de desapossar o agente do benefício económico que retirasse da prática da contraordenação.

Na verdade, a alteração da relação entre a coima e a privação das vantagens derivadas da prática da infração, emergente da Reforma de 1995, e sobretudo, a consagração no texto do artigo 18.º, n.º 2, da versão em vigor do Regime Geral, do recurso à eliminação dessas vantagens por outro modo, conduziram ao desaparecimento do carácter subsidiário daquela sanção que não se mostra consagrada na redação agora em vigor.

De facto, os fundamentos da aplicação daquela sanção acessória são agora apenas os que são referidos no n.º 1 do artigo 21.º – a gravidade da infração e a culpa com que o agente atua, tendo-se deixado de falar

[160] Sobre a perda de bens no processo das contraordenações, cfr. Parecer n.º 29/2020, de 18 de fevereiro de 2021, com extrato publicado no *Diário da República*, 2.ª Série, de 20 de outubro de 2021.

[161] Figueiredo Dias, *Direito Penal Português – As Consequências Jurídicas do Crime*, pp. 621 e 632.

de subsidiariedade da perda e de suspensão de execução da mesma, tal como resultava do artigo 20.º do Decreto-Lei n.º 232/79, de 24 de julho, ou do artigo 22.º do Decreto-Lei n.º 433/82, de 27 de outubro.

§ 11.º – A perda de objetos perigosos

Para além desta sanção acessória de «perda de bens pertencentes ao agente», o Regime Geral prevê no seu artigo 22.º uma forma de perda de «objetos perigosos», fundamentada no facto de os objetos em causa representarem «grave perigo para a comunidade» ou de existir sério risco «da sua utilização para a prática de um crime ou de uma contraordenação». Trata-se de uma medida análoga à prevista no artigo 109.º do Código Penal, de cujos fundamentos comunga.

Nesta situação estão em causa interesses de natureza preventiva da própria comunidade, o que aproxima aquela medida das medidas de segurança penais.

Por outro lado, a perda de bens pode incidir sobre objetos pertencentes a terceiro, nos termos do artigo 26.º do Regime Geral, que é do seguinte teor:

«Artigo 26.º

Objetos pertencentes a terceiro

A perda de objetos perigosos pertencentes a terceiro só pode ter lugar:

a) Quando os seus titulares tiverem concorrido, com culpa, para a sua utilização ou produção, ou do facto tiverem tirado vantagens; ou

b) Quando os objetos forem, por qualquer título, adquiridos após a prática do facto, conhecendo os adquirentes a proveniência.»

Em síntese, a sanção incide sobre bens pertencentes a terceiros quando estes tiverem concorrido, com culpa, «para a sua utilização ou produção» ou tiverem tirado vantagens do facto, ou quando os objetos forem adquiridos de má fé e após a prática do facto.

A delimitação do concurso de terceiros para a prática do facto previsto na alínea a) deste artigo, da intervenção propriamente dita na prática dos mesmos, o que envolve a autoria desses factos, pode não ser fácil em inúmeras situações, sobretudo quando o facto integrativo do ilícito contraordenacional se configura como um facto negligente.

Na verdade, o concurso culposo de terceiro para o facto acaba quando a sua intervenção envolve a sua autoria no mesmo, porque aí perde a qualidade de terceiro em relação ao facto.

Por outro lado, no artigo 25.º do Regime Geral disciplina-se o regime da apreensão independentemente de coima, medida que tem um fundamento paralelo ao do n.º 2 do artigo 109.º do Código Penal.

Prevêem-se neste artigo várias situações em que apesar de não ser legalmente possível aplicar uma coima ao agente de facto qualificado como contraordenação, se impõe, mesmo assim, a perda de bens perigosos que tenham sido usados na prática daquele ilícito ou que do mesmo sejam produto.

Estarão abrangidas todas as situações em que o procedimento pela prática da contraordenação seja legalmente impossível, nomeadamente por inimputabilidade, amnistia, prescrição, etc.

Capítulo VIII
Recurso de impugnação

§ 1.º – Função do recurso de impugnação

Se a fase administrativa do processo das contraordenações o individualiza pela atribuição às autoridades administrativas da competência para conhecer dos ilícitos de ordenação e para os sancionar, a fase do recurso de impugnação vem repor este ramo do Direito nos parâmetros gerais do ordenamento jurídico, efetivando a garantia constitucional do acesso à Jurisdição para resolução dos conflitos, nos termos do artigo 20.º da Constituição da República[162][163].

Assim, a decisão condenatória proferida pela autoridade administrativa só se torna definitiva e exequível se obtiver a adesão por parte do condenado, uma vez que este pode sempre provocar a reapreciação dos factos, agora perante um tribunal.

Esta reapreciação é provocada através do recurso de impugnação, iniciando-se com a interposição do mesmo uma nova fase do processo.

O cuidado posto pelo legislador na garantia deste acesso aos Tribunais é tal que impõe que a decisão condenatória especifique os meios através

[162] O Tribunal Constitucional tem declarado a inconstitucionalidade de várias normas que estabelecem restrições ao exercício deste direito, conforme pode ver-se, entre outros, do Acórdão n.º 30/88, de 26 de janeiro de 1988, in *Diário da República*, 1.ª Série, de 10 de fevereiro de 1988.

[163] Sobre o recurso de impugnação, cfr. J.P.F. Cardoso da Costa, "O Recurso para os Tribunais Judicias da Aplicação das Coimas pelas Autoridade Administrativas, *Ciência e Técnica Fiscal*, n.º 366, abril – junho de 1992, 39 e ss.

dos quais aquele acesso pode ser efetivado, nos termos do n.º 2 do artigo 58.º do Regime Geral.

§ 2.º – Interposição do recurso

Conforme resulta do artigo 59.º daquele diploma, o recurso é interposto por escrito, pelo arguido ou pelo seu defensor, através de requerimento que contenha a motivação que deve constar de alegações e de conclusões.

Refere ainda aquele artigo, no seu n.º 3, que o recurso é interposto no prazo de 20 dias, a partir do «conhecimento» da decisão pelo arguido.

A referência a "conhecimento da decisão" deve-se ao disposto no artigo 47.º, n.º 3, do mesmo diploma, onde se prevê a notificação ao defensor e a informação ao arguido, informação esta que cabe no conceito de comunicação, referido no artigo 46.º daquele Regime.

Aquele prazo resulta da alteração introduzida pela revisão de 1995, sendo certo que na versão decorrente do Decreto-Lei n.º 356/89, de 17 de outubro, a sua duração era de oito dias, e de 5 dias, na versão inicial, duração esta que coincidia com o prazo para interposição dos recursos penais no âmbito do Código de Processo Penal de 1929.

O recurso é interposto pelo próprio arguido ou pelo seu defensor.

A interposição do recurso diretamente pelo arguido é ainda uma das manifestações da pretensão de informalidade que caracterizava o processo das contraordenações, tal como foi concebido no âmbito da reforma penal de 1982, característica que ainda se deve considerar presente no mesmo, apesar das "atenuações" de que tem sido objeto.

A informalidade estava igualmente presente na versão inicial do n.º 3 deste artigo, quando se referia às alegações, qualificando-as de sumárias, característica que a reforma de 1995 deixou cair.

Tal como veremos seguidamente na análise do regime de admissão do recurso previsto no artigo 63.º, a informalidade simplificava o acesso aos tribunais e o conhecimento do recurso, uma vez que são extremamente limitadas as situações em que a sua admissão pode ser rejeitada.

As conclusões da motivação são uma das partes estruturais da fundamentação, sintetizando e objetivando os motivos de discordância do recorrente face à decisão impugnada.

O recorrente deverá, nas alegações, concretizar os motivos de discordância, quer os mesmos se materializem na factualidade que lhe é imputada e no juízo de prova que lhe está subjacente, quer estejam em causa meras questões de Direito inerentes à qualificação dos factos, ou à determinação das sanções aplicadas.

No caso de o recurso ter por objeto matéria de facto, caso o recorrente entenda que existem outros elementos de prova a ponderar, são as alegações o espaço para indicar esses meios de prova, identificando testemunhas ou peritos a ouvir na audiência, ou juntando quaisquer documentos que julgue relevantes.

A existência de questões sobre a factualidade imputada ao arguido na decisão impugnada, tem reflexos estruturais na tramitação subsequente do recurso, condicionando a forma de conhecimento do mesmo.

§ 3.º - O prazo para a interposição do recurso

1 - O prazo para a interposição deste recurso motivou uma querela jurisprudencial que veio a exprimir-se no acórdão uniformizador do Supremo Tribunal de Justiça n.º 2/94, de 10 de março de 1994, em que se decidiu que «não tem natureza judicial o prazo mencionado no n.º 3 do artigo 59.º do Decreto-Lei n.º 433/82, de 27 de outubro, com a alteração introduzida pelo Decreto-Lei n.º 356/89, de 17 de outubro»[164].

A fundamentação daquele acórdão deixou traços profundos na prática judiciária, induzindo tomadas de posição cuja falta de fundamento é evidente, nomeadamente, a afirmação da natureza administrativa do processo das contraordenações, para daí deduzir corolários em termos de disciplina de atos processuais, tendência que se mantém, apesar da

[164] In *Diário da República*, 1.ª Série, de 7 de maio de 1994.

revogação do regime jurídico no contexto do qual aquele acórdão uniformizador foi proferido.

Apesar do período de tempo já decorrido, a permanência da linha de orientação subjacente àquele acórdão na jurisprudência do Supremo Tribunal de Justiça justifica uma leitura mais profunda do mesmo, uma vez que a solução que adotou não tem bases seguras e continua a alimentar divergências jurisprudenciais que em nada contribuem para os objetivos subjacentes à uniformização de jurisprudência.

2 – O Supremo Tribunal de Justiça, no mencionado acórdão n.º 2/94, de 10 de março, foi chamado a resolver um conflito jurisprudencial em que estava em causa saber se no cômputo do prazo para a interposição do recurso de impugnação no processo de contraordenações, previsto então no n.º 3 do artigo 59.º do Regime Geral das Contraordenações, era possível recorrer ao disposto no Código de Processo Civil, nomeadamente, ao n.º 3 do artigo 144.º daquele código, sobre suspensão do decurso do prazo durante o período de férias judiciais.

O Tribunal enfrentou a questão começando por analisar se o prazo em causa se podia considerar ou não um "prazo judicial", uma vez que no acórdão recorrido se tinha qualificado aquele prazo como um «um prazo judicial» e daí se tinha deduzido a aplicabilidade do referido regime.

Depois da citação de vária doutrina processualista, o Tribunal veio a concluir que «que só será prazo judicial o prazo a que está sujeito qualquer ato a praticar dentro do processo e não fora dele ou que (como afirmava Vaz Serra, *Boletim do Ministério da Justiça*, n.º 107.º, p. 214) o prazo judicial pressupõe que *a ação já está em juízo*» e prosseguiu «Esta é também a conclusão do Acórdão deste Supremo Tribunal de Justiça de 25 de Novembro de 1981 (in *Boletim do Ministério da Justiça*, n.º 305.º, p. 246), relatado pelo ilustre conselheiro Jacinto Rodrigues Bastos, onde se entendeu que o disposto no n.º 3 do artigo 144.º do Código de Processo Civil apenas se aplica ao prazo judicial, isto é, ao prazo concedido para a prática de certo ato *em juízo*».

3 – O ponto de partida adotado pelo Tribunal iria conduzir necessariamente à solução que veio a ser adotada, mas não era o caminho adequado para enfrentar a questão a decidir.

Na verdade, a doutrina invocada, de alguns dos mais importantes processualistas portugueses do século XX, situa-se nos parâmetros do processo civil, onde é líquido que o processo tem o seu início com a entrada da petição inicial no tribunal, sendo evidente que só relativamente aos atos praticados no processo após essa entrada faz sentido falar em prazos judiciais.

Esta doutrina mostra-se manifestamente desadequada para enfrentar a questão suscitada relativamente a uma forma de processo que, tal como o processo penal, não tem o seu início numa petição inicial que entre como tal em juízo, mas num despacho que recai sobre a notícia de uma infração, despacho esse que marca o início do processo propriamente dito.

Antes de prosseguirmos, porque é importante na compreensão das questões suscitadas, importa que se tenha presente que o conceito de «prazo judicial» desapareceu do artigo 144.º do anterior Código de Processo Civil, onde tinha assento no seu número 1, falando-se, a partir daí, em prazos processuais.

Conforme referem Lebre de Freitas e Outros, em anotação ao artigo 144.º do Código de Processo Civil Anotado[165], «O artigo tem hoje a redação dada pelo DL 329-A/95, que lhe inseriu profundas alterações. (...) Deixou de se falar em prazo judicial para se referir a prazo processual, a exemplo da substituição da expressão ato judicial pela de ato processual».

O Código de Processo Civil em vigor mantem este abandono daquela classificação dos prazos no seu artigo 138.º, n.º 1».

4 – A questão deveria ser enfrentada a partir do n.º 1 do artigo 41.º do Regime Geral, que define «os preceitos reguladores do processo criminal», como direito subsidiário.

Trata-se de um dispositivo inserto no capítulo II da parte II do Regime Geral, que tem como epígrafe «princípios e disposições gerais», sendo certo que a parte II daquele Regime estabelece a disciplina do «processo de contraordenação».

[165] *Código de Processo Civil*, Anotado, Volume 1.º, Coimbra Editora, 1999, p. 247.

O facto de o recurso de impugnação integrar o capítulo, com a epígrafe «recurso e processos judiciais», não retira à disciplina daquele artigo o seu carater genérico, abrangendo o processo em todas as suas fases.

Carece deste modo de sentido a afirmação que consta do acórdão no sentido de que a disciplina emergente daquele artigo 41.º só se aplica à fase administrativa do processo.

Refere-se ali, com efeito, o seguinte:

> «E, como bem acentua o Exmo. Procurador-Geral-Adjunto nas suas alegações, tudo aponta no sentido de que o preceito do artigo 41.º, n.º 1, só tem aplicação à matéria do capítulo onde está inserido, designadamente à fase administrativa do processo.
>
> Com efeito, e se o artigo 41.º, n.º 1, apontasse o direito subsidiário aplicável a todo o Decreto-Lei n.º 433/82, não fariam sentido as normas dos seus artigos 66.º (que indica os preceitos subsidiários aplicáveis à audiência em 1.ª instância judicial), 74.º, n.º 4, e 78.º, n.º 3 (que mandam aplicar a tramitação do recurso em processo penal aos recursos para a relação), normas essas claramente atinentes à fase judicial.
>
> O que mostra que o legislador teve em atenção as diversas estrutura e natureza das duas fases do processo (a administrativa e a judicial), elegendo para cada uma delas, em separado, o direito subsidiário aplicável, sem esquecer mesmo o regime tributário distinto de cada uma delas (v. o artigo 93.º do Decreto-Lei n.º 433/82).»

5 – Tal como se referiu, a norma em causa integra um capítulo sobre «princípios e disposições gerais», a que se segue um outro, o capítulo III, que tem por epígrafe «da aplicação da coima pelas autoridades administrativas», o que mais não é do que a disciplina da fase administrativa do processo.

Não é possível afirmar que aquele dispositivo do n.º 1 do artigo 41.º do Regime Geral se insere na disciplina específica da fase administrativa do processo e daí que a tem como âmbito de aplicação.

Aliás, se assim fosse, podia perguntar-se qual seria o direito subsidiário na fase do recurso de impugnação, porque as remissões específicas que ali se encontram, que são destacadas no acórdão, não satisfazem a necessidade de uma disciplina de enquadramento geral, dada a sua dimensão pontual.

Acresce que, pergunta-se, faria sentido que o processo na sua fase administrativa tivesse como direito subsidiário o processo penal e deixasse de o ter na fase do recurso de impugnação?

A resposta só pode ser uma, a negativa. Mas, a inserção da norma num capítulo sobre princípios e disposições gerais afasta qualquer dúvida.

Por outro lado, a parte restante da disciplina daquele artigo, e de todo o capítulo em que se insere, tem aplicação na fase do recurso de impugnação e em todo o processo.

6 – Debruçando-se depois sobre a estrutura do processo das contraordenações e sobre o facto de o recurso ser apresentado à autoridade administrativa, o Tribunal vem a concluir que «Donde se conclui que, fazendo o recurso de impugnação parte da fase administrativa do processo, e não da fase judicial, não pode esse ato – de interposição – ser considerado ato praticado em juízo e, consequentemente, não pode também o respetivo prazo ser considerado «prazo judicial», a que seja aplicável o disposto no artigo 144.º, n.º 3, do Código de Processo Civil, por força do artigo 104.º, n.º 1, do Código de Processo Penal.»

A afirmação de que a apresentação do recurso de impugnação ainda faz parte da fase administrativa do processo tem hoje o apoio doutrinário de Pinto de Albuquerque que, em anotação ao artigo 59.º do *Comentário*[166], afirma que «o prazo mencionado no n.º 3 do artigo 59.º do DL n.º 433/82, de 27.10, com a alteração do DL n.º 356/89, não tem natureza judicial, uma vez que o recurso de impugnação em processo contraordenacional ainda faz parte da fase administrativa».

Trata-se de afirmação à qual não podemos aderir.

Na verdade, o conceito de fase processual tem implícita a organização dos atos processuais, em função da realização de determinados objetivos no caminho do processo para a decisão final.

[166] *Obra citada*, p. 246.

A prolação de uma decisão final pela administração, seja ela condenatória ou de arquivamento, constitui o objetivo processual dos atos que integram a fase administrativa do processo das contraordenações.

Do mesmo modo, o recurso de impugnação visa a reapreciação do caso por um tribunal e há-de integrar os atos que vão do requerimento de interposição do recurso até à decisão do tribunal.

Quando o condenado apresenta o recurso de impugnação, a fase administrativa do processo já tem o seu objetivo realizado, pelo que, não pode considerar-se que a interposição do recurso e os atos subsequentes até à apresentação ao juiz, nos termos do n.º 1 do artigo 62.º, ainda façam parte da fase administrativa do processo.

A apresentação do requerimento de interposição do recurso na autoridade administrativa que proferiu a decisão impugnada, em nada põe em causa a afirmação de que o objetivo da fase administrativa do processo se realiza com a prolação da decisão, e que o requerimento de interposição do recurso dá início a uma nova fase do processo, a do recurso de impugnação.

Aliás, não é por acaso que os termos da interposição do recurso, decorrentes do artigo 59.º, abrem um capítulo do Regime Geral que tem como epígrafe – recurso e processo judiciais -, ou seja, a fase do recurso de impugnação.

Deste modo, pode afirmar-se que é a própria lei que define o momento em que processualmente se inicia a fase do recurso de impugnação, sendo para o efeito irrelevante que o recurso seja apresentado na autoridade administrativa, que esta possa revogar a decisão e que o processo só chegue às mãos do juiz na sequência da intervenção do Ministério Público.

Seja como for, não é a integração da apresentação do recurso na fase administrativa que resolve o problema do cômputo do prazo em causa, já que a questão não pode ser resolvida a partir da qualificação daquele prazo como «prazo judicial», conceito que em 1995 desapareceu, como referimos, do Código de Processo Civil de onde foi importado.

7 – Seguidamente o Tribunal, partindo da ponderação que a Doutrina fez, inicialmente, sobre a atribuição da competência para conhecer o recurso de impugnação à jurisdição administrativa, vem a concluir que «Compreende-se bem, por consequência, que à fase administrativa do processo de contraordenação sejam aplicados os referidos princípios».

Estamos perante um equívoco.

Na verdade, o facto de os autores citados terem inicialmente pensado na hipótese de atribuir à jurisdição administrativa a competência para conhecer do recurso de impugnação não permite afirmar que tenham pensado em sujeitar o processo das contraordenações aos princípios que regem o procedimento administrativo e à disciplina deste.

Tal como acima se referiu, à época nem existia um Código de Procedimento Administrativo que pudesse enquadrar essa atividade.

A hipótese que esteve em causa tinha apenas que ver com a competência da jurisdição administrativa para conhecer dos recursos de impugnação, o que faria nos termos das normas processuais integradas no Regime Geral das Contraordenações.

Diga-se que é esse o caminho que atualmente está a ser percorrido com o julgamento dos recursos de impugnação na área do urbanismo, recentemente atribuídos à Jurisdição Administrativa.

Por outro lado, é verdade que o n.º 2 do artigo 28.º da Lei de Processo nos Tribunais Administrativos, aprovada pelo Decreto-Lei n.º 267/85, de 16 de julho, determinava que o cômputo dos prazos para a interposição dos recursos contenciosos de atos anuláveis, seria feito, nos termos do artigo 279.º do Código Civil.

A sujeição da impugnação de atos administrativos a um prazo de natureza substantiva, contado nos termos do artigo 279.º do Código Civil, deriva da natureza da impugnação de tais atos, o que nada tem a ver com a impugnação de decisões condenatórias proferidas em processo de contraordenações.

Sobre a justificação dessa forma de cômputo do prazo, referem Mário Aroso e Carlos Cadilha, in, "*Comentário ao Código de Processo nos Tribunais Administrativos*", Almedina, 4.ª Edição, 2017, pág. 397-398 e nota de rodapé 482: «(...) Uma coisa se afigura indiscutível: tal como sucedia antes do CPTA e continuou a suceder após a sua entrada em vigor, mesmo na versão anterior à revisão de 2015, o prazo de impugnação de atos administrativos é um prazo de propositura de ação e, como tal, é um prazo substantivo. Sobre a natureza do prazo de impugnação, antes da vigência do CPTA, cfr. por todos, os acórdãos do STA (Pleno) de 23 de junho de 1992, processo n.º 27094 e do STA de 22 de março de 1994, processo n.º 33401, in AD n.º 394, p. 1090. Mas também na versão primitiva do CPTA, o prazo de impugnação era um prazo substantivo, que, como tal, embora fosse submetido ao regime dos prazos de propositura de ações (e, portanto, prazos substantivos) previstos no CPC, que resulta dos n.ºs 1, 2 e 3 do artigo 144.º não estava submetido ao regime dos prazos processuais do artigo 145.º do mesmo Código (no mesmo sentido, cfr. Mário Esteves de Oliveira/Rodrigo Esteves de Oliveira, Código de Processo nos Tribunais Administrativos Anotado, pág. 381), concluindo, a final, que "está, assim, afastada a possibilidade de aplicação do regime especial de prática de ato num dos três primeiros dias úteis subsequentes ao termo do prazo, a que se refere o artigo 139.º, n.º 5, do CPC. Isto porque está em causa um prazo de caducidade regulado pelo Código Civil, que não se suspende nem interrompe senão nos casos em que a lei substantiva o determine (...)»[167].

8 – O direito subsidiário relativamente ao processo das contraordenações, em toda a sua extensão, é o Código do Processo Penal, conforme aliás já acima se deixou assente.

Ora, o processo das contraordenações, tal como o processo penal, tem o seu início com o despacho da autoridade administrativa competente sobre a notícia da infração determinando a instauração de um processo.

E como processo penal progride por fases, integrando a sequência de atos processuais, praticados pela autoridade administrativa tendentes à decisão final do processo a chamada fase administrativa do processo.

Deste modo, tal como o processo penal, não tem o seu início num ato processual como a uma petição apresentada em tribunal.

[167] Citados no acórdão proferido pelo Tribunal Central Administrativo Norte, no acórdão de 12 de abril de 2019, proferido no processo n.º 00465/17.1BE.PRT, disponível nas Bases de Dados Jurídicas da DGSI.

Os atos processuais praticados na fase administrativa do processo, embora materialmente seja atos praticados por uma autoridade administrativa, não são atos administrativos, nem estão sujeitos ao regime decorrente do Código de Procedimento Administrativo, sendo a sua disciplina a que resulta do Regime Geral das Contraordenações enquadrado pelo processo penal.

Importa também que se tenha presente que o regime do processo das contraordenações está no sistema jurídico português desde 1979 e que a versão original do anterior Código de Procedimento Administrativo resultou do Decreto-Lei n.º 442/91, de 15 de novembro.

Em coerência com a fundamentação aduzida, o Tribunal veio a uniformizar jurisprudência no sentido de que «Não tem natureza judicial o prazo mencionado no n.º 3 do artigo 59.º do Decreto-Lei n.º 433/82, de 27 de outubro, com a alteração introduzida pelo Decreto-Lei n.º 356/89, de 17 de outubro».

9 – Deste modo, o Tribunal excluiu que no cômputo do mencionado prazo se pudesse recorrer ao referido n.º 3 do artigo 144.º do Código de Processo Civil, então em vigor, e determinou a revogação do acórdão recorrido.

Dada a forma como construiu o dispositivo, o Tribunal também não resolveu a forma como o prazo em causa deveria ser contado, nem se pronunciou sobre essa questão.

Com efeito, se lido este dispositivo no sentido de que o prazo em causa não é um prazo processual, a que seja aplicável o regime de cômputo dos prazos do processo civil, a primeira alternativa possível seria a de o considerar um prazo substantivo, na linha da solução do contencioso administrativo, para o recurso contencioso de anulação, hoje a ação administrativa para impugnação de atos administrativos.

A verdade é que o Tribunal na fundamentação do acórdão acaba por invocar também a regra do computo dos prazos no procedimento administrativo, nomeadamente o artigo 72.º do CPA.

Este prazo, contudo, tal como acima se referiu, é um prazo para a prática de atos no procedimento administrativo e nada tem a ver com os prazos de impugnação dos atos.

O acórdão 2/94 não tomou assim posição expressa quanto à natureza do prazo para a interposição do recurso de impugnação, limitando-se a afirmar que o mesmo não é um prazo judicial.

Não pode deste modo invocar-se este acórdão para afirmar que o prazo em causa é um prazo substantivo, o que colidiria com a natureza do recurso de impugnação, que não pode ser concebido como uma ação administrativa destinada à impugnação de atos administrativos.

Por outro lado, a norma do artigo 60.º do Regime Geral, sobre a qual nos debruçaremos seguidamente tem origem no artigo 72.º do anterior Código de Procedimento Administrativo e esse dispositivo tem por objeto prazos procedimentais no âmbito do procedimento administrativo, referindo Mario Esteves de Oliveira e Outros, que das regras estabelecidas naquele artigo, «tem particular relevo a **da alínea b)**, tornando obsoleta a conceção tradicional sobre o carácter substantivo e a continuidade dos prazos procedimentais». [168]

10 – Na revisão decorrente do Decreto-Lei n.º 244/95, de 14 de setembro, introduziu-se uma nova redação no artigo 60.º do Regime Geral, estabelecendo os termos de cômputo deste prazo, que é do seguinte teor:

«Artigo 60.º

Contagem do prazo para impugnação

1 – O prazo para a impugnação da decisão da autoridade administrativa suspende-se aos sábados, domingos e feriados.

2 – O termo do prazo que caia em dia durante o qual não for possível, durante o período normal, a apresentação do recurso, transfere-se para o primeiro dia útil seguinte.»

A disciplina introduzida por esta norma tem origem no artigo 72.º do Código do Procedimento Administrativo ao tempo em vigor.

O novo artigo 60.º do Regime Geral estabelece assim uma disciplina sobre o cômputo do prazo para «a impugnação da decisão da autoridade

[168] *Código do Procedimento Administrativo*, 2.ª Edição, Almedina, 1997, p. 367

administrativa», que mais não é do que a que se refere o n.º 1 do artigo 59.º, quando se refere «a decisão administrativa que aplica uma coima».

11 - Esta alteração legislativa motivou um debate jurisprudencial sobre a caducidade do acórdão 2/94, matéria sobre a qual o Supremo Tribunal de Justiça se veio a debruçar no acórdão de 3 de novembro de 2010, proferido no processo n.º 103/10.3TYLSB.L1-A.S1[169].

[169] De que foi extraído o seguinte sumário:

«I - O acórdão ora impugnado recusou a aplicação do AUJ 2/94, não por julgá-lo ultrapassado, mas por considerar que caducou, em face da publicação do DL 244/95.

II - Existe caducidade da jurisprudência fixada quando lei posterior vem consagrar solução contrária ou incompatível com a doutrina fixada.

III - O AUJ 2/94 fixou doutrina no sentido de que o prazo indicado no n.º 3 do art.º 59.º do RGCO não tem natureza judicial. O Acórdão abordara um "conflito" entre dois acórdãos das Relações que decidiram diferentemente essa questão. Com efeito, o acórdão da Relação de Coimbra de 17-03-93, o acórdão então recorrido, decidira que o prazo estabelecido no citado art.º 59.º, n.º 3, para efeitos de recurso da decisão administrativa que aplica uma coima, era um prazo judicial, que se suspendia, de acordo com o art.º 144.º, n.º 3, do CPC, na redação então vigente, nas férias judiciais e nos sábados, domingos e feriados; por sua vez, o acórdão-fundamento, o acórdão da Relação de Évora de 08-05-90, julgara que tal prazo não era judicial, não se suspendendo naquelas ocasiões, antes correndo continuamente.

IV - Ao fixar o entendimento de que o prazo do art.º 59.º, n.º 3, do RGCO não era um prazo judicial, o AUJ 2/94 veio estabelecer que a tal prazo não se aplicava o disposto no n.º 3 do art.º 144.º do CPC, na redação que então vigorava, e que, consequentemente, o prazo corria continuamente. Da mesma forma, e decorrendo da natureza não judicial do prazo, não seriam aplicáveis ao mesmo prazo as restantes regras atinentes aos prazos judiciais, como os arts. 104.º, n.º 1, e 107.º, n.º 5, do CPP.

V - O DL 244/95 veio modificar supervenientemente o quadro legislativo. Mas fê-lo apenas em dois aspectos: ampliando o prazo de 8 para 20 dias; e determinando a suspensão do prazo nos sábados, domingos e feriados, mas já não nas férias judiciais. Quer dizer: o DL 244/95 não veio expressamente alterar a natureza do prazo de recurso das decisões administrativas que aplicam coimas, nem sequer estabelecer um regime de contagem idêntico ao dos prazos judiciais, hipótese em que se poderia argumentar a favor de uma tácita intenção de modificar a sua natureza. O que o DL 244/95 fez, ao estabelecer que o prazo se suspende nos sábados, domingos e feriados, foi fazer coincidir o regime de contagem desse prazo com o dos prazos administrativos em geral, previsto no art. 72.º, n.º 1, al. b), do CPA, e em contraste com o modo de contagem dos prazos judiciais, que eram suspensos nos sábados, domingos, feriados e nas férias judiciais.

VI - Ou seja: o DL 244/95 não converteu, expressa ou tacitamente, o prazo previsto no art.º 59.º, n.º 3, num prazo judicial. Pelo contrário, acentuou a sua natureza administrativa.

O Tribunal veio a decidir neste acórdão que se mantinha a doutrina do referido acórdão n.º 2/94, «quando dispõe que o prazo previsto no n.º 3 do art.º 59.º do RGCO não é um prazo judicial (...)».

Invoca-se neste acórdão, como fundamento do decidido, o seguinte:

«Como se viu atrás, o Acórdão n.º 2/94 fixou doutrina no sentido de que o prazo indicado no n.º 3 do art.º 59.º do RGCO não tem natureza judicial.

O Acórdão abordara um "conflito" entre dois acórdãos das Relações que decidiram diferentemente essa questão. Com efeito, o acórdão da Relação

VII – Com a reforma introduzida no CPC pelo DL 329-A/95, de 12-12, os prazos judiciais passaram a ser contínuos, suspendendo-se, porém, durante as férias judiciais (art. 144.º, n.º 1), regra que é aplicável ao processo penal, por força do n.º 1 do art. 104.º do CPP. Contudo, essa modificação legislativa não se repercutiu no prazo para impugnação das decisões administrativas em matéria de aplicação de coimas, que se mantém idêntico: suspende-se (apenas) nos sábados, domingos e feriados, mas não em férias, pois na administração pública não existem férias.
VIII – É certo que o DL 244/95 em alguma medida contradiz o AUJ 2/94: na parte em que estabelece a suspensão do prazo nos sábados, domingos e feriados, quando da doutrina do Acórdão resultava que o prazo corria continuamente. Quanto a essa parte, não pode haver dúvidas de que a doutrina do Acórdão caducou. Mas apenas nessa parte, e já não quanto à não suspensão nas férias judiciais. E o mesmo se dirá do que se refere a outras regras dos prazos judiciais, como o disposto no art. 107.º, n.ºs 5 e 6, do CPP (este último número aditado pela Lei 59/98, de 25-08).
IX – Tendo a decisão recorrida "infringido" o AUJ 2/94 com fundamento em caducidade do mesmo, e não em desatualização da jurisprudência fixada, duvidoso será que tenha de haver pronúncia sobre essa matéria. Porém, na medida em que da letra do n.º 3 do art.º 446.º do CPP pode resultar o entendimento de que tal pronúncia é obrigatória, e também porque os recorridos fazem esse pedido subsidiariamente, aliás em conexão com a invocação de inconstitucionalidade da doutrina do AUJ 2/94, por violação dos arts. 20.º, n.º 1, e 32.º, n.º 10, da CRP, dir-se-á o que segue sobre essa questão.
X – O direito de defesa em processo contraordenacional, que inclui o direito de audiência e o direito de recurso da condenação administrativa para um tribunal, está suficientemente salvaguardado nos arts. 59.º e ss. do RGCO, em cumprimento do disposto no n.º 10 do art.º 32.º da CRP. A aproximação do direito contraordenacional ao direito penal, que é real, não impõe uma coincidência dos regimes processuais de ambos os ilícitos, dada a diferente natureza dos interesses em causa. É, pois, materialmente justificável uma diversa expressão dos direitos dos arguidos, naturalmente mais intensa no processo penal.
XI – Não se mostra, pois, ultrapassada nem contrária à CRP a doutrina do AUJ 2/94. Concluindo: este Acórdão não caducou em toda a sua extensão, mantendo-se em vigor quando dispõe que o prazo previsto no n.º 3 do art.º 59.»

de Coimbra de 17.3.1993, o acórdão então recorrido, decidira que o prazo estabelecido no citado art. 59.º, n.º 3, para efeitos de recurso da decisão administrativa que aplica uma coima, era um prazo judicial, que se suspendia, de acordo com o art. 144.º, n.º 3, do Código de Processo Civil (CPC), na redação então vigente, nas férias judiciais e nos sábados, domingos e feriados; por sua vez, o acórdão-fundamento, o acórdão da Relação de Évora de 8.5.1990, julgara que tal prazo não era judicial, não se suspendendo naquelas ocasiões, antes correndo continuamente.

Ao fixar o entendimento de que o prazo do art. 59.º, n.º 3, do RGCO não era um prazo judicial, o Acórdão n.º 2/94 veio estabelecer que a tal prazo não se aplicava o disposto no n.º 3 do art. 144.º do CPC, na redacção que então vigorava, e que, consequentemente, o prazo corria continuamente. É este o sentido do Acórdão n.º 2/94.

Da mesma forma, e decorrendo da natureza não judicial do prazo, não seriam aplicáveis ao mesmo prazo as restantes regras atinentes aos prazos judiciais, como os arts. 104.º, n.º 1, e 107, n.º 5, do CPP.

O DL n.º 244/95, como já vimos, veio modificar supervenientemente o quadro legislativo. Mas fê-lo apenas em dois aspetos: ampliando o prazo de 8 para 20 dias; e determinando a suspensão do prazo nos sábados, domingos e feriados, mas já não nas férias judiciais.

Quer dizer: o DL n.º 244/95 não veio expressamente alterar a natureza do prazo de recurso das decisões administrativas que aplicam coimas, nem sequer estabelecer um regime de contagem idêntico ao dos prazos judiciais, hipótese em que se poderia argumentar a favor de uma tácita intenção de modificar a sua natureza. O que o DL n.º 244/95 fez, ao estabelecer que o prazo se suspende nos sábados, domingos e feriados, foi fazer coincidir o regime de contagem desse prazo com o dos prazos administrativos em geral, previsto no art. 72.º, n.º 1, b), do Código de Procedimento Administrativo, e em contraste com o modo de contagem dos prazos judiciais, que eram suspensos nos sábados, domingos, feriados e nas férias judiciais.

Ou seja: o DL n.º 244/95 não converteu, expressa ou tacitamente, o prazo previsto no art. 59.º, n.º 3 num prazo judicial. Pelo contrário, acentuou a sua natureza administrativa.

Com a reforma introduzida no CPC pelo DL n.º 329-A/95, de 12-12, os prazos judiciais passaram a ser contínuos, suspendendo-se, porém, durante as férias judiciais (art. 144.º, n.º 1), regra que á aplicável ao processo penal, por força do n.º 1 do art. 104.º do CPP.

Contudo, essa modificação legislativa não se repercutiu no prazo para impugnação das decisões administrativas em matéria de aplicação de coimas, que se mantém idêntico: suspende-se (apenas) nos sábados, domingos e feriados, mas não em férias, pois na administração pública não existem férias.

É certo que o DL n.º 244/95 em alguma medida contradiz o Acórdão n.º 2/94: na parte em que estabelece a suspensão do prazo nos sábados, domingos e feriados, quando da doutrina do Acórdão resultava que o prazo corria continuamente. Quanto a essa parte, não pode haver dúvidas de que a doutrina do Acórdão caducou.

Mas apenas nessa parte, e já não quanto à não suspensão nas férias judiciais. E o mesmo se dirá do que se refere a outras regras dos prazos judiciais, como o disposto no art.º 107.º, n.ºs 5 e 6, do CPP (este último número aditado pela Lei n.º 59/98, de 25-8).

Irrelevante é, para a discussão da matéria em discussão, a chamada à colação do art.º 41.º, n.º 1, do RGCO. Na verdade, esta disposição limita-se a estabelecer o carácter subsidiário do processo penal, o que pressupõe evidentemente, e como aliás o próprio preceito refere, que é necessária a constatação de uma lacuna legislativa para que se recorra ao processo penal, o que não sucede no caso em análise.

(...)

Não se mostra, pois, ultrapassada nem contrária à Constituição a doutrina do Acórdão de Fixação de Jurisprudência n.º 2/94.

Concluindo: este Acórdão não caducou em toda a sua extensão, mantendo-se em vigor quando dispõe que o prazo previsto no n.º 3 do art. 59.º do RGCO não é um prazo judicial, daí derivando nomeadamente a inaplicabilidade àquele prazo da regra do n.º 6 do art.º 107.º do CPP.»

12 – A solução encontrada neste acórdão não é tão líquida como pode parecer.

Na verdade, o Direito com base no qual foi proferido o referido acórdão 2/94 não coincide com o direito em vigor no momento em que este acórdão foi proferido, uma vez que o artigo 60.º do Regime Geral veio introduzir uma disciplina relativa ao cômputo do prazo que não existia na data em que aquele acórdão foi lavrado.

Por outro lado, a solução normativa decorrente deste artigo contraria, a nosso ver, o acórdão em causa.

De facto, ao esclarecer que o prazo se conta de acordo com as normas do artigo 60.º do Regime Geral, sabendo-se que essas normas têm origem no artigo 72.º do Código de Procedimento Administrativo, então em vigor, o que o legislador vem afirmar, bem ou mal, não interessa para o caso, é que estamos perante um prazo procedimental, ou seja um prazo que condiciona no tempo a prática de atos num procedimento administrativo.

Por tal motivo, a norma do artigo 60.º, concorde-se ou não com ela, afirma a natureza processual do prazo em causa e, por esse caminho, vem situá-lo no conceito de prazos processuais que foi a natureza que o acórdão 2/94 recusou ao prazo referido no n.º 3 do artigo 59.º.

A verdade é que o Tribunal, continuando a raciocinar no âmbito do conceito de «prazos judiciais», que desapareceu do processo civil em 1995, repete-se, não se podia aperceber da mudança de natureza do prazo em causa e da contradição com o sentido do acórdão que se torna evidente.

A questão não se resolvia, pois, pela comparação das diferenças concretas entre os dois regimes de prazos, mas pela substancialidade da solução adotada no artigo 60.º do Regime Geral, que atribuiu uma natureza ao prazo para a interposição do recurso de impugnação que contraria a afirmação constante do acórdão no sentido de que o prazo em causa não tem natureza processual.

13 – Tal como acima já se referiu, o processo das contraordenações é uma estrutura unitária que se desenvolve por fases, sucedendo-se a fase do recurso de impugnação à denominada fase administrativa do processo.

Embora na fase do recurso o processo corra seus termos perante um tribunal, nem por isso ele deixa de estar intimamente ligado ao processado da fase administrativa, sendo, nomeadamente, a prova ali recolhida uma das bases da decisão a proferir.

Ao longo de todo o processado, o direito subsidiário é o Código de Processo Penal, conforme acima se destacou já.

Ora, o prazo para a interposição de recurso condiciona o exercício de um direito – a interposição de recurso – num processo pendente, não podendo por tal motivo este prazo ter outra natureza que não a de um mero prazo processual.

A esta luz, o prazo em causa deveria ser considerado um prazo processual e sujeito à disciplina que emergia do Código de Processo Civil, nos termos do artigo 104.º do Código de Processo Penal, como direito subsidiário, nos termos do n.º 1 do artigo 41.º do Regime Geral.

14 – O artigo 60.º do Regime Geral, na linha da orientação que já vinha da jurisprudência, quebrou a unidade sistemática do processo das contraordenações, no que se refere ao regime dos prazos, resultando daquele acórdão um processo que durante a sua fase administrativa tem os prazos contados pelo regime do Código de Processo Penal, tem o prazo para interposição do recurso contado na base desta norma própria, importada do Procedimento Administrativo e regressa ao Código de Processo Penal durante a tramitação do recurso de impugnação.

A especificidade desta norma e a sua origem têm alimentado outros debates jurisprudenciais, sobre a aplicabilidade ao cômputo deste prazo do regime da prática de atos fora de prazo estabelecido no processo penal e do regime da prática de atos através do correio, debates em que a suposta natureza da fase administrativa do processo tem perturbado a perceção da dimensão do artigo 41.º, n.º 1, do Regime Geral das Contraordenações, que se aplica ao processo em toda a sua dimensão, incluindo, portanto, o conjunto de atos processuais levados a cabo durante a fase administrativa do processo.

15 – Um dos segmentos do Direito das Contraordenações, onde o debate sobre a forma de cômputo do prazo para a interposição do recurso de impugnação se mantém vivo é o das contraordenações em matéria laboral e da segurança social.

O regime do processamento destas contraordenações resulta da Lei n.º 107/2009, de 14 de setembro, que apesar de ter o regime geral como direito subsidiário, nos termos do seu artigo 60.º, integra um regime especial.

No artigo 6.º daquela Lei encontra-se um dispositivo relativo ao cômputo dos prazos «para a prática dos atos processuais previstos» no mesmo diploma e que é do seguinte teor:

«Artigo 6.º
Contagem dos prazos

1 – À contagem dos prazos para a prática de atos processuais previstos na presente lei são aplicáveis as disposições constantes da lei do processo penal.

2 – A contagem referida no número anterior não se suspende durante as férias judiciais.»

Embora o dispositivo em causa integre um capítulo dedicado aos «atos processuais da fase administrativa», a verdade é que o dispositivo se refere no n.º 1 daquele artigo «à contagem dos prazos para a prática de atos processuais previsto na presente lei», o que permite afirmar que se trata de um dispositivo de carácter geral, aplicável quer à fase administrativa, quer ao recurso de impugnação.

Sobre esta questão refere João Soares Ribeiro, o seguinte:

«Não parece minimamente congruente uma interpretação que considerasse que a Administração, a partir da Lei n.º 107/2009, considerasse aqueles 20 dias seguidos e que os tribunais, por seu lado, continuassem a aplicar supletivamente a norma daquele artigo 60.º, descontando, digamos assim, os fins de semana. A aberração duma solução deste tipo leva a considerar que também os tribunais devem ter por aplicável o n.º 1 deste preceito, todavia colocado na fase administrativa por erro de sistematização, ou quiçá mais rigorosamente, por miopia ou falta de previsão do legislador».[170]

Já o número 2 daquele dispositivo, determinando que a contagem dos prazos referida no número anterior não se suspende durante as férias judiciais, não será aplicável a atos processuais que ocorram em juízo durante o recurso de impugnação, uma vez que contraria a suspensão dos prazos processuais durante as férias, nos termos do n.º 1 do artigo

[170] *Contraordenações Laborais, Regime Jurídico*, Almedina, 2011, p. 22.

138.º do Código de Processo Civil, e os recursos de impugnação não têm natureza urgente.

Com esta limitação, por força do disposto no n.º 1 do mesmo artigo, os prazos processuais previstos neste regime especial de contraordenações contam-se de acordo com o regime que decorre do Código de Processo Penal – artigo 104.º, deste código, que reenvia a remissão para o regime de contagem de prazos decorrente do artigo 138.º do Código de Processo Civil.

Face às divergências que o regime de contagem dos prazos provoca neste âmbito, o legislador quis clarificar a questão, rompendo com o debate que a jurisprudência tem assumido relativamente à solução decorrente do Regime Geral das Contraordenações.

Apesar da intencionalidade subjacente às normas insertas neste regime especial, mesmo assim, os quadros de referência criados na base do acórdão para unificação de jurisprudência n.º 2/94, acima referido, continuam a motivar novos conflitos jurisprudenciais.

16 – O Supremo Tribunal de Justiça debruçou-se já sobre este regime especial de contraordenações, nomeadamente no acórdão n.º 5/2013, de 17 de janeiro de 2013[171], em que unificou jurisprudência, sobre uma questão relativa a sucessão de leis no tempo, com incidência naquela Lei n.º 107/2009, nos seguintes termos:

> «Pelo exposto, acorda-se no Pleno das Secções Criminais do Supremo Tribunal de Justiça em:
>
> a) Fixar jurisprudência nos seguintes termos:
>
> «Instaurado processo de contraordenação laboral em data anterior à entrada em vigor da Lei n.º 107/2009, de 14 de setembro, à contagem do prazo de impugnação judicial da decisão da autoridade administrativa que, já na vigência deste último diploma, aplique uma coima, é aplicável o novo regime nele introduzido pelo número 1 do seu artigo

[171] Publicado no *Diário da República*, 1.ª Série de 15 de fevereiro de 2013.

6.º, correndo o prazo de forma contínua, não se suspendendo por isso aos sábados, domingos e feriados»;
b) Confirmar o acórdão recorrido.»

Na fundamentação do acórdão referiu-se, para além do mais e com relevo sobre o regime de cômputo do prazo para interposição do recurso de impugnação, o seguinte:

«A solução da Lei n.º 107/2009, de 14 de setembro.
(...)
A Lei n.º 107/09 afastou-se claramente do regime constante da lei quadro, pois que, como se viu, o artigo 60.º do Decreto-Lei n.º 433/82, a partir de 1995, sob a epígrafe "Contagem do prazo para impugnação", passou a dispor no n.º 1 que "O prazo para a impugnação da decisão da autoridade administrativa suspende-se aos sábados, domingos e feriados" e do citado artigo 6.º, n.º 1, resulta que, à contagem de prazos se aplicarão as regras do processo penal, o que significa que os prazos em apreço são contínuos, não se suspendem aos sábados, domingos e feriados.

Havendo norma expressa não há que chamar à colação como subsidiariamente aplicável a norma do artigo 60.º da lei quadro, o que pressupõe um caso omisso, situação que ora não ocorre, face à existência de norma especial no âmbito do diploma regulador das contraordenações laborais e de segurança social.

A dedução de impugnação judicial ainda se insere na fase administrativa.

O recurso de impugnação a que alude o artigo 59.º do RGCO não é diretamente apresentado em juízo, mas antes perante a autoridade administrativa que aplicou a coima, aí permanecendo por cinco dias, até que sejam enviados ao M.ºP.º, sendo que até ao envio pode a autoridade administrativa revogar a decisão de aplicação da coima, como resulta do artigo 62.º, n.º 2, da lei quadro, com o que no caso ocorrerá a inutilidade superveniente do recurso. Até aí tudo se passa no âmbito meramente administrativo, não representando a interposição de impugnação a imediata entrada na fase judicial do processo, antecede esta etapa, tratando-se de um prazo pré-judicial.

Como bem refere o acórdão da 4.ª Secção do Tribunal da Relação do Porto, de 30-04-2012, proferido no processo n.º 894/11.4TTVCT.P1, o artigo 33.º, n.º 2, da Lei n.º 107/09, ainda que inserido em secção denominada fase judicial tem por objeto apenas o prazo de dedução da impugnação, fixando-a em 20 dias, equiparando-o ao previsto em processo penal fixado para recurso de decisão condenatória onde pode estar em causa aplicação de pena privativa de liberdade, mas já não a sua forma de contagem.

Aplicar subsidiariamente o artigo 60.º do Decreto-Lei n.º 433/82 levaria a que a impugnação judicial da decisão administrativa fosse o único ato processual, quer na fase administrativa, quer fosse na judicial, em que a contagem do prazo se suspenderia aos sábados, domingos e feriados, o que não faz sentido, pois então a impugnação judicial seria a única exceção (para mais por via de aplicação subsidiária do Decreto-Lei de 1982) ao novo regime de contagem de prazos.»

17 – O Supremo Tribunal de Justiça, agora através da secção social, voltou a pronunciar-se sobre a norma do n.º 1 do artigo 6.º da Lei n.º 107/2009, de 14 de Setembro, no acórdão uniformizador n.º 3/2022, de 13 de abril, proferido no processo n.º 249/19.2T8CVL.C1-A.S1, publicado no Diário da República, 1.ª Série, de 13 de abril.

Colocado perante a questão de saber se o disposto nos artigos 107.º, n.º 5 e 107.º -A do Código de Processo Penal e 139.º, n.º 5 do Código de Processo Civil, eram aplicáveis ao cômputo do prazo previsto no mencionado artigo 6.º, n.º 1 o Tribunal veio a uniformizar jurisprudência em sentido afirmativo.

O Tribunal invocou como fundamento do decidido o seguinte:

«Depois de analisada a evolução legislativa e a tendência manifesta do legislador em criar regimes quadro sectoriais no âmbito das contraordenações, deixando para o RGCO um papel cada vez mais de direito subsidiário, afigura-se, ainda, no que respeita ao procedimento contraordenacional laboral, que o legislador pretendeu uniformizar o regime aplicável aos prazos para a prática de atos nas várias fases do processo. Prevendo, apenas, uma exceção: o artigo 6.º, n.º 2 da Lei n.º 107/2009, relativo à não suspensão dos prazos nas férias judiciais na fase administrativa. Tal exceção encontra justificação no normal funcionamento das autoridades administrativas por contraposição aos tribunais durante o período das férias judiciais. Configurando essa previsão mais um indício para o intérprete de que o legislador quis mesmo efetuar uma remissão de conteúdo mais lato, pois se o legislador quisesse remeter, apenas, para o disposto no artigo 104.° do Código Processo Penal, tê-lo-ia dito, dado que tal norma existia à data da entrada em vigor da Lei n.°107/2009. Por outro lado, a interposição de recurso da decisão da autoridade administrativa, tal como resulta do artigo 33.° da Lei n.° 107/09, de 14 de setembro, encontra-se inserido na Secção II do Capítulo IV, com a epígrafe Fase Judicial.

Uma interpretação restritiva da remissão prevista no artigo 6.°, n.° 1 da Lei n.° 107/2009, implicaria que as contraordenações laborais não se inserissem em nenhum dos subgrupos supra referidos, constituindo um regime sui generis e criando incoerência no sistema pois que:

- Os prazos administrativos não correm aos sábados, domingos e feriados e, consequentemente, a parte que deles beneficia dispõe de mais tempo para preparar o ato processual que pretende praticar;
- Os prazos judiciais correm de forma contínua, sendo por isso necessariamente mais curtos, mas as partes beneficiam da suspensão durante as férias judiciais, bem como da possibilidade de praticarem o ato nos três dias úteis subsequentes ao seu término mediante o pagamento de uma multa;
- O prazo administrativo para dedução de impugnação judicial em processo contraordenacional laboral, não seria contado nos termos gerais em dias úteis, mas sim de forma contínua, mas não beneficiaria da suspensão das férias judiciais, nem da possibilidade de praticar tal ato nos três dias úteis subsequentes.

Veja-se, no caso do acórdão recorrido, se o prazo de 20 dias:

(i) fosse contado de acordo com as regras dos prazos administrativos, o ato poderia ser praticado até dia 05.02.2019;
(ii) fosse um prazo judicial (ou se, se aplicasse o disposto no artigo 107.°, n.° 5 do Código de Processo Penal por remissão do artigo 6.°, n.° 1 da Lei n.° 107/2009), o ato poderia ser praticado até dia 31.01.2019 (no 3.° dia útil);
(iii) se se aplicasse a posição restritiva, o ato só poderia ser praticado até dia 28.01.2019 (1.° dia útil seguinte ao término do prazo que terminou a um Domingo).

Se é certo que a não aplicação da suspensão das férias judiciais à impugnação judicial encontra fundamento no modo de funcionamento das autoridades administrativas – sem qualquer condicionamento durante o período das férias judiciais – já a não aplicação da possibilidade da prática do ato nos três dias úteis subsequentes ao seu término mediante o pagamento de uma multa criaria um tratamento diferenciado injustificado, com prejuízo manifesto para o exercício do direito de defesa do arguido em processo de contraordenação laboral, o que se nos afigura não ter sido o objetivo do legislador.

Não vislumbramos, assim, qualquer fundamento para que no âmbito de um procedimento de contraordenação laboral o arguido visse o prazo para apresentação da sua defesa reduzido quando comparado com os demais prazos para impugnação judicial das decisões administrativas de outras autoridades, criando-se um regime híbrido e mais desfavorável.

Deste modo, afigura-se-nos que a remissão prevista no artigo 6.º, n.º 1 da Lei n.º 107/2009 deve ser interpretada como incluindo, também, o disposto nos artigos 107.º e 107.º-A do Código de Processo Penal e, por remissão destes, o artigo 139.º do Código de Processo Civil, pelo que não se deverá convocar a aplicação do disposto no artigo 60.º da Lei n.º 107/2009 que remete para o RGCO, configurando-se ser esta a interpretação mais consentânea e conforme com as garantias de defesa previstas, designadamente, no artigo 32.º n.º 10, da Constituição da República Portuguesa.»

Com base nestas considerações uniformizou-se jurisprudência nos seguintes termos:

«Face ao exposto,

a) Acorda-se na uniformização da jurisprudência nos seguintes termos: É aplicável à impugnação judicial da decisão da autoridade administrativa proferida em sede de procedimento de contraordenação laboral, prevista no artigo 33.º da Lei n.º 107/09 de 14 de setembro, o disposto nos artigos 107.º, n.º 5, 107.º-A do Código de Processo Penal e 139.º, n.º 5 do Código de Processo Civil, por remissão dos artigos 6.º, n.º 1 da Lei n.º 107/09, de 14 de setembro e 104.º, n.º 1 do Código de Processo Penal.

b) Acorda-se na revogação do acórdão recorrido e em considerar tempestiva a impugnação judicial interposta pelos recorrentes.»

§ 4.º – A apresentação dos autos na autoridade administrativa

1 – Resulta do disposto no n.º 1 do artigo 62.º do Regime Geral que o recurso é apresentado à autoridade recorrida que tenha proferido a decisão impugnada, visando-se com esta apresentação que aquela tenha desde logo a possibilidade de tomar posição sobre o objeto do mesmo.

Por outro lado, decorre do n.º 2 do mesmo artigo, que a autoridade administrativa, até ao envio dos autos ao Ministério Público, «pode revogar a decisão de aplicação da coima».

A interpretação desta norma, sobretudo a identificação das situações em que a autoridade administrativa pode revogar a decisão condenatória inicialmente proferida, pode suscitar algumas dúvidas.

Na verdade, a revogação, entendida como ato que altera uma situação jurídica previamente definida derivada de um anterior ato, afastando a eficácia jurídica daquele ato inicial, tem consagração em matéria de recursos, onde o tribunal superior, reapreciando o caso, decide revogar a decisão proferida pelo tribunal recorrido.

O sentido desta norma terá de ser encontrado no âmbito do Regime Geral das Contraordenações, tendo como ponto de referência o Código de Processo Penal, por força do disposto no n.º 1 do artigo 41.º daquele Regime, que estabelece o sistema de subsidiariedade do processo penal, conforme acima se referiu.

2 – No processo penal, os atos processuais estão sujeitos ao princípio da legalidade consagrado no seu artigo 118.º, e a revogação em sentido amplo de atos processuais pode ser motivada por vícios desses atos ou do processo onde sejam realizados, por violação da lei ou dos princípios que a enformam, no quadro do regime das nulidades consagrado nos seus artigos 118.º a 123.º daquele código.

O Código não prevê a possibilidade de reapreciação autónoma da situação emergente de despachos proferidos, sobretudo de decisões finais, e a sua revogação, nomeadamente, pelo facto de o juiz entender, face a uma tomada de posição das partes, que a realização da Justiça do caso impõe solução diversa da inicialmente proferida.

Essa reapreciação só é possível em caso de recurso e é efetivamente uma das funções do sistema de recursos, sobretudo em sistemas jurídicos como o nosso, onde o tribunal de recurso procede a uma efetiva reapreciação do caso, não se limitando à verificação da mera conformação à lei da decisão recorrida.

No âmbito do regime de recursos consagrado no Código de Processo Penal, existe a possibilidade de, em sede de despacho de sustentação, o juiz recorrido reparar a situação decorrente de decisão inicialmente proferida, desde que não conheça de novo do mérito do caso.

Conforme refere Pinto de Albuquerque, «nada obsta de um ponto de vista constitucional a um regime de sustentação ou reparação da decisão interlocutória ou final, mas que não conheça do mérito da causa»[172].

Sobre este poder do juiz recorrido, falava-se na vigência do Código de Processo Civil de 1961, antes da revisão do regime dos recursos em 2007, em "reparação do agravo", conceito que tem de ser interpretado em função do âmbito do recurso de agravo naquele código, que moldava o regime dos recursos no Código de Processo Penal de 1929, por força do disposto no artigo 649.º deste código.

Nos termos do artigo 690.º, daquele Código de Processo Penal, sob a epígrafe «esclarecimento dos fundamentos da decisão recorrida», determinava-se que «nos recursos interpostos da sentença final em 1.ª instância, o juiz, quando responder sobre o recurso, poderá esclarecer os fundamentos da sua decisão, mas não poderá alterá-la, devendo devolver a apreciação do recurso ao tribunal superior».

Referindo-se aos fundamentos da «reparação do agravo» no processo civil, referia Alberto dos Reis o seguinte: «O juiz convenceu-se, pela leitura da alegação do agravante e pelos documentos, de que decidiu mal e não deve por isso manter o seu despacho. A lei aponta-lhe o caminho: cumpre reparar o agravo, isto é, dar ao agravante a reparação a que, agora, entende ter ele direito. Lavra então despacho destinado a substituir o que primitivamente proferira. É o despacho de reparação do agravo, que tem o significado dum ato de *reconsideração*»[173].

[172] *Comentário do Código de Processo Penal*, Universidade Católica Portuguesa, 2007, p. 1140, nota 7.

[173] *Código de Processo Civil Anotado*, Volume VI, Coimbra Editora, 1981, p. 160.

Mau grado o recurso de impugnação tenha um objeto diverso dos recursos em sentido técnico no Código de Processo Penal, uma vez que o tribunal conhece dos factos emergentes do processo ponderando-os de novo e não estando limitado pela forma como os mesmos foram apreciados na decisão recorrida, os princípios que enquadram o despacho de sustentação, consagrado no artigo 414.º do Código de Processo Penal, fornecem-nos uma base relevante para enquadrar a posição da autoridade administrativa face ao recurso de impugnação.

Resulta do n.º 4 daquele artigo que, «Se o recurso não for interposto de decisão que conheça, a final, do objeto do processo, o tribunal pode, antes de ordenar a remessa do processo ao tribunal superior, sustentar ou reparar aquela decisão».

No rigor dos princípios a decisão administrativa condenatória "conhece do mérito" da questão em litígio no processo, uma vez que, apreciando a prova recolhida se pronuncia sobre os factos dados como provados no processo e sobre a respetiva qualificação, decidindo, nessa base, se os mesmos integram ou não uma contraordenação, e, caso afirmativo, determina a sanção correspondente.

Este limite de conhecimento é transponível para a posição da autoridade administrativa face ao recurso de impugnação apesar da sua especificidade face aos recursos penais.

Nesta base, se a decisão não se mostrar afetada por vício que determine a declaração da sua nulidade, a autoridade administrativa não pode proceder, concretamente, a nova avaliação dos meios de prova, para concluir agora que os factos dados como provados são diversos, ou para alterar o sentido da qualificação jurídica inicialmente feita, ou, muito menos, para alterar as sanções estabelecidas. Neste âmbito os seus poderes de decisão ficam esgotados com a decisão inicialmente proferida.

Mas, para além das nulidades imputadas à decisão recorrida, de que lhe cumpre conhecer, a autoridade administrativa, ainda poderá alterar a decisão inicialmente proferida nas situações em que, face ao recurso, se aperceba da existência de causas da extinção da responsabilidade contraordenacional de que não tenha conhecido e que teriam justificado o arquivamento do processo, nomeadamente da prescrição ou de outras causas de extinção da responsabilidade contraordenacional.

Importa também ter presente que no sistema jurídico português o processo das contraordenações está sujeito ao princípio da legalidade processual, consagrado no artigo 43.º do Regime Geral, pelo que, forçoso é concluir que a revogação não é uma forma de pôr termo ao processo, por razões de oportunidade, nomeadamente, por *a posteriori* se mostrarem realizadas as finalidades do processo.

A opção decorrente do regime de subsidiariedade pelo processo penal implica que na determinação de sentido daquela norma seja afastado o recurso ao Código de Procedimento Administrativo, ao regime dos vícios do ato administrativo e à revogação do ato administrativo, matérias que o Código de Procedimento Administrativo em vigor, disciplina nos seus artigos 161.º e ss.

Sem pôr em causa que tais dispositivos são sempre um lugar paralelo relativamente â determinação de sentido daquela norma, importa como ponto de partida que se tenha por assente que a decisão condenatória não é um ato administrativo, nem o processo das contraordenações, no contexto do qual aquela decisão é proferida, está sujeito ao regime jurídico do procedimento administrativo, nem este regime pode ser entendido como direito subsidiário relativamente ao processo das contraordenações.

3 – O Código de Procedimento Administrativo em vigor, separa claramente nos seus artigos 165.º e ss., a revogação *stricto sensu* do ato administrativo, da anulação de ato administrativo, referindo no seu número 1 que «a revogação é o ato administrativo que determina a cessação dos efeitos de outro ato, por razões de mérito, conveniência ou oportunidade», e no n.º 2, que «a anulação administrativa é o ato administrativo que determina a destruição dos efeitos de outro ato, com fundamento em invalidade».

Este código foi aprovado pelo Decreto-Lei n.º 4/2015, de 7 de janeiro, e entrou em vigor, nos termos do seu artigo 9.º, 90 dias após a sua publicação.

A separação clara que introduziu entre as duas formas de cessação de efeitos do anterior ato administrativo não era tão evidente no anterior Código de Procedimento Administrativo, aprovado pelo Decreto-Lei n.º 442/91, de 15 de novembro, que utilizava um conceito de revogação em sentido amplo, nele incluindo a «revogação anulatória», nos seus artigos 138.º e ss.

Criticando esta opção legislativa, referiam MÁRIO ESTEVES DE OLIVEIRA e OUTROS, que «as necessidades de condensação levaram o legislador a ter de passar, muitas vezes, por cima da diversidade jurídica das situações reguladas, criando embaraços acrescidos à colocação e aplicação das soluções legais[174]», e prosseguem «A questão surge, principalmente (...) por se ter unificado sob o mesmo conceito e (parcialmente sobre o mesmo) regime a revogação *stricto sensu*, por inconveniência, e a revogação anulatória, que tem por fundamento a anulabilidade do ato administrativo, quando se impunha em tantos aspetos não considerados, a sua diferenciação»[175].

Precisando conceitos, referem aqueles autores que «a **revogação** (propriamente dita) consiste na extinção de todos ou parte dos efeitos de um ato administrativo, provocada por um novo ato administrativo que se pratica, explícita ou implicitamente, com fundamento em inoportunidade ou inconveniência do primeiro (ou dos seus efeitos)», e prosseguem referindo que «da revogação propriamente dita deve distinguir-se a **anulação administrativa** ou revogação anulatória (que o Código designa por "*revogação de atos inválidos*"), cuja função é **destruir** - e não apenas fazer cessar - os efeitos de uma anterior decisão administrativa inválida (*rectius*, anulável), sendo tal invalidade a causa determinante do ato de revogação anulatória»[176].

TIAGO DE AZEVEDO, partindo da análise do dispositivo que no regime jurídico alemão disciplina a revogação da decisão condenatória pela autoridade administrativa, sustenta uma interpretação restritiva da faculdade de revogação da decisão condenatória prevista no n.º 2 do artigo 62.º do Regime Geral, concluindo no sentido de que «O Regime Geral das Contraordenações não consagra a revogação anulatória, pelo que a invocação de vícios formais não possibilita que a autoridade administrativa *anule* a decisão condenatória com recurso à figura da *revogação*. Dito de outra forma, não é admissível a revogação de atos contraordenacionais com fundamento em i*nvalidade*», e prossegue sustentando que «A revogação ora

[174] *Código do Procedimento Administrativo*, 2.ª Edição, Almedina, 1997, p. 667

[175] *Ibidem*

[176] *Ibidem*

em causa, de aplicação restrita, serve unicamente para os casos em que já não se consegue alcançar o interesse público com a aplicação da respetiva sanção, face às exigências de prevenção geral e de prevenção especial. Dito de outra forma, a autoridade administrativa deverá revogar a decisão de aplicação de coima quando, com a análise do recurso contraordenacional, verifique que face ao princípio da proporcionalidade das sanções, aquelas finalidades não sejam alcançadas com a sanção, havendo violação da proporcionalidade na vertente da idoneidade ou adequação»[177].

4 – Carece de fundamento a afirmação de que o n.º 2 do artigo 62.º do Regime Geral teria apenas o âmbito da revogação em sentido estrito acima referido, não incluindo a chamada revogação anulatória com fundamento em invalidade.

Mesmo que por hipótese se tivesse de recorrer ao conceito de revogação do ato administrativo, não é possível sustentar aquela opinião.

Com efeito, a evolução do regime da revogação de atos administrativos não excluiu uma visão lata do conceito de revogação, onde cabem não apenas a reivindicada revogação em sentido estrito, mas também a anulação por ilegalidade propriamente dita.

Era nesse cenário que a matéria era tratada no âmbito do anterior Código do Procedimento Administrativo, conforme acima se referiu, e importa não esquecer que o conceito de revogação previsto no n.º 2 do artigo 62.º do Regime Geral das Contraordenação já vem do Decreto Lei n.º 232/79, de 24 de julho[178], sendo completamente alheio à disciplina da revogação de atos administrativos consagrada no Código de Procedimento Administrativo em vigor.

5 – Tal como acima se referiu, o processo está estruturado na base do princípio da legalidade, que se projeta em todas as suas fases, o que deverá forçosamente acompanhar o intérprete na determinação do conteúdo daquela norma e encontrar as situações em que a autoridade administrativa pode revogar uma decisão proferida.

[177] *Lições de Direito das Contraordenações*, Almedina, 2020, pp. 275 e ss.
[178] N.º 2 do artigo 53.º daquele diploma.

A autoridade administrativa poderá revogar a decisão nas situações em que só neste momento, nomeadamente face ao recurso, se tenha tornado evidente uma situação de impossibilidade legal de o processo prosseguir, nomeadamente, por extinção da responsabilidade contraordenacional imputada ao condenado, ou de vício da decisão recorrida que implique a respetiva nulidade.

Na verdade, se face ao teor das alegações do recurso de impugnação a autoridade administrativa constata que há necessidade de produzir meios de prova cuja realização foi omitida e que face ao recurso se afiguram como relevantes para a realização das finalidades do processo, daí decorre uma situação que implica a nulidade da decisão proferida, cabendo no âmbito da alínea d) do n.º 2 do artigo 120.º do Código de Processo Penal, uma vez que estará em causa a omissão de diligências reputadas como essenciais para a descoberta da verdade.

Em função do fundamento que seja invocado, a revogação poderá conduzir ao arquivamento do processo, nas situações em que o mesmo seja legalmente impossível, ou à respetiva reabertura, à realização das diligências omitidas e à prolação de nova decisão, nas situações em que esteja em causa a respetiva nulidade.

Com efeito, o princípio da legalidade processual obriga a autoridade administrativa a proferir uma nova decisão, salvo nos caos em que o processo devesse ter sido arquivado.

Diga-se que não é o facto de o sistema jurídico português não consagrar uma fase de "processo intermédio", na linha da solução do regime jurídico alemão, que impede que seja proferida uma nova decisão condenatória.

Essa obrigação decorre dos poderes decisórios legalmente atribuídos à autoridade administrativa e do princípio da legalidade processual que enquadra a sua intervenção.

Acresce que a pronúncia sobre o mérito emergente da decisão revogada não subsiste no sistema jurídico como decisão relevante do caso e, portanto, não obsta a que sobre o mesmo seja proferia nova decisão.

Por outro lado, num sistema jurídico enquadrado pelo princípio da legalidade processual, na sua dimensão de obrigatoriedade de procedimento, não podem introduzir-se critérios inerentes à realização das finalidades do processo sem a sua tramitação normal para aplicar ou não aplicar uma sanção. Esse é o espaço onde entroncam os arquivamentos com base em discricionariedade, que o sistema alemão das contraordenações consagra, mas que não ocorre no sistema jurídico português.

É igualmente o espaço onde o Código de Processo Penal de 1988 fundamentou as soluções alternativas à dedução de acusação, tomando aqui como paradigma as soluções dos § 153, 153 a, 153 b e 154, do Código de Processo Penal alemão que o Código de Processo Penal de 1988 aproveitou de uma forma minimalista.

Realce-se que a revogação, tal como se referiu, não pode ser concebida como o espaço em que a autoridade administrativa altera a decisão proferida em função das críticas que lhe sejam dirigidas pelo recorrente, no fundo, para conhecer de novo dos factos investigados.

Mas a autoridade administrativa, quando não se justifique a revogação, poderá e deverá tomar posição face ao recurso, sustentando a decisão proferida, tomando posição sobre as questões suscitadas pelo recorrente e fornecendo, por esta via, ao tribunal todos os elementos que entenda necessários para uma cabal e correta compreensão dos factos e indicando, caso estejam em causa questões de facto, os meios de prova que entenda importantes.

Carece, contudo, a autoridade administrativa de poderes para recusar a admissão do recurso, uma vez que lhe não é dirigido.

§ 5.º – A remessa dos autos ao Ministério Público e a intervenção deste nos termos do recurso de impugnação

A apresentação dos autos ao Ministério Público destina-se a que este assuma a tutela do interesse público subjacente ao processo que lhe incumbe prosseguir junto dos tribunais, referindo o artigo 62.º do Regime Geral que aquele «os tornará presentes ao juiz valendo este ato como acusação».

Trata-se de uma disposição que justifica uma abordagem atenta, porque continua a ser objeto de múltiplos equívocos e de tomadas de posição contraditórias.

Na verdade, na aplicação das normas de natureza processual previstas no Regime Geral das Contraordenações tem-se generalizado uma tendência no sentido de as ler à luz do Código de Processo Penal e dos institutos que este consagra.

Apesar de o artigo 62.º falar em acusação, dizendo que a apresentação do processo ao juiz "vale como acusação", tal ato não tem a natureza de uma acusação em processo penal, nem desempenha a função processual desta, na sua componente essencial.

A referência à acusação que aquele artigo encerra prende-se apenas com o enquadramento do julgamento do recurso, nos termos do processo de transgressão, não havendo, no processo de contraordenação, na fase do recurso de impugnação, um ato com a função da acusação em processo penal.

A acusação em processo penal é na sua essência um ato decisório do Ministério Público, do qual decorre a submissão a julgamento de alguém; surge no termo de uma fase processual – o inquérito – e é objeto de uma forma típica de impugnação – o requerimento de abertura de instrução.

Na vigência do Código de Processo Penal de 1929, que vigorava na data em que foram publicados, quer o Decreto-Lei n.º 433/82, de 27 de setembro, quer o seu antecessor, o Decreto-Lei n.º 232/79, de 24 de julho, onde norma de igual teor foi consagrada, a acusação não tinha a natureza de ato decisório do Ministério Público.

Na vigência desse Código de Processo Penal, relativamente ao processo de transgressões, vigorava uma norma paralela – a do § único do artigo 2.º do Decreto Lei n.º 35007, de 13 de outubro de 1945 – que previa que a remessa ao tribunal do auto de notícia «equivale, para todos os efeitos, à acusação em processo penal».

Na mesma linha de orientação, o artigo 66.º do Regime Geral remete a disciplina da audiência de julgamento do recurso para os termos do processamento "das transgressões e contravenções", disciplinado mais tarde no Decreto-Lei n.º 17/91, de 10 de janeiro, que prevê no n.º 1 do seu artigo 7.º que «A remessa a tribunal de auto de notícia que faça fé em juízo equivale a acusação».

O paralelismo entre as normas do § único do artigo 2.º do Decreto-Lei n.º 35 007, do n.º 1 do artigo 7.º do Decreto-Lei n.º 17/91 e o despacho previsto no citado artigo 62.º, é apenas aparente, no que se refere ao conteúdo dos atos em causa.

Na verdade, um auto de notícia pode desempenhar as funções de acusação uma vez que integra o núcleo fundamental de um ato processual daquela natureza: a imputação a alguém de um conjunto de factos integrativos de um crime, suportada na presencialidade da prática desses factos por um agente da autoridade.

Ora, nada disto encontramos no despacho subscrito pelo Ministério Público que manda apresentar o recurso de impugnação ao juiz.

Esse despacho não define a factualidade imputada ao arguido no processo, nem delimita o objeto deste. Não pode, pois, desempenhar a função processual de uma acusação.

Trata-se de um mero pressuposto processual da prossecução dos termos subsequentes do recurso, sendo a forma através do qual o legislador faz intervir o Ministério Público no processo tendo em conta o relevo dos interesses de natureza pública que lhe estão subjacentes e a necessidade de assegurar o contraditório no conhecimento do objeto do recurso.

Realce-se, contudo, que mesmo na vigência do Código de Processo Penal de 1929 e da legislação complementar, nomeadamente do Decreto-Lei n.º 35 007, acima referido, também a Jurisprudência se pronunciou no sentido de que no processo de transgressões não havia efetivamente uma acusação.

Referiu-se, com efeito, no acórdão do Supremo Tribunal de Justiça, de 4 de julho de 1962, proferido no processo n.º 30941, que «nesta forma de processo não há acusação ou pronúncia propriamente ditas, conforme ao disposto no Código de Processo Penal, artigo 545.º e Decreto-Lei n.º 35 007, de 13 de outubro de 1945, artigo 47.º. Os autos funcionam em última análise como acusação, e o despacho a designar dia para julgamento corresponde à pronúncia sobre os factos naqueles mencionados»[179].

[179] *Boletim do Ministério da Justiça*, n.º 119, 1962, p. 293.

§ 6.º – A natureza do recurso e impugnação e evolução do objeto do processo das contraordenações nessa fase

No âmbito do recurso de impugnação, o objeto do processo não está fixado nem delimitado, conhecendo o tribunal do acontecimento histórico subjacente à intervenção da autoridade administrativa com base em todo o processo.

O recurso de impugnação faz transitar o processo para o âmbito do tribunal que conhece do caso, conforme se refere no artigo 88.º da Lei n.º 19/2012, com «plena jurisdição», não estando delimitado pelos termos em que a questão foi enquadrada na decisão recorrida.

Nas palavras de ALEXANDRA VILELA, «À semelhança do que se passa na OWIG, também no RGCO pendemos para considerar que se abrem as portas não a um recurso judicial, propriamente dito, referente a uma decisão condenatória, mas sim a um novo processo» e prossegue, referindo que «Veja-se que não é apenas a referida decisão que vale como acusação, mas, ao contrário, todo o processo, o que quer significar que o tribunal se não limita a apreciar a decisão, mas sim todo o processado dos autos. Dizendo-o com (...), o tribunal tem jurisdição plena.»[180]

Na mesma linha de orientação se encontra MARTA BORGES CAMPOS, quando afirma que «Da análise precedente conclui-se que o controlo efetuado pelo Tribunal de 1.ª instância, na fase judicial do processo de contraordenação é, no plano da intensidade, um controlo de plena jurisdição, porque: ao nível dos poderes decisórios, o Tribunal pode definir a expressão última do sentido da decisão do caso; e, ao nível dos poderes de cognição, aprecia a matéria de facto e de direito sem restrições, pois, apropriando-se da palavras de Paulo Pinto de Albuquerque, procede não a uma revisão da consistência lógica da decisão impugnada, mas a um genuíno reexame do caso e efetua um controlo de mérito sem limites».[181]

[180] *Obra citada*, pp. 186 e 187

[181] "Os poderes de cognição e decisão do tribunal na fase de impugnação judicial do processo de contraordenação", *Estudos sobre Law Enforcement, Compliance e Direito Penal*, Almedina, 2018, p.394.

§ 7.º – Caraterização do ato processual – apresentação dos autos – na dinâmica do processo.

Como acima se referiu, na análise da estrutura do processo das contraordenações não é possível partir da divisão do processo penal em fases preliminares e fases subsequentes, para reduzir a chamada fase administrativa do processo às fases preliminares do processo e configurar uma fase da audiência a partir da receção do recurso de impugnação no tribunal, nos termos do artigo 63.º do mesmo Regime Geral.

A razão de ser da existência de fases preliminares no processo penal nada tem a ver com o processo das contraordenações.

Foi a necessidade sentida de selecionar os casos em que seja comunitariamente justificável a submissão a julgamento de alguém pela prática de um crime que justificou a criação das fases preliminares do processo penal e da atribuição desse poder de seleção a um terceiro relativamente ao Tribunal – o Ministério Público -, o que nada tem a ver com a fase administrativa do processo das contraordenações e a sua função de enquadramento dos poderes sancionatórios atribuídos às autoridades administrativas.

Importa sempre ter presente que o processo na sua fase administrativa pode desempenhar na plenitude a sua função de suporte do exercício de poder sancionatório que o Direito das Contraordenações reconhece à Administração, de modo que se o condenado não provocar a intervenção do Tribunal pedindo a análise do caso a decisão administrativa torna-se definitiva e é exequível.

Por tal motivo, só há intervenção do tribunal se o arguido o quiser. É ele que desencadeia a intervenção do Tribunal e que a impulsiona.

É por este motivo que a decisão da autoridade administrativa foi concebida como a forma de decisão do processo, e como tal é exequível. Acresce que, caso não seja impugnada, esgota os objetivos do processo.

Estamos, assim, muito longe da atribuição ao Ministério Público do poder para desencadear a apresentação a julgamento de alguém a quem é imputada a prática de um crime. Deste modo, carece de sentido fazer apelo aos poderes decisórios do Ministério Público previstos no Código de Processo Penal, a propósito do encerramento do inquérito, para fundamentar neles uma função de síntese dos recursos que são submetidos a apreciação judicial.

Tal prática colide com a estrutura do processo e deve de todo ser rejeitada.

Na verdade, o recurso é dirigido ao tribunal e, quer a sua admissão, quer o conhecimento imediato do mesmo, por despacho, são atos judiciais, estes últimos regulamentados no artigo 64.º.

A atribuição daquela função, de síntese, ao Ministério Público conduz a uma intervenção anómala no processo colidindo com a articulação dos seus atos.

Quando muito, o Ministério Público deve aproveitar este espaço processual para emitir parecer sobre a admissibilidade do recurso e sobre a forma de decisão do mesmo, nos termos do artigo 64.º.

Esta intervenção não provoca ruturas na normal sequência dos atos do processo e insere-se por inteiro dentro da função de colaboração com o tribunal na realização do Direito, que é um dos vetores da intervenção processual do Ministério Público.

Além do mais, será o espaço natural para dar algum conteúdo à norma do artigo 72.º, na redação em vigor, podendo ali o Ministério Público tomar posição sobre os meios de prova a produzir em audiência, caso se pronuncie por essa forma de decisão do recurso.

Pronunciando-se sobre a competência do Ministério Público no âmbito do processo das contraordenações, com referência ao n.º 1 do artigo 62.º do Regime Geral, Tiago de Azevedo, constrói várias hipóteses de tomadas de posição por parte daquela Magistratura admitindo, entre elas, a do arquivamento do processo, quando «(4) entende que é altamente provável que o recurso contraordenacional vá ser procedente, ou que é mais provável a procedência do que a improcedência, ou que não é possível o alcance das finalidades da sanção, devendo neste caso, arquivar o procedimento contraordenacional (...)»[182].

O referido arquivamento seria a antítese de uma das hipóteses de apresentação dos autos ao juiz, ou seja, aquela em que o M.P «(1) verifica que

[182] *Obra citada*, p. 286

os autos estão devidamente instruídos e que o recurso contraordenacional será improcedente e as finalidades sancionatórias serão cumpridas».

A apresentação dos autos ao juiz decorreria, assim, de «um *juízo de prognose vinculado*, caso o Ministério Público tenha a certeza, para além da *dúvida razoável* de que o arguido vai ser condenado» e que «o critério do Ministério Público deve ser o da *alta probabilidade de condenação*, aferida pela *mesma exigência de verdade* requerida para o *julgamento*».

Este entendimento do n.º 1 do artigo 62.º do Regime Geral das Contraordenações carece de um fundamento válido.

Com efeito, a posição a tomar pelo Ministério Público materializa uma intervenção judiciária num processo. Essa, na linha do encerramento do inquérito no processo penal implica um juízo de facto, que parte da análise dos meios de prova recolhidos e os pondera, em ordem a aferir os factos que os mesmos podem provar em audiência, e a valoração jurídica dos factos que resultarem como indiciados dessa análise, que é indiscutivelmente uma mera operação de aplicação do Direito.

A avaliação dos meios de prova recolhidos no inquérito é feita na base de um critério de indiciação, uma vez que a decisão visada – submissão ou não a julgamento -, é uma decisão de natureza processual e não a decisão final do processo.

É este o espaço de intervenção do n.º 2 do artigo 283.º do Código de Processo Penal, que define o critério à luz do qual os meios de prova recolhidos no inquérito são avaliados de forma a decidir-se se suportam ou não a submissão a julgamento do arguido.

Os meios de prova são avaliados, não no sentido da demonstração imediata dos factos a que se referem, como na audiência de julgamento, mas no sentido de saber se face a esses meios de prova há probabilidade razoável de prova daqueles factos em audiência. Prova esta, a que suporta a decisão do tribunal, que se reconduz à demonstração, sem mais, dos factos imputados a alguém.

A probabilidade de prova dos factos em audiência nada tem a ver com as questões de Direito inerentes à decisão de encerramento do inquérito e que enquadram a qualificação jurídica desses factos que é uma mera operação de aplicação do Direito em si mesmo.

Assim, a «alta probabilidade de condenação, aferida pela mesma exigência de verdade requerida pelo julgamento» é apenas um critério para valoração dos meios de prova recolhidos, mas não se pode confundir com o processo de aplicação do Direito.

Isto porque, no encerramento do inquérito, há, em primeiro lugar, que esclarecer os factos que se consideram indiciados e depois saber se esses factos integram ou não a prática de qualquer crime, havendo seguidamente necessidade de aferir se o procedimento em relação a esse crime é legalmente possível ou não.

Se os factos indiciados não integram a prática de qualquer crime, o inquérito será arquivado, nos termos do n.º 1 do artigo 277.º do Código de Processo Penal, tal como se o procedimento não for legalmente possível.

A não indiciação de todos os elementos de qualquer crime impõe o arquivamento, nos termos do n.º 2 do referido artigo 277.º do Código de Processo Penal.

As componentes jurídicas da decisão de encerramento, repete-se, são um mero processo de aplicação do Direito, não relevando para este efeito qualquer probabilidade de condenação.

A esta luz, a posição em análise no sentido do arquivamento do processo pelo Ministério Público, se fosse admissível, teria necessariamente que ser desdobrada entre um juízo de facto e as tomadas de posição sobre as questões de natureza jurídica que pudessem fundamentar o arquivamento.

Refere, com efeito, o mencionado autor que esse arquivamento deve ocorrer quando o M.P. «entende que é altamente provável que o recurso contraordenacional vá ser procedente, ou que é mais provável a procedência do que a improcedência, ou que não é possível o alcance das finalidades da sanção».

Esta tomada de posição confunde juízos de indiciação de factos com a valoração jurídica dos factos indiciados, o que não se enquadra na metodologia da decisão de encerramento do inquérito que se pretende transpor para o processo das contraordenações.

Acresce que, num sistema processual moldado pelo princípio da legalidade, indiciados os factos imputados a alguém, a única alternativa é a dedução de acusação, não havendo espaço para a avaliação de alternativas a esta, em caso de realização, fora da tramitação normal do processo, das finalidades subjacentes à condenação, «ou que não é possível o alcance das finalidades da sanção».

Este pode ser um dos fundamentos do arquivamento do processo com base num juízo de discricionariedade, admitida pelo sistema jurídico alemão, mas não pelo sistema contraordenacional português.

É o que se passa, por exemplo, com o arquivamento do processo penal, nos termos do artigo 280.º do Código de Processo Penal, na linha do § 153 b do Código de Processo Penal alemão.

§ 8.º – A Diretiva n.º 4/2021 da Procuradoria Geral da República e seus fundamentos

Em 12 de outubro de 2021, foi publicada no *Diário da República*, 2.ª Série, a Diretiva do Ministério Público, n.º 4/2021, que tem o seguinte teor:

> «Diretiva n.º 4/2021
> Sumário: Poderes processuais de atuação no processo de contraordenação.
> Poderes Processuais de Atuação no Processo de Contraordenação
>
> I. Impõe-se uma adequada interpretação sobre a definição dos poderes processuais do Ministério Público contidos no artigo 62.º do Regime Geral das Contraordenações (Decreto-Lei n.º 433/82, de 27 de outubro, na redação vigente, adiante designado por RGCO) para fazer face à inexistência de unanimidade na sua atuação funcional.
>
> II. Desde logo, a nível doutrinário regista-se divergência sobre a definição do âmbito dos poderes processuais de intervenção do Ministério Público desde que recebe os autos de contraordenação da autoridade administrativa até à respetiva apresentação ao juiz.
>
> III. Divergência que não encontra resposta em sede jurisprudencial, por se tratar de matéria exclusivamente respeitante ao domínio das relações intraprocessuais entre as autoridades administrativas e o Ministério Público.
>
> IV. Estas circunstâncias têm contribuído para a ausência de uniformidade de entendimentos e procedimentos na delimitação da concreta área de intervenção que deverá incumbir ao Ministério Público nos termos da referida norma.

V. Os diferentes procedimentos instalados, além de redundarem num sempre indesejável tratamento diverso de uma mesma questão, não contribuem para uma eficaz administração da justiça no domínio contraordenacional, quer na perspetiva da qualidade, quer ainda na celeridade da respetiva atuação.

VI. Tratando-se de temática com acentuada relevância na atuação funcional do Ministério Público, foi solicitada a emissão de parecer junto do Conselho Consultivo da Procuradoria-Geral da República.

Nestes termos, aderindo à fundamentação do Parecer emitido, ao abrigo das disposições conjugadas nos artigos 19.°, n.° 3 e 49.°, n.° 2 ambos do Estatuto do Ministério Público, determino que seja seguida e sustentada pelos Magistrados do Ministério Público a doutrina do Parecer n.° 5/2020, do Conselho Consultivo da Procuradoria Geral da República, de 21 de maio de 2020, no qual foram formuladas as seguintes conclusões:

«1.ª O artigo 62.°, n.° 1, do Regime Geral das Contraordenações, dispõe que, interposta pelo arguido impugnação judicial da decisão de autoridade administrativa que o sancionou pela prática de uma contraordenação, deve essa autoridade enviar os autos ao Ministério Público que os tornará presentes ao juiz, valendo este ato como acusação.

2.ª Com a apresentação dos autos ao juiz não se verifica uma conversão da decisão sancionatória impugnada numa acusação.

3.ª O que corresponde a uma acusação é o ato de apresentação dos autos do processo contraordenacional ao juiz, não existindo uma acusação em sentido formal, enquanto indicação precisa pelo Ministério Público da factualidade que conforma o objeto do processo e das infrações que são imputadas ao arguido.

4.ª A apresentação do processo contraordenacional ao juiz não se traduz, pois, na dedução de uma acusação, mas tem os mesmos efeitos desse ato em processo penal – manifesta a pretensão do Ministério Público de que o arguido seja submetido a julgamento e delimita a temática do julgamento.

5.ª Mas esta não é a única opção de que dispõe o Ministério Público quando a autoridade administrativa lhe remete os autos do processo contraordenacional, não sendo aquele magistrado um mero núncio que se limita a proceder à entrega do processo no Tribunal.

6.ª A intervenção do Ministério Público na denominada fase intermédia do processo contraordenacional só pode ter um significado que seja compatível com a estrutura deste tipo de processo, designadamente na fase judicial subsequente, e com as funções do Ministério Público que lhe são cometidas pela lei.

7.ª Conforme resulta da tramitação da fase judicial do processo contraordenacional regulada no RGCO, esta tem uma estrutura acusatória, sendo atribuída à magistratura do Ministério Público, à semelhança do que sucede no processo penal, a representação dos interesses do Estado no sancionamento das práticas contraordenacionais.

8.ª Nas funções de promoção da ação contraordenacional na sua fase judicial, o Ministério Público, como órgão autónomo da administração da justiça, encontra-se incondicionalmente sujeito aos valores da descoberta da verdade e da realização da justiça, pelo que só deve solicitar o julgamento daqueles arguidos sobre os quais recaem indícios seguros de que cometeram um ilícito contraordenacional.

9.ª O artigo 62.º, n.º 1, do RGCO, ao determinar a intervenção do Ministério Público na fase intermédia do processo contraordenacional, pretendeu que este magistrado examinasse o processo que lhe é remetido, designadamente a decisão sancionatória proferida e a contestação apresentada, e ponderasse, obedecendo a critérios de legalidade e objetividade, se o arguido devia ou não ser sujeito a julgamento judicial pela prática de contraordenação ou contraordenações que foram objeto temático do processo que lhe foi remetido.

10.ª Assim, após exame dos autos do processo contraordenacional, o Ministério Público deve apresentá-los ao tribunal competente, para serem distribuídos a um juiz, equivalendo essa opção à dedução de uma acusação em processo penal, caso entenda que existem indícios suficientes da prática da contraordenação ou contraordenações que foram objeto daquele processo; ou pode, pelo contrário, determinar o seu arquivamento, se tiver verificado a existência de prova bastante desses ilícitos não se terem verificado ou de o arguido não os ter praticado, de ser legalmente inadmissível o respetivo procedimento ou ainda de não existirem indícios suficientes da verificação da atividade contraordenacional ou dos seus agentes, tal como sucede no processo penal, por aplicação do disposto no artigo 277.º, n.º 1 e 2, do respetivo Código.

11.ª Quando porém se verificarem vícios sanáveis na decisão impugnada ou no processo contraordenacional, que nem justificam o arquivamento do processo, nem a sua apresentação no tribunal, deve o Ministério Público antecipar-se à decisão judicial de devolução do processo à autoridade administrativa e proceder ele a essa remessa, de modo a que tais vícios sejam sanados, proferindo a autoridade administrativa nova decisão, sem que seja necessária uma intervenção judicial.

12.ª Numa leitura integrada, que tenha presente os princípios que subjazem à intervenção do Ministério Público no Processo Penal, é possível entender-se que estes poderes se encontram ínsitos na competência que lhe é atribuída pelo artigo 62.º, n.º 1, do RGCO, ou então, para quem se sinta limitado pela literalidade deste preceito, deve considerar-se que, com as necessárias adaptações, é aplicável aos poderes do Ministério Público, nesta fase intermédia, o disposto no artigo 277.º e seg., do Código de Processo Penal, como legislação subsidiária.

13.ª Nesta fase, o arquivamento do processo contraordenacional não está dependente da concordância do arguido, nem da auscultação da autoridade administrativa.

14.ª Com o arquivamento ou a devolução do processo contraordenacional à autoridade administrativa, a decisão sancionatória impugnada fica sem efeito, sem ter chegado a ser necessária uma intervenção judicial.

15.ª Arquivado o processo, por decisão do Ministério Público, o processo contraordenacional só pode ser reaberto se surgirem novos elementos de prova que invalidem os fundamentos da opção de arquivamento, numa aplicação subsidiária do disposto no artigo 279.º, n.º 1, do Código de Processo Penal, ou caso se verifiquem situações análogas às previstas no artigo 449.º, n.º 1, a) e b), do mesmo diploma.

16.ª O Ministério Público não pode, no entanto, face à inexistência de indícios suficientes da prática de qualquer contraordenação pelo arguido, ordenar à entidade administrativa a repetição ou a realização de novas diligências de prova, nem pode devolver-lhe os autos para realização dessas diligências, uma vez que não existe qualquer relação de subordinação hierárquica entre a autoridade administrativa e o Ministério Público.»

Publicite-se na 2.ª série do Diário da República acompanhado do conteúdo integral das conclusões do Parecer n.º 5/2020 do Conselho Consultivo da Procuradoria-Geral da República, nos termos das disposições conjugadas nos artigos 19.º, n.º 3, e 49.º, n.º 2, ambos do Estatuto do Ministério Público.

23 de setembro de 2021. – A Procuradora-Geral da República, Lucília Gago.»

Esta Diretiva, sobretudo os seus pontos 6.º, 7.º, 10.º, 2.ª parte, 11.º, 12.º, 14.º e 15.º, materializa uma intervenção do Ministério Público numa área do processo das contraordenações que motiva grandes divergências, a justificar provavelmente uma iniciativa da Procuradoria Geral da República, nos termos da alínea g) do artigo 16.º do Estatuto do Ministério Público, no sentido de alertar o poder político para a necessidade de uma intervenção legislativa no Regime Geral das Contraordenações e não à emissão de uma Diretiva.

A referida Diretiva tem subjacente o parecer n.º 5/2020, do Conselho Consultivo da Procuradoria Geral da República, de 21 de maio de 2020.[183]

O parecer configura uma «fase intermédia» do processo das contraordenações em vigor, onde se integrariam os poderes decisórios do processo agora atribuídos ao Ministério Público juntamente com os poderes de conhecimento de eventuais nulidades do processo, que alguns sectores da Doutrina reconhecem liminarmente ao Juiz, louvando-se do disposto no artigo 311.º do Código de Processo Penal.

O processo das contraordenações em vigor não integra uma fase intermédia, à maneira da solução vigente no sistema jurídico alemão, onde caibam os poderes de seleção agora atribuídos ao Ministério Público, sendo que a solução vigente no sistema jurídico alemão ali foi introduzida, como o próprio parecer reconhece, já muito depois da publicação em Portugal do Decreto n.º 232/79, de 24 de julho, que se inspirou na solução anterior do sistema jurídico alemão.

Por outro lado, o parecer ignora o relevo que a abertura ao contraditório, nos termos do artigo 50.º do Regime Geral, tem no sistema português e das consequências que daí derivam sobre a tramitação subsequente do processo.

Em regra, é na abertura ao contraditório, nos termos daquela norma do Regime Geral, que o arguido se pronuncia sobre os factos em investigação, limitando-se muitas vezes no recurso de impugnação a retomar

[183] Disponível in https://www.ministeriopublico.pt/pareceres-pgr/9346.

perspetivas que foram rejeitadas pela autoridade administrativa na decisão impugnada e já integradas em anterior tomada de posição.

Este facto reduz o espaço para diligências complementares de investigação dos factos subjacentes ao processo motivadas no recurso de impugnação e para a revogação da decisão impugnada e reconduz os atos processuais que ocorrem entre a apresentação do recurso de impugnação na autoridade administrativa e a sua chegada ao Juiz, para despacho liminar, à essência das normas constantes do Regime Geral em vigor.

§ 8.º.1 – A estrutura acusatória do processo penal face ao recurso de impugnação

Embora o julgamento do recurso possa integrar uma audiência de julgamento não pode afirmar-se que «resulta da tramitação da fase judicial do processo contraordenacional regulada no RGCO, [que] esta tem uma estrutura acusatória, sendo atribuída à magistratura do Ministério Público, à semelhança do que sucede no processo penal, a representação dos interesses do Estado no sancionamento das práticas contraordenacionais».

Na verdade, o processo das contraordenações tem soluções processuais que o afastam radicalmente do processo penal e da estrutura acusatória que o enforma e não é pelo facto de a lei referir que o despacho do M.P. mandando apresentar o processo ao juiz "vale como acusação" que o processo passa a ter uma estrutura acusatória.

Com efeito, se prestarmos atenção ao julgamento por despacho, previsto no artigo 64.º do Regime Geral, que é uma das formas de conhecimento do recurso, torna-se líquido que o juiz pode conhecer do mesmo, sem audiência, por mero despacho, solução que nada tem a ver com os princípios que estruturam o processo penal.

Por outro lado, o processo das contraordenações não tem um objeto definido e estabilizado a partir da decisão condenatória, tal como acontece com o processo penal, a partir da acusação ou pronúncia, e é por isso mesmo que, em sede de processo intermédio e com base em dispositivo próprio, no sistema alemão, quer a autoridade administrativa, quer o Ministério Público e o próprio Tribunal podem investigar livremente os factos que caracterizam o acontecimento histórico concreto que integra o objeto do processo, como claramente resulta do texto do citado parecer.

Este sistema, que, no que se refere ao objeto do processo não se afasta do sistema português, nada tem a ver com o processo penal, e colidia com a vigência do princípio da proibição da *reformatio in pejus*, que vigorava na fase inicial de vigência do Decreto-Lei n.º 433/82, de 27 de outubro.

O legislador de 1995 veio introduzir esse princípio limitando por essa via as consequências dos amplos poderes de investigação de que o tribunal dispunha e continua a dispor.[184]

Apesar desta limitação, não pode afirmar-se que o processo das contraordenações na fase do recurso de impugnação tem natureza acusatória.

Na verdade, o princípio da acusação, para além das implicações em termos de separação entre o Tribunal que julga e quem decide da submissão a julgamento, implica «ainda, que a acusação (ou pronúncia) delimita e fixa, perante o tribunal o objeto do processo. A acusação (ou pronúncia) delimita e fixa os poderes de cognição do tribunal e a extensão do caso julgado. A este efeito de *vinculação temática do tribunal* ligam-se o princípio da *identidade*, segundo o qual o objeto do processo deve manter-se o mesmo desde que é fixado até ao transito em julgado da decisão; o princípio da *unidade*, de acordo com o qual o objeto do processo deve ser conhecido e julgado na sua totalidade; e o princípio da *consunção* do qual decorre que mesmo que não tenha sido conhecido e julgado na sua totalidade deve considerar-se totalmente decidido».[185]

Ora, no recurso de impugnação falta a atribuição ao Ministério do poder de decidir quem é submetido a julgamento, que no processo das contraordenações depende da iniciativa do arguido; falta ao Ministério Público o poder de fixar os factos com base nos quais esse julgamento virá a ocorrer, o que não ocorre no processo das contraordenações.

Falta igualmente ao Ministério Público o poder de indicar os meios de prova que suportam a imputação desses factos.

[184] Cfr. *infra*, Cap. V, § 6.º e Cap. VII, § 6.º

[185] *Direito Processual Penal*, Almedina, 3.ª Edição, pp. 73

Realce-se que, neste processo, é o juiz quem define o tema da audiência e dos meios de prova ali a produzir, conforme decorre do artigo 72.º do Regime Geral.

Por outro lado, os poderes de decisão por parte do tribunal com base nos meios de prova recolhidos na fase administrativa, e até por despacho sem audiência, nos termos do artigo 64.º do Regime Geral, nada tem a ver com a conformação do processo penal, na base do princípio do acusatório.

Carece assim de sentido falar-se de acusatoriedade do processo das contraordenações no recurso de impugnação. Tratar-se-ia de uma acusatoriedade, sem responsabilização das partes pelo tema da audiência, que o tribunal pode livremente investigar; de uma acusatoriedade sem audiência, materializada na possibilidade de decisão por despacho, nos termos do artigo 64.º do Regime Geral; de uma acusatoriedade assente na possibilidade de decisão com base em prova recolhida pela autoridade administrativa, o que nada tem a ver com os corolários que derivam do princípio da acusação para o processo penal.

É o facto de o Tribunal poder investigar livremente os factos que resultam do processo, ou seja, o acontecimento histórico concreto que é investigado que motivou a condenação do arguido, que justificava a inexistência do princípio da *reformatio in pejus*, que seria incompatível com essa capacidade de investigação, na medida em que da mesma podem resultar novos factos e diversas qualificações jurídicas dos factos investigados agravando por essa via a situação do arguido.

Por outro lado, não se pode afirmar, como se faz no Parecer e na Diretiva, que o despacho do Ministério Público que manda apresentar o processo ao juiz não é uma acusação – pontos n.ºs 2 e 3 da Diretiva, e depois atribuir a esse despacho os efeitos de uma acusação no processo penal, nomeadamente, na fixação do objeto do processo – ponto n.º 4 da Diretiva, o que é uma manifesta contradição.

§ 8.º.2 – A rutura do equilíbrio processual derivada da assunção pelo M.P. de poderes de síntese dos processos a apresentar ao juiz

A decisão proferida pela autoridade administrativa no termo da fase administrativa do processo e da qual resulta a condenação do arguido, subjacente ao recurso, assenta num juízo de prova plena dos factos investigados.

Na base da decisão administrativa está um juízo de prova e não um juízo de mera indiciação dos factos na linha do critério de ponderação decorrente do n.º 2 do artigo 283.º do Código de Processo Penal.

Deste modo, o que o sistema exige à autoridade administrativa é que decida quais os factos que estão provados, e nessa base proceda à qualificação jurídica dos mesmos, o que nada tem a ver com o juízo de prova subjacente à decisão acusatória proferida pelo Ministério Público, no termo do inquérito, tendo como referência o artigo 283.º do Código de Processo Penal.

Daqui decorre uma contradição no Parecer, quando transpõe para a fundamentação do despacho que manda apresentar o processo ao juiz, uma base de mera indiciação dos factos imputados ao arguido, como se estivesse a proferir despacho final num inquérito no âmbito do processo penal, quando a decisão impugnada já tem por base um juízo de prova plena desses factos e não assenta num mero juízo de probabilidade de prova em audiência, que é o critério em que o Ministério Público se move nos termos do artigo 283.º do Código de Processo Penal.

Por outro lado, ao contrário do que se passa no sistema alemão, o sistema jurídico português não prevê, em sede de processo intermédio, a passagem para o Ministério Público dos poderes-deveres de investigação que incumbiam às autoridades administrativas até à interposição do recurso e que fundamentam os poderes que se querem importar para o sistema português.

Também não prevê o sistema jurídico português, porque inútil, a atribuição ao Ministério Público de poderes decisórios dos recursos de impugnação, quando o sistema configura, em sede de decisão, por despacho, nos termos do artigo 64.º, meios processuais mais do que bastantes para rejeitar os recursos com manifesta falta de fundamento.

Mas prevê igualmente, nessa fase, a intervenção condicionante das partes e a possibilidade de recurso do que seja decidido.

Ora, se o juiz para conhecer por despacho tem de obter a anuência das partes, o que evita decisões surpresa, e o que decide é recorrível, carece de sentido que o M.P. pelo seu simples critério, decida arquivar o recurso à revelia das partes e do interesse público prosseguido pela autoridade administrativa.

Acresce que as formas de sindicância dos despachos de arquivamento dos inquéritos penais, nomeadamente, com o seu controlo oficioso por parte do superior hierárquico do Magistrado que profere o despacho, nos termos do artigo 278.º do Código de Processo Penal, mesmo que motivado num pedido de intervenção da autoridade administrativa, não são o meio viável e bastante para acautelar a realização do interesse público que está subjacente à intervenção da autoridade administrativa.

Além disso, a solução defendida no parecer e acatada na Diretiva é suscetível de criar complexos problemas na gestão dos processos que o parecer não ponderou.

Na verdade, a análise do processo por parte do Ministério Público pode apontar para um quadro mais desfavorável para o arguido do que aquele que decorre da decisão proferida pela autoridade administrativa.

Tenha-se presente um caso de insuficiência da factualidade dada como provada pela autoridade administrativa na decisão, relativamente à qual o arguido entenda que deve ser absolvido e em relação à qual o Ministério Público entenda que se mostram provados todos os factos integrativos da infração em causa, embora a autoridade administrativa não os tenha levado à decisão.

Não é possível fundamentar neste juízo do Ministério Público uma "nulidade", de conhecimento "oficioso" que possa, em nome dos deveres de objetividade que enquadram a ação daquela Magistratura, legitimar a reivindicada devolução antecipada do processo à autoridade administrativa para conhecimento deste vício.

Por outro lado, são configuráveis outras hipóteses em que a antecipação do Ministério Público na remessa do processo à autoridade recorrida, por força dos poderes agora assumidos pela Diretiva, pode não merecer o acordo do arguido que delas pode discordar, como seria o caso na hipótese anterior.

A questão que se coloca é simplesmente saber como se resolvem no processo as situações de divergência entre o arguido e o Ministério Público.

No processo penal a divergência relativamente aos despachos de arquivamento ou acusação proferidos no processo pelo Ministério Público resolve-se pela via da instrução, sendo a reclamação hierárquica uma forma atípica e complementar de impugnação.

Mais complexas ainda serão as situações em que na ótica do Ministério Público se mostrem provadas outras infrações para além daquelas pelas quais o arguido foi condenado, ou que resulte do processo um quadro factual que implique o agravamento das sanções aplicadas pela autoridade administrativa.

Nestes casos, faz sentido a devolução do processo pelo M.P. à autoridade administrativa, à revelia do princípio da *reformatio in pejus* acima analisado?

Por outro lado, a atribuição ao Ministério Público de poderes decisórios relativamente aos recursos de impugnação cria problemas insolúveis nos casos em que o recurso tenha como fundamento a decisão de facto proferida pela autoridade administrativa e em que o arguido fundamente o recurso na existência de meios de prova não ponderados no processo e cuja produção seja requerida para ser produzida em audiência, o que o arguido pode requerer.

Trata-se de situações em que os alegados poderes de sindicância do Ministério Público se mostram incompatíveis com a normalidade de gestão do processo.

Se expressamente se retira ao Ministério Público a possibilidade de realizar quaisquer diligências instrutórias, como se refere na Diretiva, se o Ministério Público desconhece o conteúdo dos meios de prova cuja produção é requerida pelo arguido, com que base é que o Ministério Público pode avaliar a procedência do recurso no que se refere à matéria de facto, ou sobre o seu conteúdo?

No âmbito do Regime Geral das Contraordenações em vigor não cabem ao Ministério Público poderes de decisão do processo, inerentes à apresentação ou não do processo ao juiz, nos termos do n.º 1 do artigo 62.º daquele regime, seja por divergência com o decidido pela autoridade administrativa, no que se refere à prova dos factos imputados ao condenado, ou à respetiva qualificação jurídica, seja apenas relativamente às sanções aplicadas.

A assunção desses poderes, sem base legal bastante, contraria a estrutura do processo em vigor, põe em causa a normalidade da sua tramitação e a salvaguarda do interesse público que lhe está subjacente, privando a autoridade administrativa de meios para assumir a salvaguarda desse interesse e de conformar o processo, nomeadamente, sindicar por via de recurso, as decisões, que em seu entender, afetem aquele interesse.

Acresce que a criação de áreas de poder decisório num processo sancionatório de natureza pública sem se estabelecerem de forma clara mecanismos de controlo desse poder, é profundamente perturbadora da aplicação do Direito, dos direitos dos sancionados e, sobretudo, do interesse público que está subjacente à intervenção administrativa no Direito das Contraordenações.

Capítulo IX
A Admissão do recurso de impugnação e o conhecimento por despacho

§ 1.º – O despacho liminar no recurso de impugnação[186]

Resulta do artigo 63.º do Regime Geral das Contraordenações, sob a epígrafe «não aceitação do recurso», que «o juiz rejeitará por meio de despacho, o recurso feito fora do prazo ou sem o respeito pelas exigências de forma» e decorre do n.º 2 deste artigo que «deste despacho há recurso, que sobe imediatamente».

A aparente simplicidade desta norma esconde um dos momentos mais importantes da intervenção judicial no processo das contraordenações.

Conforme se verá, está em causa uma intervenção estruturante na dinâmica do processo e caracterizadora da sua especificidade, sobretudo, quando comparado com o processo penal.

O artigo 27.º, n.º 1, alínea c), do Regime Geral, prevê que o decurso do prazo de prescrição do procedimento contraordenacional se suspende durante o tempo em que o procedimento «estiver pendente a partir da notificação do despacho que procede ao exame preliminar do recurso da decisão da autoridade administrativa que aplica a coima até à decisão final do recurso».

Parece-nos significativa da especificidade do processo das contraordenações a denominação dada a este despacho – «que procede ao exame preliminar do recurso». Por simplicidade, chamar-lhe-emos apenas despacho liminar.

[186] O texto deste capítulo tem origem em "O despacho liminar no recurso de impugnação no processo das contraordenações", *Regime Geral das Contraordenações e as Contraordenações Administrativas e Fiscais*, Cej, setembro de 2015.

Na dinâmica do recurso de impugnação, que, recorde-se, é o meio através do qual o condenado pela autoridade administrativa vai provocar a reapreciação do seu caso perante um tribunal, o despacho liminar marca o início da intervenção judicial no processo, depois de o condenado ter apresentado à autoridade administrativa o seu recurso, nos termos do artigo 59.º do Regime Geral e de o processo ter sido apresentado no tribunal competente, pelo Ministério Público, nos termos do artigo 62.º do mesmo regime.

O despacho liminar materializa uma intervenção judicial estruturante na dinâmica do recurso de impugnação, caracterizadora da especificidade e autonomia desta forma de processo face ao processo penal e justifica uma nova abordagem que possa potenciar o diálogo crítico sobre a forma como os tribunais têm assumido as competências que lhe são atribuídas nesta sede.

Ao fazer apelo à especificidade do processo das contraordenações e à sua autonomia face ao processo penal, reafirma-se o que materializa uma evidência: o processo das contraordenações não é uma forma de processo penal, obedece a uma dinâmica própria, que decorre da especificidade do Direito de Mera Ordenação Social e da atribuição às autoridades administrativas dos poderes de impulso processual e sancionatórios típicos deste ilícito.

Por outro lado, o recurso de impugnação materializa-se como uma forma de impugnação de uma decisão administrativa, exequível e realizadora da função sancionatória subjacente ao processo e expressiva da subsidiariedade da intervenção dos tribunais nesta área.

Importa não esquecer que, ao contrário do Direito Penal, a realização dos fins deste sistema sancionatório se atinge, em regra, fora da intervenção dos tribunais, e que estes só intervêm no sistema, de forma subsidiária, para garantir o direito dos cidadãos a aceder aos tribunais para resolver os litígios, no quadro do direito fundamental decorrente do artigo 20.º da Constituição da República.

§ 2.º – Caraterização do despacho liminar

Na busca de lugares paralelos no sistema jurídico para equacionarmos o despacho liminar no recurso de impugnação do processo das contraordenações somos, desde logo, encaminhados para o regime dos recursos consagrado no Código de Processo Penal, nomeadamente, os seus artigos 414.º e 417.º.

Trata-se de dispositivos que contêm a disciplina específica desta forma de processo, mas que nos permitem encontrar alguns pontos de referência e de aproximação na caracterização do despacho sobre que nos debruçamos.

Consagram aqueles artigos as primeiras intervenções judiciais no recurso, quer no Tribunal recorrido – artigo 414.º, quer no tribunal competente para o conhecimento do recurso – artigo 417.º, em que, para além do mais, se vai verificar se ocorrem circunstâncias que obstem à admissão e ao conhecimento do recurso, sendo certo que a decisão proferida pelo tribunal recorrido não vincula o tribunal competente para conhecimento do recurso.

Na comparação com o processo das contraordenações importa que se tenha presente que não cabe à autoridade administrativa recorrida admitir ou rejeitar o recurso, não tendo esta poderes análogos aos que decorrem do artigo 414.º do C.P.P. para o juiz recorrido, embora ainda conserve a disponibilidade do processo, materializada no instituto da revogação da decisão, previsto no n.º 2 do artigo 62.º daquele Regime e incumbindo-lhe enviar o processo ao Ministério Público, nos termos e para os efeitos do disposto no n.º 1 deste artigo.

Não existe, deste modo, qualquer "divisão de tarefas" entre a autoridade recorrida e o tribunal, relativamente à admissão ou rejeição do recurso, divisão que vamos encontrar no que se refere à intervenção do Tribunal, no processo das contraordenações entre o despacho previsto no artigo 63.º que consagra o despacho liminar e o conhecimento do recurso, previsto no artigo 64.º, conforme seguidamente se analisará.

Importa, contudo, neste momento, que se tenha presente que o despacho a que se refere o artigo 63.º do Regime Geral nada tem a ver com o despacho previsto no artigo 311.º do Código do Processo Penal, despacho este que materializa a 1.ª intervenção do tribunal competente para o julgamento no processo penal.

De facto, conforme refere PINTO DE ALBUQUERQUE, «no processo das contraordenações não há um despacho equivalente ao proferido pelo tribunal nos termos do artigo 311.º do CPP»[187].

Na verdade, como acima se referiu, no quadro das especificidades do processo das contraordenações face ao processo penal, fácil é concluir que, ao contrário do processo penal, não há no processo das contraordenações uma divisão entre fases preliminares e fases subsequentes e que o processo, na sua dimensão administrativa, não pode ser tratado como se integrasse as fases preliminares do processo penal.

Como veremos, o despacho previsto no artigo 63.º do Regime Geral comporta intervenções processuais que seriam inadmissíveis no processo penal, nomeadamente, aquelas que vão abrir caminho ao conhecimento por despacho, previsto no artigo 64.º, instituto que nada tem a ver com o processo penal e que supera corolários clássicos daquele, como o do princípio do acusatório, bem como as restrições relativamente ao uso em sede de decisão de meios de prova recolhidos fora da audiência.

§ 3.º – Conteúdo do despacho liminar

Decorre do n.º 1 daquele artigo 63.º do Regime Geral que o «o juiz rejeitará, por meio de despacho, o recurso feito fora de prazo ou sem respeito pelas exigências de forma».

São enunciados dois motivos que podem conduzir à rejeição liminar do recurso: o desrespeito pelas exigências de forma, no que se refere ao requerimento de interposição do recurso, e o desrespeito pelo prazo.

O respeito pelas exigências de forma apela ao disposto no n.º 3 do artigo 59.º do mesmo regime, onde se refere que «o recurso é feito por escrito» e «devendo constar de alegações e conclusões».

Na interpretação desta norma e na determinação do seu conteúdo mínimo, haverá que ter presente que o recurso tanto pode ser interposto pelo defensor, como pelo próprio arguido, sendo que as exigências estabelecidas em termos de forma deverão ter presente esta realidade e

[187] *Comentário*, p, 263.

o facto de que a habilitação académica e a formação profissionalizante do defensor não existem quando seja o próprio arguido a formular o requerimento.

Trata-se de um terreno onde os tribunais terão que atuar com toda a prudência e equilíbrio, não esquecendo a dimensão constitucional do direito de recurso aos tribunais, como direito fundamental, quando formulem exigências relativamente ao exercício desse direito, não podendo pôr em causa o seu núcleo fundamental.

No fundo, a lei exige que o recurso seja interposto por escrito e que o recorrente diga as razões pelas quais discorda da decisão que o condenou e sintetize, de alguma forma, as razões invocadas, assim cumprindo as exigências em termos de «alegações» e «conclusões».

Desde que o requerimento, na ponderação integrada das alegações e das conclusões, permita entender, com razoabilidade, aquilo que o recorrente pretende e os motivos da sua divergência, pode entender-se que as alegações satisfazem o mínimo exigível.

Na dúvida, o tribunal deverá convidar o recorrente a esclarecer o que pretende com o recurso apresentado.

Trata-se de uma área onde a jurisprudência do Tribunal Constitucional ajudou a perspetivar caminhos para uma melhor realização do Direito[188].

§ 4.º – O despacho liminar e o conhecimento das nulidades imputadas à decisão administrativa

As tarefas que o processo das contraordenações coloca nas mãos do juiz na fase inicial do recurso de impugnação não se esgotam na apreciação das exigências de forma e de tempestividade do recurso, ou da verificação da competência do tribunal, a levar a cabo em sede de despacho liminar, havendo que conhecer também das demais circunstâncias que possam impedir a prossecução dos termos do recurso, a conhecer nos termos do artigo 64.º do mesmo Regime Geral.

[188] Cfr. Lopes do Rego, "Alguns Problemas constitucionais do direito das contraordenações", *Questões Laborais*, Ano VIII – 2001, n.º 17, pp. 17 e ss.

Deste modo, enquanto a rejeição por desrespeito das exigências de forma, ou do prazo, são conhecidas no despacho a que se refere o artigo 63.º, todas as demais questões que obstem ao conhecimento do recurso, são conhecidas no âmbito do conhecimento por despacho, previsto no referido artigo 64.º.

Cabem neste instituto, não apenas as formas de decisão do recurso ali expressamente consagradas, mas também todas as questões que obstem à normal prossecução do processo e ultrapassem o âmbito do artigo 63.º daquele Regime Geral.

Tem, nesta sede, particular importância a questão do conhecimento das nulidades da decisão administrativa e a forma própria de conhecimento das mesmas, que só poderá ocorrer nos termos do artigo 64.º daquele Regime.

Deste modo, a declaração de nulidade da decisão administrativa recorrida por preterição de exigências a que deva obediência, ou na sequência de omissão de atos processuais que a afetem, nos casos em que o tribunal possa conhecer desses vícios, não pode ser feita no âmbito do artigo 63.º, mas implica o conhecimento do recurso, a ter lugar no âmbito do artigo 64.º.

Conforme supra se referiu, trata-se de um corolário da natureza do recurso de impugnação e da obrigação que incide sobre o Tribunal de suprimento de quaisquer nulidades ocorridas na fase administrativa, sejam elas do processo ou da própria decisão, conforme decorre do n.º 2 do artigo 379.º do Código de Processo Penal, que ao caso é aplicável, devidamente adaptado, nos termos do n.º 1 do artigo 41.º do Regime Geral.

§ 5.º – Os sujeitos processuais e o conhecimento por despacho

O conhecimento por despacho, previsto no artigo 64.º, envolve os sujeitos processuais e a própria autoridade recorrida, salvaguardando interesses subjacentes a essa intervenção e, sobretudo, a sindicabilidade por via de recurso do decidido.

A sindicabilidade desta decisão é estruturante para o equilíbrio do processo, é um corolário do princípio do processo equitativo, que tem expressão no sentido da defesa, mas que se projeta também na tutela da posição de outros sujeitos processuais, contribuindo para a salvaguarda dos interesses públicos que estão subjacentes à intervenção das autoridades administrativas e que o Tribunal não pode ignorar[189].

Embora a intervenção do Tribunal também seja expressão do direito de defesa, este Tribunal terá que assegurar a realização desse valor no quadro da realização dos interesses de natureza pública que estão subjacentes a este sistema sancionatório e que se projetam, igualmente, na intervenção dos tribunais.

Colide com os princípios inerentes ao processo equitativo, que são aplicáveis ao processo das contraordenações, permitir que o processo seja devolvido à autoridade administrativa, na sequência da declaração de nulidade da decisão, sem que aquela tenha a possibilidade de se pronunciar sobre as nulidades imputadas à decisão recorrida, e, sobretudo, sem que seja possível sindicar, pela via de recurso, nomeadamente, através da intervenção do Ministério Público, o decidido.

Daí que sempre que ocorram circunstâncias que obstem ao conhecimento do mérito do recurso, o juiz deverá encaminhar a decisão dessas questões para o conhecimento por despacho, nos termos do artigo 64.º, respeitando o princípio do contraditório, nos termos em que o mesmo se mostra configurado.

Destaque-se que, à luz do disposto no artigo 70.º, n.º 2, a autoridade administrativa não tem o direito de oposição à decisão por despacho, mas apenas e tão-só o direito de ser ouvida, quando o juiz entenda que deve arquivar o processo, sendo que apenas podem impedir a decisão, nos termos do referido artigo 64.º, o Ministério Público ou o arguido.

§ 6.º – Os fundamentos do conhecimento por despacho

Assente que nada obsta ao conhecimento do recurso, o juiz vai ter que decidir a forma através da qual vai conhecer do mesmo.

São duas as alternativas que a lei coloca, cada uma delas com o seu específico espaço de intervenção: o conhecimento por despacho, nos ter-

[189] Sobre a vigência do princípio no processo das contraordenações, cfr. PINTO DE ALBUQUERQUE, *Comentário*, p. 142.

mos do artigo 64.º, ou o conhecimento em audiência de julgamento, nos termos dos artigos 65.º e ss. do Regime Geral.

A opção entre conhecimento por despacho, ou conhecimento em audiência, depende, em primeira linha, do âmbito do recurso interposto.

Na verdade, o recurso de impugnação pode ter por objeto a matéria de facto e matéria de direito, ou só a matéria de direito.

O recurso terá por objeto apenas matéria de direito se o juízo de prova da autoridade administrativa subjacente à decisão recorrida é aceite pelo recorrente e este entende que o quadro factual fixado é bastante para a sua defesa.

Contrariamente, se o recorrente não se conforma com o quadro factual fixado, por discordar do juízo de prova subjacente à decisão recorrida, ou por entender que há outros factos relevantes para a sua defesa a provar, então o recurso terá por objeto matéria de facto.

Sempre que haja necessidade de produzir novos meios de prova, o conhecimento do recurso vai necessariamente fazer-se em audiência de julgamento, mas sempre que essa necessidade não exista, o conhecimento da matéria de facto em sede de recurso pode ocorrer no âmbito do conhecimento por despacho.

Por outro lado, se o recurso tem apenas por objeto matéria de direito, tudo aponta para a decisão do recurso no âmbito do conhecimento por despacho, nos termos do artigo 64.º, deixando de fazer sentido o recurso à audiência de julgamento.

§ 7.º – A prova recolhida na fase administrativa do processo e a forma de conhecimento do recurso

O conhecimento por despacho, como forma de decisão do recurso de impugnação, é um instituto específico do processo das contraordenações, evidenciando a sua autonomia face ao processo penal.

Com efeito, a realização judiciária do Direito Penal tem o seu espaço natural na audiência de julgamento, aberta, pública e subordinada ao contraditório, seguindo-se a esta audiência a decisão.

Por outro lado, como corolário da estrutura acusatória do processo penal, a decisão assenta na prova produzida em audiência e as fases preliminares justificam-se apenas para definir os casos em que há motivos que justifiquem a submissão a julgamento.

O tribunal não pode fundamentar a sua convicção nas provas que não tenham sido submetidas ao contraditório na audiência.

Ao contrário, no processo das contraordenações, se não for necessária a produção complementar de meios de prova, o tribunal decide o recurso com base na prova recolhida pela autoridade administrativa que se mostre documentada no processo, fora do espaço judiciário e sem necessidade de a sujeitar a debate contraditório em audiência.

Contudo, o tribunal, quando decide, mesmo que tenha havido audiência, não poderá deixar de ponderar a prova produzida na fase administrativa e discutir as razões pelas quais se afasta do juízo de prova feito pela autoridade administrativa.

A opção entre o conhecimento por despacho, ou em audiência, exige uma análise cuidadosa das alegações apresentadas pelo recorrente, sobretudo nos casos em que o recurso tenha por objeto matéria de facto, em ordem a ponderar se há necessidade ou não de realização da audiência.

Esta, como se referiu, justifica-se quando haja novos meios de prova a produzir, ou quando sejam postos em causa meios de prova já constantes do processo e tomados em consideração na decisão recorrida.

Conforme decorre do n.º 2 do artigo 72.º do Regime Geral, incumbe ao juiz determinar o âmbito da prova a produzir. Este dispositivo tem implicações profundas com os poderes atribuídos ao juiz em sede de despacho liminar, integrando uma responsabilidade que na prática judiciária normalmente é esquecida.

O conceito de âmbito da prova implica não apenas os factos sobre os quais a atividade probatória incide e que constituem o seu objeto, mas também os meios de prova a produzir e que visam a demonstração desses factos.

Esta realidade invoca a necessidade de ser ponderada a forma como o recurso é interposto, nomeadamente, as discordâncias que são invocadas pelo recorrente relativamente à decisão administrativa, quer na perspetiva da análise dos meios de prova existentes e ponderados no processo, quer dos factos que o recorrente pretende provar em ordem à alteração do quadro factual resultante da decisão recorrida.

Em primeira linha, incumbe ao recorrente indicar os factos que pretende ver provados e os meios de prova através dos quais pretende ver concretizado esse objetivo.

No caso de se tratar de meios de prova que já tenham sido ponderados no processo deve o recorrente concretizar as suas dúvidas sobre a forma como esses meios de provas foram documentados e a forma como foram ponderados na decisão administrativa, precisando, por essa via, a justificação para a submissão desses meios de prova à audiência.

É neste cenário que se identificam os novos meios de prova a produzir, pelo que o recorrente terá de referir, no requerimento de interposição de recurso, quais os factos que pretende provar, não se limitando a indicar testemunhas ou documentos, mas direcionando esses meios de prova para os concretos factos a provar.

Estamos muito longe das tradicionais audiências de julgamento penais, em que os factos a provar são os que integram a acusação, ou a contestação, no caso de meios de prova indicados pela defesa, e, sobretudo, muito longe do modelo de audiência de julgamento das antigas transgressões penais, paradigma subjacente à prática judiciária.

Importa não esquecer que o recurso de impugnação visa a reapreciação da decisão proferida pela autoridade administrativa, no quadro do processo em que foi proferida, nomeadamente, os meios de prova invocados como fundamento dos factos nela dados como provados.

É óbvio que se não pode entender o recurso de impugnação e as exigências que o rodeiam fora do contexto das especificidades do processo das contraordenações, globalmente considerado, e das específicas funções daquela fase do processo.

Ao contrário do processo penal, onde a audiência visa a prova de um conjunto de factos imputados ao arguido, em ordem a saber se os mesmos integram a prática de um crime e a determinar a sanção correspondente e uma decisão em primeira instância do processo, no recurso de impugnação do processo das contraordenações, já houve um procedimento perante a autoridade administrativa que culminou na aplicação de uma sanção e o processo só chega a Tribunal porque o condenado pretende pôr em causa a condenação de que foi objeto.

Aquela condenação, se não for impugnada, torna-se definitiva e exequível, com todas as consequências que daí advêm em termos de intervenção dos poderes públicos sobre o património do condenado.

Enquanto no processo penal incumbe ao Ministério Público a demonstração perante o Tribunal dos factos imputados ao arguido, no caso do recurso de impugnação é sobre o recorrente que recai o interesse processual em pôr em causa a decisão da autoridade administrativa, pelo que lhe incumbe demonstrar a falta de fundamento da mesma, podendo, nomeadamente, pôr termo ao recurso por si interposto, através da desistência do recurso, nos termos do artigo 71.º do Regime Geral, com a consequente exequibilidade daquela decisão.

A decisão administrativa objeto do recurso de impugnação é proferida no termo de um processo onde já foram assegurados ao condenado os direitos de audição e de defesa, a um contraditório muito vasto, como forma de intervenção deste na formação da decisão.

Daí que a interposição de recurso exija a demonstração de um fundamento objetivo para o mesmo sob pena de se transformar numa mera forma de bloqueio da execução da decisão condenatória e da realização do interesse público subjacente ao processo.

É a partir da análise do recurso interposto, nomeadamente, da concretização dos factos que foram dados como provados na decisão recorrida e da posição que o recorrente tome sobre esses factos, que o juiz decidirá se se justifica a realização da audiência de julgamento para produção dos meios de prova que o recorrente pretenda produzir.

Essa decisão retirará da audiência de julgamento todas as diligências inúteis, nomeadamente, a produção de prova pessoal que tenha já sido recolhida na fase administrativa e que não tenha sido objeto de qualquer forma de contestação válida, permitindo uma condução mais objetiva dos trabalhos na audiência.

A realização desse objetivo obriga, por um lado, o recorrente a escolher os meios de prova necessários à realização da sua defesa, ao confronto desses meios de prova com a forma como os mesmos tenham sido produzidos e ponderados na fase administrativa do processo, dando à audiência uma dimensão subsidiária e complementar que vise, não a reprodução da fase administrativa do processo, mas os esclarecimentos que os meios de prova ali produzidos suscitem.

Encontrada a resposta para a questão: decidir por despacho, ou em audiência, o juiz, no caso de colocar a hipótese da decisão por despacho, de acordo com o disposto no artigo 64.º, terá que obter o consentimento dos sujeitos processuais para o efeito.

Na verdade, nos termos do n.º 2 daquele dispositivo, o Ministério Público e o arguido têm o direito de se opor ao conhecimento do recurso por despacho, o que traduz uma manifestação nítida da sua qualidade de sujeitos processuais.

No caso de se perspetivar o arquivamento do processo, o juiz terá de dar conhecimento previamente das razões que motivam esse arquivamento ou essa devolução à autoridade administrativa, embora, no âmbito do Regime Geral o juiz não esteja vinculado pela posição desta.

O juiz não pode ignorar que por detrás da intervenção da autoridade administrativa estão interesses de natureza pública, cuja realização incumbe àquela e não ao tribunal, sendo a intervenção deste uma mera intervenção de garantia dos direitos dos cidadãos.

Daí que o Tribunal não possa deixar de assumir os poderes cuja realização lhe incumbe, mas sem pôr em causa o respeito devido à função prosseguida pela autoridade administrativa e ao papel que a atividade sancionatória representa no contexto da prossecução do referido interesse público.

§ 8.º – Âmbito da decisão por despacho, nos termos do artigo 64.º do Regime Geral

O conhecimento por despacho, nos termos do artigo 64.º do Regime Geral, permite o conhecimento pleno do recurso, seja por questões de forma, seja por questões de fundo (mérito).

De acordo com o disposto no n.º 3 deste artigo, «o despacho pode ordenar o arquivamento do processo, absolver o arguido ou manter ou alterar a condenação».

Diríamos, à luz do acima referido, que, para além destas hipóteses, o juiz pode conhecer de eventuais nulidades da decisão recorrida e, consequentemente, pode declarar nula a decisão, determinando a remessa da mesma à autoridade administrativa para suprimento, quando o mesmo não seja possível no âmbito do recurso.

As diversas alternativas especificadas na norma têm um conteúdo facilmente concretizável, sendo certo que o arquivamento é a solução das situações em que a responsabilidade do condenado esteja extinta por qualquer forma, nomeadamente, prescrição, amnistia, etc.; a absolvição pressupõe o conhecimento de fundo e a conclusão de que os factos imputados ao condenado, ou não se provaram, ou não têm o efeito jurídico que se lhes atribuiu, nomeadamente, por não integrarem ilícito de mera ordenação social.

A terceira hipótese pressupõe a confirmação total ou parcial do decidido pela autoridade administrativa, nomeadamente a manutenção ou alteração da condenação, sendo objeto de uma menção específica no que se refere à respetiva fundamentação no n.º 4 daquele dispositivo.

Conforme decorre do n.º 5 deste artigo 64.º «em caso de absolvição deverá o juiz indicar porque não considera provados os factos ou porque não constituem uma contraordenação».

Trata-se da fundamentação da decisão, aqui motivada no respeito pelos princípios que enquadram o exercício da função judicial, nomeadamente, pelos corolários de um processo justo e equitativo, sempre no quadro do respeito pelos interesses de natureza pública subjacentes ao exercício desta função sancionatória pela autoridade administrativa.

A decisão por despacho, nos termos do artigo 64.º do Regime Geral, é suscetível de impugnação, nos termos do n.º 1 do artigo 73.º daquele regime.

§ 9.º – O despacho liminar e a designação de data para a audiência

No caso de optar pelo conhecimento do recurso em audiência, o juiz terá que designar data para a mesma, mas tal designação não o dispensa de, em conformidade com o disposto no n.º 2 do artigo 72.º acima referido, especificar qual o âmbito da audiência e os meios de prova a produzir.

Especificar o âmbito da audiência pressupõe identificar os factos relevantes para a decisão a proferir e os meios de prova a produzir sobre tais factos.

Ou seja, o envio para a audiência do conhecimento do objeto do recurso, não pode ser concebido como uma forma de adiamento do estudo do processo, mas tem de ser fundamentado, com a especificação das questões de facto que estejam em causa e que irão ser ponderadas na audiência.

As partes poderão reagir a esta definição do objeto da audiência, quer pedindo o aditamento de outros factos, quer a ponderação de outros meios de prova, questões estas que o tribunal terá de decidir e que poderão ser impugnadas no âmbito do recurso que venha a ser interposto da decisão final.

O tribunal terá igualmente que decidir sobre a necessidade da presença do arguido na audiência, em conformidade com o disposto no artigo 77.º do Regime Geral.

§ 10.º – Síntese da especificidade do despacho liminar.

O despacho liminar assume, deste modo, uma função estruturante do recurso de impugnação no processo das contraordenações, demarcando de uma forma clara a autonomia deste processo face ao processo penal e às formas de decisão no mesmo consagradas, ao condicionar os termos subsequentes do processo, ao definir se o julgamento do recurso ocorrerá por despacho, ou em audiência, ao fixar o objeto da audiência de julgamento, caso seja essa a opção, no que se refere à forma de conhecimento do recurso, e, neste caso, por concretizar o âmbito da prova, quer no que se refere ao seu objeto material, quer no que se refere aos meios de prova a produzir.

Trata-se de realidades processuais que se afastam radicalmente do despacho previsto no artigo 311.º do Código de Processo Penal, conforme acima se verificou.

A especificidade deste despacho na estrutura do recurso de impugnação e do processo das contraordenações em geral tem passado inúmeras vezes ao lado da prática judiciária, moldada a partir do processo das transgressões e contravenções do C.P.P. de 1929 e da *praxis* que o mesmo motivou no dia a dia dos tribunais, desvirtuando as soluções processuais consagradas e as potencialidades que as mesmas encerram.

Este fenómeno agrava-se, agora, com a complexidade dos processos originados na regulação, que não podem objetivamente encontrar uma solução razoável nos quadros daquela velha forma de processo, e, muito menos, no quadro do processo comum consagrado no Código de Processo Penal em vigor, inspirado por princípios, nomeadamente a estrutura acusatória do processo, que nada têm a ver com o processo das contraordenações e com a realidade da sua aplicação, designadamente, com a especificidade da intervenção administrativa.

Capítulo X
A Audiência de julgamento

§ 1.º - A audiência de julgamento no recurso de impugnação - sentido útil do artigo 66.º do Regime Geral

Nos termos do artigo 66.º do Regime Geral, «a audiência de julgamento em 1.ª instância obedece às normas relativas ao processamento das transgressões e contravenções, não havendo lugar à redução da prova a escrito».

A disciplina específica do processamento das contravenções resultava do Decreto-Lei n.º 17/91, de 10 de janeiro, diploma publicado para resolver algumas incoerências relativamente ao processamento daquela forma de infração que derivavam do Decreto-Lei n.º 78/87, de 17 de fevereiro, diploma que aprovou o Código de Processo Penal de 1988.

Estão em causa os artigos 11.º a 14.º daquele diploma que, no essencial, são do seguinte teor:

«Artigo 11.º
Designação da data do julgamento

1 - O arguido é notificado da data do julgamento com, pelo menos, 10 dias de antecedência e, conjuntamente, do objeto da acusação e de que deve apresentar a sua defesa em audiência, podendo, ainda, em casos devidamente justificados, requerer a comparência do participante, a qual é obrigatória.

2 - Se não for possível notificar o arguido nos termos do número anterior, o juiz nomeia-lhe defensor, a quem é feita a notificação, prosseguindo o processo até final sem necessidade de intervenção do arguido.

3 – (...).

4 – (...).

5 – A notificação para audiência adiada é feita sob cominação de que, em caso de não comparecimento, o arguido é representado por defensor e julgado como se estivesse presente.

6 – Se o julgamento for adiado por falta do arguido, a responsabilidade pelas custas é agravada.

Artigo 12.º
Testemunhas

1 – O número de testemunhas de acusação não pode exceder três por cada infração.

2 – O número de testemunhas de defesa não pode exceder para cada infração o que a acusação pode produzir; se forem vários os acusados, cada um deles pode produzir até esse número.

3 – O arguido pode indicar testemunhas de defesa no ato da notificação para julgamento, até sete dias antes da data designada para o mesmo, ou ainda apresentá-las no próprio ato do julgamento por declaração verbal, antes de começar a inquirição das testemunhas de acusação.

4 – Quando as testemunhas tenham sido indicadas antes do julgamento e o arguido se não tiver obrigado a apresentá-las, são notificadas independemente de despacho.

Artigo 13.º
Formalidades da audiência

1 – (...).

2 – (...).

3 – (...).

4 – (...).

5 – Finda a produção da prova, a palavra é concedida, por uma só vez, ao Ministério Público e ao defensor, os quais podem usar dela por um máximo de 30 minutos, improrrogáveis.

6 – A sentença pode ser proferida verbalmente e ditada para ata.

7 – São subsidiariamente aplicáveis ao julgamento as disposições do Código de Processo Penal relativas ao julgamento em processo comum.

Artigo 14.º
Recursos

Só é admissível recurso da sentença, do despacho que puser termo ao processo ou do despacho que, não recebendo a acusação, não designar dia para julgamento.»

A remissão para a disciplina específica do processamento das transgressões e contravenções decorrente daquela norma, tem de ser articulada com as disposições do processamento das contraordenações consagradas no Regime Geral, restando hoje muito pouco de útil nesta remessa.

Na verdade, aquele regime introduz uma série de especificidades relativamente à estruturação da audiência que a afastam, em múltiplos aspetos, do regime do processo das contravenções.

É o que se passa com o regime de ausências e presenças do arguido e do Ministério Público, que é afastado pelo regime próprio das contraordenações.

Restam com conteúdo útil, os números 1 e 2, 5 e 6 do artigo 11.º daquele diploma, sendo certo que estes dois últimos números têm de ser articulados como o regime das ausências do arguido resultantes do Regime Geral.

São igualmente aplicáveis, devidamente adaptadas, as normas relativas a testemunhas, previstas no artigo 12.º e os n.os 5, 6 e 7 do artigo 13.º daquele diploma.

A sentença pode, todavia, ser proferida oralmente e ditada para a ata, nos termos do referido n.º 6 daquele artigo.

§ 2.º – As disposições específicas do Regime Geral, no quadro da disciplina emergente do Código de Processo Penal

A designação de data para a audiência pressupõe, conforme acima se referiu, que o juiz tome posição relativamente à presença do arguido, atento o disposto no artigo 67.º, à intervenção das autoridades administrativas, face ao disposto no artigo 70.º, e ao tema da prova a produzir naquela audiência, bem como aos meios de prova a produzir, por força do disposto no artigo 72.º.

Antes da revisão decorrente do Decreto-Lei n.º 244/95, de 14 de setembro, o juiz tinha ainda que decidir se entendia a presença do Ministério Público como necessária na audiência.

A redação introduzida por aquele diploma no artigo 69.º do Regime Geral – «O Ministério Público deve estar presente na audiência de julgamento» – tem sido entendida como impondo a obrigatoriedade daquela presença, em sintonia com o que se passa no processo das contravenções, atento o disposto no artigo 13.º, n.ºs 1 e 2, do Decreto-Lei n.º 17/91, de 10 de Janeiro[190] [191].

O teor da norma deixa sérias dúvidas sobre essa obrigatoriedade.

Com efeito estamos muito longe do teor do artigo 330.º do Código de Processo Penal, que aponta, esse claramente, para a obrigatoriedade da presença do Ministério Público, cuja ausência gerará nulidade insanável dos atos respetivos, nos termos da alínea b) do artigo 119.º do Código de Processo Penal, conjugado com o artigo 41.º, n.º 1 do Regime Geral.

Está em causa um comando que impõe antes ao Ministério Público que averigue da necessidade da sua presença na audiência e decida da sua presença ou não, em conformidade com a avaliação que faça do caso e da dimensão do interesse público que esteja em causa.

Quis-se de alguma forma impor essa ponderação, que a norma na sua versão original, induzia não ser necessária.

§ 3.º – A presença do arguido

A presença do arguido na audiência é disciplinada no artigo 67.º, que é do seguinte teor:

[190] SIMAS SANTOS e LOPES DE SOUSA, *Contraordenações*, Vislis, 4.ª Edição, 2007, p. 516.

[191] PINTO DE ALBUQUERQUE, *Comentário*, p. 284.

«Artigo 67.º
Participação do arguido na audiência

1 – O arguido não é obrigado a comparecer à audiência, salvo se o juiz considerar a sua presença como necessária ao esclarecimento dos factos.

2 – Nos casos em que o juiz não ordenou a presença do arguido este poderá fazer-se representar por advogado com procuração escrita.

3 – (...)»

Por força do disposto no n.º 1 deste artigo, a presença do arguido na audiência é facultativa, salvo se o juiz considerar a sua presença como necessária ao esclarecimento dos factos, o que impõe a obrigatoriedade da sua presença.

A regra é, pois, a da não obrigatoriedade da presença do arguido, situação em que este se pode fazer representar por advogado, conforme decorre do n.º 2 deste artigo.

A ausência do arguido quando o tribunal tenha entendido que a sua presença era necessária, não impede a prossecução da audiência e a decisão do recurso, salvo se o tribunal entender que deve designar nova data para a sua realização.

Na verdade, por força do disposto no artigo 68.º, «nos casos em que o arguido não comparece nem se faz representar por advogado, tomar-se-ão em conta as declarações que tenham sido prestadas no processo ou registar-se-á que ele nunca se pronunciou sobre a matéria dos autos, não obstante lhe ter sido concedida oportunidade para o fazer e julgar-se-á» ou seja, a audiência prosseguirá sem as declarações do arguido.

Esta norma é genérica, sendo aplicável, quer aos casos em que tenha sido declarada necessária a presença do arguido, quer aos casos em que tal presença é facultativa.

Incumbe, pois, ao juiz, por despacho fundamentado, declarar como necessária a presença do arguido na audiência, especificando as razões dessa obrigatoriedade, à luz do tema da prova a produzir.

A ausência do arguido, quando não compareça, nem se faça representar, tem os efeitos referidos no artigo 68.º do mesmo regime, podendo justificar o adiamento da audiência, por uma vez, caso o tribunal a considere necessária.

A ausência do arguido quando a sua presença tenha sido declarada necessária, não tem hoje os reflexos que tinha na versão inicial do Decreto-Lei n.º 433/82, de 27 de outubro, não permitindo a «rejeição do recurso, desde que a isso se não oponha o Ministério Público».

Neste contexto, se o tribunal entende que a presença do arguido é importante para o conhecimento dos factos e o declara expressamente, nesse caso, o arguido tem de decidir se comparece na audiência e sobre se está na disposição de prestar declarações ou não, sendo certo que a tal não é obrigado.

Contudo, importa ter presente que quem motivou a audiência de julgamento e o recurso onde a mesma se integra foi o próprio arguido que é o principal interessado na decisão do recurso, única forma de afastar a exequibilidade da decisão condenatória contra si proferida.

Os contributos que o arguido possa dar têm essa finalidade – pôr em causa o juízo de prova subjacente à decisão impugnada.

A audiência visa, de facto, a produção de prova julgada relevante pelo tribunal para conhecer do recurso interposto pelo arguido e não a prova de qualquer acusação penal deduzida contra o mesmo.

A situação do arguido no recurso de impugnação não é, pela natureza das coisas, a mesma do arguido no processo penal.

O teor do n.º 1 do artigo 68.º deixa claro que o requerimento de interposição de recurso, nomeadamente as alegações aí apresentadas, não relevam para este efeito.

A norma visará tomadas de posição do arguido no processo, nomeadamente, a defesa apresentada, nos termos do artigo 50.º e eventuais declarações prestadas no processo.

Na verdade, estando o processo na fase do recurso de impugnação, nunca se poderia registar que o mesmo nunca se pronunciou, se o requerimento de interposição de recurso e as alegações relevassem para esse efeito, já que o processo não chegaria a esta fase sem esse requerimento.

Movendo-se no quadro da doutrina alemã, Pinto de Albuqerque refere que «a representação do arguido por advogado distingue-se do mandato de constituição de advogado como defensor, pois, a representação atribui ao advogado poderes adicionais, que incluem o poder de prestar declarações em nome e no interesse do arguido e o poder de desistir do recurso (GOHLER, em anotação 27.ª ao § 73.º)[192] e, coerentemente com esta posição, refere igualmente «quando o arguido não está presente, mas se faz representar por advogado na audiência, o advogado pode tomar uma de duas atitudes: dar por reproduzido o anterior depoimento do arguido ou modificar esse depoimento. O depoimento do advogado formalmente munido de poderes para representação do arguido ausente deve ser valorado como sendo o depoimento do próprio arguido, desde que estejam preenchidas duas condições materiais: o advogado deve pronunciar-se expressamente em nome do arguido e apenas sobre factos imputados ao arguido»[193].

A integração na mesma pessoa da dimensão probatória inerente ao depoimento do arguido com base num mandato com poderes especiais para o efeito, com a assistência técnico-jurídica inerente à função de defensor é suscetível de induzir contradições relevantes, nomeadamente entre depoimentos pessoais prestados pelo arguido no processo e agora o depoimento decorrente das declarações do mandatário.

Com efeito, o depoimento do arguido enquanto meio de prova assenta na dimensão pessoal desse depoimento, o que não se passa com as declarações prestadas pelo mandatário, que ficarão sempre ao nível dos elementos referidos no n.º 1 do artigo 68.º

Nas situações em que haja obrigatoriedade de comparência do arguido, as faltas devem ser justificadas ou sancionadas, nos termos dos artigos 116.º e 117.º do Código de Processo Penal, sendo a justificação um dos fundamentos relevantes para que o tribunal, mantendo a necessidade da presença do arguido, designe nova data apara a audiência, nos termos do n.º 2 do artigo 68.º.

192 *Obra citada*, p. 280.
193 *Obra citada*, p. 282.

§ 4.º A autoridade administrativa e a audiência

Quando designar data para a audiência, o juiz tem de decidir sobre a participação das autoridades administrativas naquele ato, disciplinada no artigo 70.º, do seguinte teor.

«Artigo 70.º
Participação das autoridades administrativas

1 – O tribunal concederá às autoridades administrativas a oportunidade de trazerem à audiência os elementos que reputem convenientes para uma correta decisão do caso, podendo um representante daquelas autoridades participar na audiência.

2 – O mesmo regime se aplicará, com as necessárias adaptações, aos casos em que, nos termos do n.º 3 do artigo 64.º, o juiz decidir arquivar o processo.

3 – Em conformidade com o disposto no n.º 1, o juiz comunicará às autoridades administrativas a data da audiência.

4 – O tribunal comunicará às mesmas autoridades a sentença, bem como as demais decisões finais.»

A participação das autoridades administrativas na audiência é mais um veículo para levar ao Tribunal a especificidade do conhecimento da realidade que é objeto do recurso e de que a autoridade administradora é portadora.

A reforma de 1995 clarificou a presença das autoridades administrativas na audiência eliminando a ressalva que constava da parte final do n.º 3 do artigo 70.º, que limitava a comunicação da data da audiência às situações em que o tribunal entendesse que os conhecimentos específicos das autoridades administrativas eram indispensáveis.

A presença da autoridade administrativa na audiência é uma forma de potenciar informação necessária ao conhecimento do recurso e à descoberta da verdade, única base para a realização da Justiça.

A lei é omissa sobre a forma através da qual a informação é transmitida ao tribunal referindo-se a «um representante».

Um representante é alguém validamente designado pela autoridade administrativa que o tribunal ouvirá nessa qualidade, podendo aplicar-se, por analogia, o regime da inquirição previsto no artigo 145.º do Código de Processo Penal.

Não pode confundir-se o regime da participação na audiência previsto neste artigo 70.º, com a inquirição como testemunhas de agentes da autoridade, fiscais, inspetores ou outros meros funcionários do serviço que tenham sido intervenientes no auto de notícia que tenha dado origem ao processo, ou mesmo já ouvidos como testemunhas durante a fase administrativa.

§ 5.º Audiência de julgamento – âmbito da prova a produzir

A disciplina base da audiência é que a resulta do processo comum disciplinado no processo penal, concretamente nos artigos 321.º a 365.º, tomando em consideração as especificidades decorrentes do Decreto-Lei n.º 17/91 que ainda subsistem e as normas próprias do Regime Geral das Contraordenações acima referidas.

A designação de data para a audiência impõe também que se defina o âmbito da prova a produzir, relativamente ao esclarecimento de todos os factos que o juiz considere relevantes para uma decisão correta.

Assim, incumbe ao juiz a especificação do objeto da audiência, definindo os factos que considere relevantes para uma correta decisão e a prova relativamente aos mesmos.

Tem, pois, o juiz o direito de recusar todos os meios de prova que julgue desnecessários à formação da sua convicção sobre os factos, o que não impede os sujeitos processuais de se insurgirem contra a não produção de quaisquer meios de prova que considerem relevantes no âmbito do recurso que venham a interpor da decisão final.

Resulta do artigo 72.º, n.º 1, que "compete ao Ministério Público promover a prova de todos os factos que considere relevantes para a decisão".

Na versão inicial deste artigo atribuía-se tal competência ao juiz, referindo-se que o fazia oficiosamente, e completava-se depois o alcance desta norma com a competência que se lhe atribuía no n.º 2 do mesmo artigo, da qual decorria o «direito de determinar o âmbito da prova a produzir, recusando a aceitação de meios de prova que julgue desnecessários à formação da sua convicção».

Esta norma articulava-se com a disciplina do artigo 64.º, relativo à decisão por despacho, quando o juiz entendesse desnecessária a realização da audiência. Nesta situação, face ao teor da decisão impugnada e das alegações do recorrente, o juiz definia os factos que constituiriam o objeto da mesma – âmbito da prova – e os meios de prova necessários à formação da sua convicção.

O legislador de 1995 entendeu dever fazer uma menção expressa à intervenção do Ministério Público na promoção da prova, no âmbito do n.º 1 do artigo 72.º, mantendo, contudo, a competência do juiz para lhe definir o âmbito, quer no que se refere à factualidade a apurar, quer relativamente aos meios de prova a produzir.

A revisão manteve igualmente as normas relativas à decisão por despacho que constavam do artigo 64.º.

Continua, assim, plenamente válido um dos princípios fundamentais relativos à prova no âmbito da fase do recurso das contraordenações: a prova produzida perante a autoridade administrativa serve de suporte à decisão do recurso[194].

Deste modo, o processo das contraordenações não integrou o princípio da acusação com a dimensão que inspirou e está subjacente à estrutura do processo penal.

Incumbe ao juiz, oficiosamente, definir o âmbito da prova a produzir, o que implica não apenas o tema da prova mas também a identificação dos meios de prova a admitir na audiência.

Na definição do âmbito da prova, o juiz tomará em consideração a decisão impugnada, a prova que no processo serve de suporte à mesma,

[194] Refere, Costa Pinto, in "O Ilícito de mera Ordenação Social e a Erosão do Princípio da Subsidiariedade", *Direito Penal Económico e Europeu*, Coimbra Editora, p. 264, que «a diferente tramitação do processo de contraordenação por uma via orgânica e por uma via judicial origina uma *duplicação de prova* e permite *contradições em sede de produção e apreciação da prova* que afetam a credibilidade do sistema.» (...) e «Tem de reconhecer-se claramente, em suma, que o sistema atual consente que na fase judicial, sob a capa de um verdadeiro julgamento de duvidosa legitimidade, os pressupostos da decisão da administrativa sejam alterados por simples divergência de depoimentos, passíveis inclusive de manipulação».

bem como a posição assumida pelo recorrente e pelo Ministério Público, se este se tiver pronunciado.

Deste modo, da norma do 72.º, n.º 1, na redação agora em vigor, apenas decorre a possibilidade de o Ministério Público se pronunciar quanto aos meios de prova a produzir em audiência relativamente aos factos que entenda relevantes para a decisão, o que tem autonomia relativamente àqueles que o arguido entenda dever provar e aos factos que o juiz entenda incluir no âmbito da prova, nos termos do n.º 2 do mesmo artigo.

De facto, se é o arguido que recorre e se o faz em desconformidade com uma decisão condenatória de que foi objeto, continua ele, arguido, a ser o principal interessado em fazer prova da falta de fundamento dos factos em que se apoia a decisão impugnada.

Não faz sentido atribuir ao Ministério Público a responsabilidade pela promoção da prova a produzir em audiência num recurso interposto pelo arguido e que apenas a este interessa.

§ 6.º - A retirada da acusação a que se refere o artigo 65.º -A do Regime Geral

O artigo 65.º – A do Regime Geral é do seguinte teor:

«Artigo 65.º-A
Retirada da acusação

1 – A todo o tempo, e até à sentença em 1.ª instância ou até ser proferido o despacho previsto no n.º 2 do artigo 64.º, pode o Ministério Público, com o acordo do arguido, retirar a acusação.

2 – Antes de retirar a acusação, deve o Ministério Público ouvir as autoridades administrativas competentes, salvo se entender que tal não é indispensável para uma adequada decisão.»

Este dispositivo tem origem no regime alemão das contraordenações que estava em vigor em 1979, quando foi publicado o primeiro regime português das contraordenações, ou seja, o que resultou do Decreto-Lei n.º 232/79, de 24 de julho.

Na versão inicial do Decreto-Lei n.º 433/82, de 27 de setembro, aquele dispositivo constava do n.º 2 do artigo 65.º, não sendo, deste modo, instituto criado pela revisão de 1995.

Trata-se de um instituto que tem provocado tomadas de posição contraditórias, do que dá ampla notícia a anotação de Pinto de Albuquerque ao artigo 65.º-A do seu Comentário[195] e que justifica uma ponderação mais demorada.

A retirada da acusação, com o acordo do arguido, implica o arquivamento do processo.

Tem, pois, consequências completamente diversas da retirada do recurso, prevista no artigo 71.º, por iniciativa do arguido, o que determina a plena eficácia da decisão impugnada e a estabilização da mesma.

A retirada da acusação é, assim, um instituto análogo à desistência da acusação, nos processos de natureza penal relativos a crime de natureza particular – artigos 50.º e 51.º do Código de Processo Penal e determina, tal como ali, o arquivamento do processo.

Ela não tem a mesma função da desistência do recurso em processo penal, que determina a exequibilidade da decisão impugnada.

A retirada da acusação põe, deste modo, na disponibilidade do Ministério Público o destino do processo.

De facto, ao remeter o processo ao Ministério Público a autoridade administrativa perde a disponibilidade do mesmo, não podendo, a partir daí, dele desistir.

A retirada da acusação surge, assim, como um meio processual através do qual a inviabilidade da prossecução do processo, quando evidenciada num momento posterior à admissão do recurso, pode ser tomada em consideração.

Para determinar o real sentido deste instituto importa definir os critérios que devem estar subjacentes à desistência da acusação por parte do Ministério Público.

[195] *Obra citada*, fls. 271 e ss.

Seguramente que à mesma não podem estar subjacentes critérios de oportunidade.

Deste modo, o eventual cumprimento *a posteriori* por parte do arguido do dever omitido e a superação do litígio que motivou a instauração do processo, que seriam os fundamentos normais para esta desistência, não podem justificar o arquivamento do processo, embora devam ser tomados em consideração pelo tribunal na determinação da sanção.

Este arquivamento já seria possível num sistema baseado princípio da oportunidade.

Com efeito, toda a ação do Ministério Público se move num quadro de legalidade estrita e o processo de contraordenação tem como princípio estruturante o princípio da legalidade, tal como resulta do artigo 43.º.

Afastada a possibilidade de o processo poder ser arquivado em obediência a critérios de discricionariedade, o espaço que pode ser preenchido através desta norma fica consideravelmente reduzido.

Afigura-se-nos que caberão aqui as situações em que se tenha tornado evidente a falta de fundamento da condenação do arguido pela autoridade administrativa e em que seja de prever a procedência do recurso, ou seja, as situações que apontem de forma segura para a inviabilidade do processo.

No fundo, à desistência da acusação devem estar subjacentes considerações de economia processual, nomeadamente para evitar a prossecução de um processo em relação ao qual se tenha tornado evidente que não conduzirá à condenação do arguido.

A desistência da acusação, com o acordo do arguido, decorre assim da ponderação que o Ministério Público faça da viabilidade do processo, não podendo o juiz sindicar os fundamentos da mesma, limitando-se a constatar a sua existência e a extrair as devidas consequências processuais.

A retirada da acusação deve ser antecedida da audição da autoridade administrativa. Tal audição da autoridade administrativa visa habilitar o Ministério Público com informação sobre a especificidade das matérias em análise, o que o legislador considera importante para fundamentar a desistência.

Deve, pois, ser interpretada com algum cuidado a parte final daquela norma que prevê a dispensa dessa audição, quando o Ministério Público entender que a mesma "não é indispensável para uma adequada decisão".

À audição estão subjacentes as especificidades das matérias que são objeto do Direito das Contraordenações e a dificuldade que as instâncias judiciárias têm em lidar com as mesmas.

Não pode, do mesmo modo, o Ministério Público alhear-se da função do Direito das Contraordenações enquanto instrumento sancionatório e do papel que o mesmo desempenha no âmbito da ação administrativa.

A desistência infundada da acusação reflete-se diretamente na capacidade de intervenção da autoridade administrativa, nomeadamente no seu prestígio no universo em que insere a sua ação e por essa via afeta o interesse público.

Este cuidado na interação entre as autoridades administrativas e as instâncias judiciárias está subjacente a outras normas do Regime Geral das Contraordenações.

Nascido este regime na vigência do Código de Processo Penal de 1929, não se vê como o mesmo possa ser interpretado desindexado do princípio da legalidade que estruturava rigidamente o processo naquele código.

Carece de sentido que este artigo possa ser invocado para fundamentar a atribuição ao Ministério Público de poderes de seleção dos casos a apresentar ao juiz, na linha das soluções consagradas legalmente para o encerramento do inquérito, no Código de Processo Penal.

Na verdade, se fosse esse o sentido e o fundamento desta norma, pode perguntar-se qual a razão para criar outro espaço processual para que o Ministério Público avalie a prova que serve de fundamento à decisão recorrida, quando já poderia contar com este.

A desistência da acusação só tem sentido em função da superveniência da causa que a possa justificar e pelo facto de a autoridade administrativa ter perdido a disponibilidade do processo com a remessa do processo ao Ministério Público.

É verdade que, situando-se no quadro da doutrina alemã, Pinto de Albuquereque afirma que que «a retirada da acusação pode obedecer a um critério de **legalidade**, como a falta de indícios suficientes da infração, ou a verificação de um obstáculo processual, como a amnistia (GOHLER, anotação 42.º ao § 69.º). Mas a retirada da acusação pode também ser editada por um *critério de oportunidade*»,[196] e prossegue «O M.P. pode retirar a acusação com fundamento em razões de conveniência, por três razões: (1) a lei não prevê qualquer limitação para as razões invocáveis pelo M.P. para retirar a acusação e nem sequer o dever de fundamentar a retirada da acusação; (2) a lei prevê expressamente que o MP deve proferir uma decisão "adequada", isto é uma decisão assente num juízo de adequação ou oportunidade e não necessariamente num juízo de legalidade; e (3) a lei não prevê o controlo judicial da decisão do MP, e cita SÉRGIO PASSOS[197], que se pronuncia (no sentido de que se trata de um "afloramento do princípio da oportunidade", que depende da existência de uma ilicitude de uma culpa diminutas e da inexistência de razões preventivas contrarias e de antecedentes contraordenacionais».

No que se refere ao sistema jurídico português, o facto de a lei não exigir expressamente a fundamentação da desistência da acusação por parte do Ministério Público não quer dizer que ela não tenha que existir, uma vez que aquela Magistratura se move num quadro de legalidade estrita, não podendo afirmar-se, com base no silêncio da lei, que esta desistência se pode fundamentar em critérios de oportunidade.

Acresce que aos despachos proferidos pelo Ministério Público é aplicável o disposto no artigo 97.º do Código de Processo Penal que é subsidiariamente aplicável ao processo das contraordenações, nos termos do n.º 1 do artigo 41.º do Regime Geral.

O mesmo se passa com a afirmação constante da parte final do n.º 2 daquele artigo a propósito da audição da autoridade administrativa.

Com efeito a "decisão adequada" é tão só a decisão legalmente fundamentada, ou seja, aquela cujos pressupostos estejam preenchidos e decorra naturalmente dos mesmos, de forma evidente e que não suscite qualquer dúvida razoável.

[196] *Comentário*, p. 271.

[197] *Contraordenações e Coimas – Anotações ao Regime Geral*, Nova Causa, Edições Jurídicas, 2020, p. 373.

Importa, por outro lado, ter presente que, apesar de em 1988 ter entrado em vigor um novo Código de Processo Penal que consagra espaços de legalidade abertos num terreno dominado pelo princípio da legalidade, o legislador nada fez relativamente à conformação de institutos desse tipo no processo das contraordenações e o instituto em causa já vem do Decreto-Lei n.º 232/79, de 24 de março.

São, deste modo, incompatíveis com o princípio da legalidade que estrutura o processo das contraordenações quaisquer retiradas da acusação, nos termos do mencionado artigo com «fundamento em razões de conveniência», ou outros análogos.

§ 7.º A retirada do recurso pelo arguido

O artigo 71.º do Regime Geral disciplina a retirada do recurso. nos seguintes termos:

> «Artigo 71.º
>
> *Retirada do recurso*
>
> 1 – O recurso pode ser retirado até à sentença em 1.ª instância ou até ser proferido o despacho previsto no n.º 2 do artigo 64.º
>
> 2 – Depois do início da audiência de julgamento, o recurso só pode ser retirado mediante o acordo do Ministério Público.»

Tal como acima se referiu, a retirada do recurso implica a exequibilidade da decisão impugnada.

O arguido pode desistir do recurso até ao momento em que seja proferido o despacho a que se refere o artigo 64.º, ou até à sentença, nos casos em que tenha havido audiência.

O sentido da norma é evitar a desistência depois de haver decisão sobre o objeto de recurso, seja ela através de sentença ou de despacho.

Contudo, a desistência do recurso a partir do início da audiência depende do acordo do Ministério Público.

A oposição do Ministério Público à desistência do recurso faz hoje muito pouco sentido, atenta a introdução do princípio da *reformatio in pejus*.

Tal oposição fazia sentido quando vigorava a versão inicial do diploma que permitia o agravamento da condenação de que o arguido fora objeto. Hoje não faz sentido, já que a desistência sempre conduzirá à manutenção do decidido pela autoridade administrativa.

§ 8.º – A alteração do objeto do processo

Particular ponderação merece o regime da alteração do objeto do processo previsto nos artigos 358.º e 359.º do Código de Processo Penal[198].

Ao contrário do que decorria do Código de Processo Penal de 1929, em vigor na data em que o Direito das Contraordenações foi implementado entre nós e que foi direito subsidiário entre a entrada em vigor do Decreto-Lei n.º 232/79 e 1 de janeiro de 1988, data da entrada em vigor do novo Código de Processo Penal, este Código consagra uma disciplina rígida da alteração do objeto do processo.

Esta disciplina foi entendida como um dos vetores da dimensão acusatória do processo penal que se quis claramente reforçar face ao anterior Código.

A questão que se coloca é se o regime decorrente daqueles artigos é aplicável no processo das contraordenações e, caso afirmativo, em que termos.

Tal como supra se referiu, ao contrário do Código de Processo Penal, o processo das contraordenações na fase do recurso de impugnação não tem um objeto definido e tendencialmente estabilizado como o processo penal, após a acusação ou pronúncia.

Quando se fala em definição do objeto do processo fala-se na concretização de uma determinada dimensão factual do acontecimento histórico que lhe serve de objeto, dimensão factual que induz e decorre de uma determinada qualificação jurídica que nos diz quais os crimes – as infrações que são imputadas a um concreto arguido.

Mau grado habitualmente se fale em dimensão de facto contrapondo-a à qualificação jurídica relevante desses factos, a verdade é que os factos

[198] Sobre a alteração do objeto do processo no processo penal, cfr. CRUZ BUCHO, "A Alteração Substancial dos Factos em Processo Penal", *Julgar*, n.º 9, 2009, pp.43 e ss.

sem uma qualificação jurídica, não têm qualquer relevo nem interesse no mundo do Direito, seja ele sancionatório ou não. A qualificação jurídica é o filtro à luz do qual se aprecia o relevo dos factos na sua dimensão jurídica.

É verdade que na fase administrativa do processo, quando a autoridade administrativa abre o processo ao contraditório, nos termos do artigo 50.º do Regime Geral, desde logo se exige um determinado universo factual que se considere integrativo de uma concreta contraordenação.

Ao exigir-se, nos termos daquele artigo, que o arguido tenha conhecimento das sanções correspondentes em abstrato à contraordenação que lhe seja imputada, está a impor-se a necessidade da valoração jurídica da factualidade investigada.

Tal não impede que, se no decurso da abertura ao contraditório surgirem novos factos, ou elementos que alterem a qualificação jurídica inicial dos factos, o arguido não tenha que ser advertido desses factos e da respetiva qualificação jurídica para sobre os mesmos organizar a sua defesa.

Condenado o arguido pela prática de uma concreta infração, nem por isso este cenário se altera na sequência do recurso de impugnação.

A decisão condenatória proferida pela autoridade administrativa e, muito menos, o despacho proferido pelo Ministério Público, não são uma acusação em termos processuais penais, nem definem o objeto o processo da contraordenação no recurso de impugnação.

Este tem por objeto o acontecimento histórico concreto investigado no processo, tal como do mesmo decorre em toda a sua extensão.

Na verdade, o tribunal conhece dos factos que estão subjacentes ao processo, com inteira e total autonomia, com plena jurisdição.

Com efeito, conforme refere Pinto de Albuquerque «o tribunal procede a uma renovação da instância com base na remessa dos autos e não a uma mera reforma da decisão administrativa recorrida, devendo, por isso, ter em conta toda prova já produzida nos autos e a que vier a ser produzida em audiência de julgamento, bem como todos factos que dela resultem, mesmo que não tenham sido incluídos na decisão administrativa recorrida ou não tenham sido invocados pela defesa»[199].

[199] *Obra citada*, p. 274

Nem a decisão administrativa e, muito menos, o despacho do M.P. que manda apresentar os autos, fixam o objeto do processo, como se passa com a acusação ou o despacho de pronúncia no processo penal.

Aliás, a própria lei, quando refere que o M.P apresenta os autos ao juiz, valendo este ato como acusação, acaba por reconhecer de forma expressa que o objeto do processo são os autos e não qualquer peça processual que concretize um universo factual e qualifique esse universo por referência a determinadas normas.

Deste modo, se no decurso da audiência surgirem novos elementos que induzam novas infrações, ou a alteração das inicialmente ponderadas, nomeadamente, no sentido do agravamento da responsabilidade do arguido, das duas uma: – se os factos integrativos dessas infrações têm autonomia, eles deverão ser documentados em ata e comunicados à autoridade administrativa para sobre eles proceder, se assim o entender, na linha da solução consagrada no n.º 2 do artigo 359.º do Código de Processo Penal; se os factos não têm autonomia, haverá que dar ao arguido a possibilidade de sobre os mesmos se defender, podendo, nomeadamente indicar novos meios de prova cuja admissão o tribunal terá que ponderar, prosseguindo o processo os seus termos. Ou seja, quando os novos factos não têm autonomia, o processo prossegue com o conhecimento dos mesmos, aplicando-se o regime da alteração não substancial, consagrado no artigo 358.º do mesmo código.

Se tais factos vierem a ser dados como provados com reflexo direto nas sanções aplicáveis ao arguido, operará então o regime da proibição da *reformatio in pejus* como limite à alteração das sanções fixadas na decisão recorrida.

Face à natureza do recurso de impugnação não valem aqui as razões ditadas pela acusatoriedade do processo penal que estão subjacentes ao regime da alteração substancial consagrado no artigo 359.ºdo mesmo código.[200]

Deste modo, pode afirmar-se que o regime de alteração do objeto do processo no âmbito do processo das contraordenações não está integralmente sujeito à disciplina dos artigos 358.º e 359.º do Código de Processo

[200] Cfr. *infra*, VIII, § 6.º e Cap. X, § 8.º.

Penal, embora algumas das componentes desse regime sejam compatíveis com o processo das contraordenações e com o universo de garantias de defesa que nesse processo devem ser asseguradas ao arguido[201].

§ 9.º – A estrutura e fundamentação da sentença

Encerrados os trabalhos da audiência, o Tribunal proferirá a decisão do recurso que assume a forma de sentença, sendo-lhe aplicável, devidamente adaptado, o disposto nos artigos 374.º, 375.º e 376.º do Código de Processo Penal, relativamente ao conteúdo e forma deste ato processual.[202]

O teor do artigo 374.º é o seguinte:

> «Artigo 374.º
> *Requisitos da sentença*
>
> 1 – A sentença começa por um relatório, que contém:
>
> a) As indicações tendentes à identificação do arguido;
>
> b) As indicações tendentes à identificação do assistente e das partes civis;
>
> c) A indicação do crime ou dos crimes imputados ao arguido, segundo a acusação, ou pronúncia, se a tiver havido;
>
> d) A indicação sumária das conclusões contidas na contestação, se tiver sido apresentada.
>
> 2 – Ao relatório segue-se a fundamentação, que consta da enumeração dos factos provados e não provados, bem como de uma exposição tanto quanto possível completa, ainda que concisa, dos motivos, de facto e de direito, que fundamentam a decisão, com indicação e exame crítico das provas que serviram para formar a convicção do tribunal.
>
> 3 – A sentença termina pelo dispositivo que contém:
>
> a) As disposições legais aplicáveis;

[201] Para uma análise do regime vigente de alteração do objeto do processo penal, com uma crítica das alterações introduzidas em 2007, cfr. JORGE DE FIGUEIREDO DIAS e SUSANA AIRES DE SOUSA, "O objeto da audiência no processo penal português", *Revista de Legislação e Jurisprudência*, Ano 150.º, Março -Abril de 2021, pp. 176 e ss.

[202] Sobre a sentença penal, cfr. SÉRGIO POÇAS, "Da Sentença Penal – Fundamentação de Facto", *Julgar*, n.º 3, 2007, pp. 21 e ss.

b) A decisão condenatória ou absolutória;

c) A indicação do destino a dar a animais, coisas ou objetos relacionados com o crime, com expressa menção das disposições legais aplicadas;

d) A ordem de remessa de boletins ao registo criminal;

e) A data e as assinaturas dos membros do tribunal.

4 – A sentença observa o disposto neste Código e no Regulamento das Custas Processuais em matéria de custas.»

De particular relevo, no que se refere ao «relatório», é o conteúdo das alíneas a), c) e d) do n.º 1, relativas à identificação do arguido, da autoridade administrativa, da qualificação jurídica resultante da decisão impugnada relativamente aos factos imputados ao arguido e síntese destes.

O relatório deve igualmente integrar, tendo por referência à alínea d) deste n.º 1, as conclusões das alegações apresentadas, bem como, caso existam, as tomadas de posição da autoridade administrativa e do M.P. sobre o os factos subjacentes ao processo e sobre a motivação do recurso de impugnação.

Mau grado o recurso tenha por objeto a factualidade subjacente ao processo e não a decisão da autoridade administrativa propriamente dita, esta é um dos referentes na estruturação dos trabalhos do tribunal e, portanto, terá de ser devidamente individualizada.

Tal como acima se referiu, quando decide conhecer do recurso em audiência, o Tribunal tem de identificar os factos em discussão e o âmbito da prova a produzir sobre os mesmos, o que deverá igualmente fazer parte do relatório da sentença.

Ao relatório seguir-se-á a «fundamentação» que fará a «enumeração dos factos provados e não provados, bem como de uma exposição tanto quanto possível completa, ainda que concisa, dos motivos, de facto e de direito, que fundamentam a decisão, com indicação e exame crítico das provas que serviram para formar a convicção do tribunal».

Está em causa em primeira linha o julgamento da matéria de facto, tendo o Tribunal necessariamente de tomar em consideração e mencionar os elementos de prova resultantes do processo, nomeadamente, os que estiveram subjacentes à decisão impugnada, bem como os que resultarem das provas produzidas na audiência de julgamento.

Na base da apreciação que faça, o tribunal terá de identificar os factos que dá como provados e aqueles sobre que se tenha debruçado e que considere não provados, indicando as razões em que se fundamenta o seu juízo de prova, objetivando por este meio os motivos pelos quais fixou os factos num sentido ou noutro.

O processo das contraordenações não comporta qualquer especialidade no que se refere à apreciação dos meios de prova, sendo inteiramente aplicável o que resulta dos artigos 127.º do C.P.P. «livre apreciação da prova», do artigo 163.º do mesmo código, no que se refere à prova pericial, e do artigo 169.º no que se refere a «documentos autênticos e autenticados».

Relativamente à enunciação da factualidade, dada como provada e não provada, o tribunal na concretização desta injunção, deverá tomar como ponto de referência a matéria de facto fixada na decisão impugnada, a posição do arguido no âmbito da motivação do recurso de impugnação e quaisquer posições que tenham sido tomadas pela autoridade administrativa e pelo Ministério Público sobre a factualidade imputada ao arguido e sobre a motivação do recurso de impugnação.

Questão controversa tem sido sempre, mesmo ao nível da aplicação do Direito Penal, saber como se demonstra a direção da vontade do agente para uma conduta que se sabe contrária ao direito, ou como se demonstra a direção da vontade do agente para a realização dessa conduta, sem informação sobre aquela contrariedade, apesar de não ter atuado com o dever que lhe era exigível para o exercício da atividade em causa e de obter por essa forma informação sobre a normatividade violada. No fundo, o dolo e a negligência no âmbito das contraordenações.

Como elementos de natureza subjetiva, não percetíveis pelos sentidos, tais elementos hão-se ser obtidos por presunção natural, a partir da forma como os factos integrativos das contraordenações surgem na sua dimensão objetiva.

Algusto Silva Dias afasta-se do apelo a esta figura das presunções naturais, fundamentando a prova dos elementos subjetivos das contraordenações a partir de inferências das circunstâncias do caso concreto. Refere que «inferência é a operação lógica que permite extrair de uma factualidade indiciada ilações acerca da existência de uma dada situação, designadamente de um estado mental» e que «como método de apreensão da realidade a inferência permite compreendê-la e consequentemente explicá-la e valorá-la», o que «nada tem a ver com as presunções»[203].

Ao afirmar-se que tais elementos se provam por presunção natural está-se a usar um conceito de prova generalizado ao nível do Direito Civil e que mais não é do que uma forma de prova indireta ou indiciária numa linguagem mais corrente ao nível do processo penal.

Assim Manuel de Andrade define a prova por presunção como sendo a «prova por indução ou inferência (prova conjetural) a partir dum facto provado por outra forma – e não destinado a representar nem mesmo a indicar (como o sinal ou contramarca) o facto que constitui a matéria a provar. Chama-se presunção a própria inferência; ou ainda (menos propriamente) o facto que lhe serve de base – facto que, mais rigorosamente, se designará por base da presunção» e define presunções naturais como as que «resultam (das máximas de experiência), do curso ou andamento natural das coisas, da normalidade dos factos (...) sendo livremente apreciadas pelo juiz»[204].

No mesmo sentido, Antunes Varela refere que «diz-se prova por presunção a que, partindo de determinado facto, chega por mera dedução lógica à demonstração da realidade de um outro facto» e que «a presunção consiste na dedução, na inferência, no raciocínio lógico por meio do qual se parte de um facto certo provado, ou conhecido, e se chega a um facto desconhecido»[205].

As deduções da existência de um facto a partir de outro dado como assente fazem parte de todo o processo de apreciação da prova, estando no cerne do princípio da livre apreciação da prova, consagrado no artigo 127.º do Código de Processo Penal, e não criam qualquer pre-convicção de prova sobre o facto deduzido no sentido de impor ao "onerado" com esse facto, no caso o arguido, a obrigação de demonstrar a falta de fundamento do mesmo.

[203] *Direito das Contraordenações,* Almedina, 2018, p. 106 e 107.

[204] *Noções Elementares de Processo Civil,* Coimbra Editora,1976, p. 214 e 215.

[205] *Manual de Processo Civil,* 2.ª Edição Coimbra Editora, 1985, p. 500 e 501.

O facto a deduzir por presunção natural resulta da ponderação da multiplicidade de elementos que para o mesmo apontem, no quadro do princípio da livre apreciação da prova, sujeita a sindicância pela via da fundamentação da decisão e a reapreciação em sede de recurso sobre a matéria de facto. Este método de formação da convicção e de decisão em termos de julgamento de facto não colide com o princípio da presunção de inocência que também tem acolhimento no processo contraordenacional.

Os elementos subjetivos estão presentes e são demonstrados pela congruência entre as várias componentes objetivas das condutas, ou seja, da forma como as condutas imputadas são descritas, sempre que as mesmas deixariam de fazer sentido sem exprimirem o processo de direção da vontade com consciência da contrariedade à norma, no caso das infrações dolosas, ou na falta de informação censurável sobre essa contrariedade, no que se refere às infrações negligentes.

A demonstração da existência das componentes subjetivas de qualquer infração resulta assim da valoração das componentes objetivas das condutas, não podendo esquecer-se que são realidades de natureza meramente jurídica, não palpável pelos sentidos e que têm presente um procedimento de natureza valorativa na forma como os elementos objetivos se apresentam[206].

Fixada a matéria de facto, o Tribunal debruçar-se-á sobre a respetiva qualificação jurídica e, no caso de os factos provados integrarem a prática da contraordenação imputada ao arguido, terá de se debruçar sobre a determinação da sanção ou sanções correspondentes a esses factos, o que exige a ponderação dos elementos resultantes da matéria de facto que relevem em termos de fixação da coima.

Neste contexto, tem particular importância a situação económica do arguido e o benefício económico que tenha resultado da prática da infração, caso exista, dado o relevo dos mesmos na determinação da coima a aplicar, elementos que terão necessariamente que ser objeto de sindicância por parte do tribunal.

[206] Texto com origem in "A estrutura da Infração Contraordenacional", *Prontuário de Direito do Trabalho*, Centro de Estudos Judiciários, 2018 -1, pp. 223 e ss.

Sempre que resultem do processo ou da audiência outros factos que o Tribunal considere relevantes para a decisão deverá igualmente tomar posição sobre os mesmos.

Importa que se tenha presente que o princípio da *reformatio in pejus*, sobre que acima nos debruçámos, releva apenas em termos de dimensão da sanção aplicada ao arguido, no caso de condenação, nada tendo a ver com a autonomia do tribunal na investigação dos factos e da jurisdição plena em que se move.

A sentença integrará ainda o «dispositivo», em conformidade com o disposto nas alíneas a), b), c) e e) do n.º 3 do mencionado artigo 374.º do Código de Processo Penal e terminará com a decisão quanto a custas.

A estrutura da sentença penal não se afasta da disciplina que enquadra tal forma de decisão no Código de Processo Civil, concretamente no artigo 607.º daquele código, salvaguardadas sempre as especificidades desta forma de processo.

Também ali, tal como decorre dos n.ºs 2, 3 e 4 daquele artigo, «2 – A sentença começa por identificar as partes e o objeto do litígio, enunciando, de seguida, as questões que ao tribunal cumpre solucionar», «3 – Seguem-se os fundamentos, devendo o juiz discriminar os factos que considera provados e indicar, interpretar e aplicar as normas jurídicas correspondentes, concluindo pela decisão final» e «4 – Na fundamentação da sentença, o juiz declara quais os factos que julga provados e quais os que julga não provados, analisando criticamente as provas, indicando as ilações tiradas dos factos instrumentais e especificando os demais fundamentos que foram decisivos para a sua convicção; (...), provados por documentos ou por confissão (...), compatibilizando toda a matéria de facto adquirida e extraindo dos factos apurados as presunções impostas pela lei ou por regras de experiência».

Em ambas as formas de processo se faz apelo ao "exame crítico das provas", impondo a especificação das razões que estão subjacentes à valoração das mesmas num sentido ou noutro. Deste modo, para além de mencionar o concreto meio de prova que permite fixar determinado facto, o tribunal terá de analisar esse meio de prova e indicar as razões pelas quais o mesmo permite que se fixem os factos de uma forma ou de outra.

A estrutura e conteúdo da sentença penal tem sido objeto de uma profunda reflexão doutrinária e jurisprudencial, do que é exemplo a ponderação levada a cabo no acórdão do Supremo Tribunal de Justiça, de 16 de março de 2005, proferido no processo n.º 662/05[207], do seguinte teor:

> «A garantia de fundamentação é indispensável para que se assegure o real respeito pelo princípio da legalidade da decisão judicial; o dever de o juiz respeitar e aplicar corretamente a lei seria afetado se fosse deixado à consciência individual e insindicável do próprio juiz. A sua observância concorre para a garantia da imparcialidade da decisão; o juiz independente e imparcial só o é se a decisão resultar fundada num apuramento objetivo dos factos da causa e numa interpretação válida e imparcial da norma de direito (cfr. Michele Taruffo, "*Note sulla garanzia costituzionale della motivazione*", in BFDUC, ano 1979, Vol. LV, págs. 31-32).
>
> A fundamentação adequada e suficiente da decisão constitui uma exigência do moderno processo penal e realiza uma dupla finalidade: em projeção exterior (extraprocessual), como condição de legitimação externa da decisão pela possibilidade que permite de verificação dos pressupostos, critérios, juízos de racionalidade e de valor e motivos que determinaram a decisão; em outra perspetiva (intraprocessual), a exigência de fundamentação está ordenada à realização da finalidade de reapreciação das decisões dentro do sistema de recursos para reapreciar uma decisão o tribunal superior tem de conhecer o modo e o processo de formulação do juízo lógico nela contido e que determinou o sentido da decisão (os fundamentos) para, sobre tais fundamentos, formular o seu próprio juízo.
>
> Em matéria de facto, a fundamentação remete, como refere o segmento final do n.º 2 do artigo 374.º do CPP (acrescentado pela Reforma do processo penal com a Lei n.º 58/98, de 25 de agosto), para a indicação e exame crítico das provas que serviram para formar a convicção do tribunal.
>
> A lei impõe, pois, como critério e base essencial da fundamentação da decisão em matéria de facto, o «exame crítico das provas», mas não define, nem expressa elementos sobre algum modelo de integração da noção.

[207] Disponível nas Bases de Dados Jurídicas da DGSI.

O "exame crítico" das provas constitui uma noção com dimensão normativa, com saliente projeção no campo que pretende regular – a fundamentação em matéria de facto –, mas cuja densificação e integração faz apelo a uma complexidade de elementos que se retiram, não da interpretação de princípios jurídicos ou de normas legais, mas da realidade das coisas, da mundividência dos homens e das regras da experiência; a noção de "exame crítico" apresenta-se, nesta perspetiva fundamental, como categoria complexa, em que são salientes espaços prudenciais fora do âmbito de apreciação próprio das questões de direito.

Só assim não será quando se trate de decidir questões que têm a ver com a legalidade das provas ou de decisão sobre a nulidade, e consequente exclusão, de algum meio de prova.

O exame crítico consiste na enunciação das razões de ciência reveladas ou extraídas das provas administradas, a razão de determinada opção relevante por um ou outro dos meios de prova, os motivos da credibilidade dos depoimentos, o valor de documentos e exames, que o tribunal privilegiou na formação da convicção, em ordem a que os destinatários (e um homem médio suposto pelo ordem jurídica, exterior ao processo, com a experiência razoável da vida e das coisas) fiquem cientes da lógica do raciocínio seguido pelo tribunal e das razões da sua convicção (cfr., v. g., acórdão do Supremo Tribunal de 30 de Janeiro de 2002, proc. 3063/01).

O rigor e a suficiência do exame crítico têm de ser aferidos por critérios de razoabilidade, sendo fundamental que permita exteriorizar as razões da decisão e o processo lógico, racional e intelectual que lhe serviu de suporte (acórdãos do Supremo Tribunal de 17 de Março de 2004, proc. 4026/03; de 7 de Fevereiro de 2002, proc. 3998/00 e de 12 de Abril de 2000, proc. 141/00).

No que respeita à fundamentação da decisão sobre a matéria de facto, a que se refere especificamente a exigência da parte final do artigo 374.°, n.° 2 do CPP, o exame crítico das provas permite (é a sua função processual) que o tribunal superior, fazendo intervir as indicações extraídas das regras da experiência e perante os critérios lógicos que constituem o fundo de racionalidade da decisão (o processo de decisão), reexamine a decisão para verificar da (in)existência dos vícios da matéria de facto a que se refere o artigo 410.°, n.° 2 do CPP; o n.° 2 do artigo 374.° impõe uma obrigação de fundamentação completa, permitindo a transparência do processo de decisão, sendo que a fundamentação da decisão do tribunal coletivo, no quadro integral das exigências que lhe são impostas por lei, há-de permitir ao tribunal superior uma avaliação segura e cabal do porquê da decisão e do processo lógico-mental que serviu de suporte ao respetivo conteúdo decisório (cfr., nesta perspetiva, o acórdão do Tribunal Constitucional, de 2 de Dezembro de 1998).

A obrigatoriedade de indicação das provas que serviram para formar a convicção do tribunal e do seu exame crítico, destina-se, pois, a garantir que na sentença se seguiu um procedimento de convicção lógico e racional na apreciação das provas, e que a decisão sobre a matéria de facto não é arbitrária, dominada pelas impressões, ou afastada do sentido determinado pelas regras da experiência.»

A fundamentação da sentença surge assim como um elemento nuclear no processo, permitindo às partes conhecer as razões subjacentes ao decidido e abrir caminho à reapreciação por um outro tribunal, quando legalmente possível, sendo igualmente uma forma de legitimar perante a comunidade o ato de julgar, em nome de quem a Justiça é administrada.

A fundamentação permite igualmente a reconstrução do percurso de formação da decisão por quem julga e a racionalização do decidido, sendo um importante elemento de autocrítica para quem decide.

A fundamentação materializa uma forma de dar transparência e de objetivar o ato de decidir, em nome da lealdade que o juiz deve às partes e à comunidade.

Em caso de decisão condenatória, nos termos do artigo 375.º do Código de Processo Penal, o Tribunal deverá fundamentar a decisão no que se refere às sanções aplicadas ao arguido, cabendo aqui concretamente a dimensão da coima, ou a justificação para a aplicação de sanções acessórias, quando ocorra.

É o terreno para o tribunal se debruçar sobre os critérios legais para a fixação da coima e as finalidades desta à luz da matéria de facto dada como provada, nomeadamente, o desapossamento do benefício económico que o arguido tenha retirado da prática da contraordenação e o relevo da sua situação económica na fixação da coima.

Capítulo XI
Recursos Jurisdicionais[208]

§ 1.º - A tipicidade das decisões recorríveis

O Regime Geral das Contraordenações dedica aos recursos das decisões judiciais proferidas no processo os artigos 73.º, com a epígrafe (decisões judiciais que admitem recurso), o artigo 74.º, com a epígrafe (regime do recurso) e o artigo 75.º, com a epígrafe (âmbito e efeitos do recurso).

Fazem igualmente parte da disciplina dos recursos, o artigo 80.º, com a epígrafe (admissibilidade da revisão), e o artigo 81.º, com a epígrafe (regime do processo de revisão), relativos ao recurso de revisão, para além de outras disposições avulsas que consagram expressamente o direito ao recurso ou o excluem.

A disciplina estabelecida, embora tenha como direito subsidiário o regime do processo penal, por força do disposto no artigo 41.º do Regime Geral, afasta-se em múltiplos aspetos das soluções adotadas no processo penal.

No que se refere à tramitação do recurso, o artigo 74.º, n.º 4, faz uma remissão direta para o regime do processo penal, embora sujeite esta remissão, de natureza claramente dinâmica[209], ao respeito pelas «especialidades que resultam deste diploma».

[208] O texto deste capítulo tem origem em "Os recursos jurisdicionais no processo das contraordenações", *Scientia Iuridica*, maio/agosto de 2017, Tomo LXVI, pp. 181 e ss.

[209] Sobre normas remissivas, cfr. o acórdão da 4.ª Secção do STJ, de 3 de maio de 2016, proferido no processo n.º 729/13.3TTVNG.P1S2 in Bases de Dados Jurídicas da DGSI.

A primeira regra que caracteriza o regime dos recursos do processo das contraordenações está prevista no artigo 73.º acima referido, resultando da mesma que neste processo só é possível o recurso para o Tribunal da Relação das decisões proferidas pela 1.ª instância, nos casos em que a lei expressamente preveja a possibilidade de recurso.

Não tem aplicação no processo das contraordenações o princípio consagrado no artigo 399.º do Código de Processo Penal que consagra uma regra de recorribilidade plena das decisões judiciais proferidas no processo, ao referir que «é permitido recorrer dos acórdãos, das sentenças e dos despachos cuja irrecorribilidade não estiver prevista na lei».

Deste modo, no processo das contraordenações só é possível recorrer das decisões judiciais nos casos expressamente previstos no Regime Geral.

É neste contexto que o n.º 1 do artigo 73.º afirma que «pode recorrer-se para a Relação da sentença ou do despacho judicial proferidos nos termos do artigo 64.º», introduzindo depois nas várias alíneas deste número delimitações à recorribilidade decorrentes do conteúdo da própria decisão a impugnar.

A sentença e o despacho proferido nos termos do artigo 64.º do Regime Geral são as formas regra de conhecimento do recurso de impugnação.

Conforme acima se referiu, o tribunal de 1.ª instância pode conhecer do recurso por despacho, nos termos do artigo 64.º, desde que para isso tenha a adesão dos sujeitos processuais e que para o conhecimento do recurso de impugnação não haja necessidade de produção de novos meios de prova.

Sempre que essa necessidade ocorra, o que depende do âmbito do recurso de impugnação interposto, o tribunal terá de conhecer do mesmo, em audiência, através de sentença.

De acordo com o número 1 daquele artigo 64.º é possível recorrer da decisão que aplique ao arguido de uma coima superior a € 249, 40 (duzentos e quarenta e nove euros e quarenta cêntimos); da decisão que aplique ao arguido sanções acessórias, bem como da sentença ou do despacho que absolva o arguido ou que determine o arquivamento do processo, nos «casos em que a autoridade administrativa tenha aplicado uma coima superior ao valor acima referido, ou em que tal coima tenha sido reclamada pelo Ministério Público.

Para além destas situações, as alíneas d) e e) daquele número 1 prevêem ainda como suscetíveis de recurso os casos de rejeição da impugnação e as situações em que o tribunal decida conhecer por despacho apesar da oposição do recorrente, «não obstante o recorrente se ter oposto a tal».

A rejeição do recurso de impugnação, nos termos do artigo 63.º do Regime Geral, já era objeto de previsão de recorribilidade, nos termos do n.º 2 deste artigo 63.º daquele Regime.

Globalmente analisado, temos um sistema de recursos limitado às decisões que põem termo ao processo, seja pela via da condenação do arguido, seja pela via da absolvição ou do arquivamento do processo, seja ainda pela via da rejeição da admissão do recurso de impugnação.

Realce-se que a solução adotada não se afasta do regime dos recursos do processo das transgressões e contravenções do Código de Processo Penal de 1929 e legislação complementar, que limitava o recurso à decisão final, nos termos do artigo 20.º do Decreto Lei n.º 605/75, de 3 de novembro e artigo 536.º do mesmo código, *ex vi*, artigo 543.º

A situação foi retomada no âmbito do artigo 20.º do Decreto-Lei n.º 17/91, de 10 de janeiro, que limitava o recurso relativamente às situações de «sentença, do despacho que puser termo ao processo ou do despacho que, não recebendo a acusação, não designar dia para julgamento».

Razões de economia e celeridade explicam esta situação, que deixa, contudo, margem para múltiplas dúvidas das quais a jurisprudência tem feito eco.

Têm particular relevo, neste contexto, os despachos de natureza interlocutória, que podem condicionar a situação das partes no processo e até afetar os seus direitos, nomeadamente, os despachos que indeferem a realização de diligências probatórias que o requerente entende como relevantes na defesa da sua posição processual.

Estes despachos não podem ser impugnados diretamente, mas na medida em que se projetem na posição das partes e afetem os seus direitos, a situação que dos mesmos resulta, poderá afetar a decisão final a proferir no processo, acarretando a respetiva nulidade, estando, por essa via aberta, embora de forma limitada, a sindicância dessas decisões.

O regime consagrado, se comparado com o do processo penal, é claramente limitador da recorribilidade das decisões judiciais proferidas no processo.

Importa que se tenha presente que o disposto no artigo 20.º do Decreto-Lei n.º 17/91, de 10 de janeiro, que se mantém em vigor, por força do disposto no artigo 66.º do Regime Geral, pode abrir a via do recurso relativamente a despacho «que puser termo ao processo ou do despacho que, não recebendo a acusação, não designar dia para julgamento», cuja recorribilidade não decorre diretamente dos dispositivos do Regime Geral relativos a recursos.

§ 2.º – A jurisprudência do Tribunal Constitucional sobre a conformação dos recursos no Direito das Contraordenações

O Tribunal Constitucional tem sido chamado inúmeras vezes a pronunciar-se sobre este regime, cuja compatibilidade com Lei Fundamental tem sustentado na base da discricionariedade do legislador ordinário na conformação do regime dos recursos e no facto de existir uma diferença qualitativa entre crimes e contraordenações que suporta a autonomia e a especificidade das duas formas de processo.

Referiu-se com efeito no acórdão daquele Tribunal n.º 522/2008, de 29 de outubro de 2008, sobre essa questão o seguinte:

«Mas, ainda que se admitisse a aplicação imediata ao processo contraordenacional do direito ao recurso garantido constitucionalmente apenas para o processo penal, tal não significaria *in casu* admitir a recorribilidade do despacho que indeferiu a diligência de prova.

De facto, o artigo 32.º, n.º 1, da Constituição, ao dispor que o processo penal assegura todas as garantias de defesa, incluindo o recurso, não atribui um direito ilimitado de impugnação de toda e qualquer decisão judicial proferida em processo penal.

Como se refere no Acórdão n.º 221/2000, invocando jurisprudência reiterada do Tribunal, «o direito ao recurso no processo penal garante-o a Constituição quanto às decisões condenatórias e relativamente àquelas que privem ou restrinjam a liberdade ou quaisquer direitos fundamentais do arguido.»

Fora destas espécies de decisões, o Tribunal Constitucional tem entendido que o direito ao recurso se inscreve na liberdade de conformação do legislador e que a limitação da possibilidade de recurso é compatível com as garantias de defesa. Como se salienta no Acórdão n.º 216/99 «multiplicar as possibilidades de recurso ao longo do processo seria comprometer outro imperativo constitucional: o da celeridade na resolução dos processos-crime (artigo 32.º, n.º 2, in fine, da Constituição da República Portuguesa)»[210].

§ 3.º – A admissibilidade excecional do recurso – Fundamentos do recurso "com autorização"

O carácter restritivo do regime de recursos adotado no Regime Geral das Contraordenações justifica a norma do n.º 2 artigo 73.º deste regime que consagra um alargamento do âmbito da recorribilidade estabelecida, ou seja, um fundamento específico do recurso, de decisões não recorríveis de acordo com o regime de recorribilidade estabelecido.

Refere aquele n.º 2 do artigo 73.º que «para além dos casos enunciados no artigo anterior, poderá a Relação, a requerimento do arguido ou do Ministério Público, aceitar o recurso da sentença, quando tal se afigure manifestamente necessário à melhoria da aplicação do Direito ou à promoção da uniformidade da jurisprudência».

Consagra-se nesta norma a admissibilidade do recurso relativamente a sentenças que não seriam recorríveis de acordo com o regime geral, quando essa admissibilidade se afigure necessária «à melhoria da aplicação do direito» ou à uniformização da jurisprudência».

Relega-se, deste modo, para o Tribunal da Relação a faculdade de aceitar recurso de decisões que de outro modo seriam irrecorríveis, quando o conhecimento do recurso, seja necessário para a melhoria da aplicação do direito ou à uniformidade da jurisprudência.

Impõe-se assim ao recorrente que através de requerimento autónomo, nos termos do n.º 2 do artigo 74.º, junto com a motivação do recurso, ou

210 In http://www.tribunalconstitucional.pt/tc/acordaos/20080522.html.

através de segmento desta devidamente autonomizado, requeira a admissão do recurso com este fundamento, especificando as razões pelas quais entende que o conhecimento do mesmo releva naquelas dimensões.

Não estão em causa as particularidades do caso que deve revestir elementos que o transcendem e que podem contribuir para a realização daqueles objetivos, à luz dos quais o recurso é admitido.

Deste modo, a melhoria da aplicação do direito ou a uniformização da jurisprudência relevam aqui como circunstâncias exteriores ao processo e que o transcendem e que surgem como fatores motivadores do conhecimento do recurso.

A melhoria da aplicação do direito, como refere PINTO DE ALBUQUERQUE «está em causa quando se trate de uma questão jurídica que preencha os seguintes três requisitos: (1) ser relevante para a decisão da causa, (2) ser uma questão necessitada de esclarecimento (3) e ser passível de abstração (...), isto é, ser uma questão que permite o isolamento de uma ou mais regras gerais aplicáveis a outros casos práticos similares ...»[211].

Importa que se tenha presente que não estamos perante um recurso para uniformização de jurisprudência, relevando apenas o conhecimento do caso para o aprofundamento da reflexão sobre as questões em relação às quais a jurisprudência se encontre dividida, ou que apresente elementos relevantes para a melhoria da aplicação do Direito.

A invocação de conflitos jurisprudenciais, como motivo da admissão do recurso com este fundamento, não poderá deixar de passar pela demonstração da identidade da matéria de facto considerada nas decisões em conflito e pela diversidade das respostas jurídicas consideradas nas diferentes decisões, pressuposto um quadro de identidade de regime jurídico aplicável.

Não basta, pois, uma qualquer divergência jurisprudencial para motivar a admissão do recurso com este fundamento.

Estamos perante uma forma de admissão de recurso que tem analogias manifestas com o regime da revista excecional introduzida no processo civil em 2007, como forma de minorar o efeito restritivo sobre o direito

[211] *Comentário do Regime Geral das Contraordenações*, Universidade Católica Editora, 2011, p. 303.

ao recurso decorrente do regime da dupla conforme, hoje consagrada no artigo 672.º do Código de Processo Civil.

Tal como decorre dos n.ºs 2 e 3 do artigo 74.º, o requerimento relativo à admissão do recurso com este fundamento «deve seguir junto ao recurso, antecedendo-o» e nestes casos «a decisão sobre o requerimento constitui questão prévia, que será resolvida por despacho fundamentado» do relator, equivalendo o seu indeferimento à retirada do recurso.

O conhecimento dos fundamentos específicos da admissão do recurso cabe ao Tribunal da Relação, em sede de exame preliminar, nos termos do artigo 417.º do Código de Processo Penal, com a possibilidade de reclamação para a conferência, do despacho do relator.

Contudo, já incumbe ao juiz recorrido a verificação relativamente a este recurso dos pressupostos da admissão referidos no n.º 2 do artigo 414.º do Código de Processo Penal, nomeadamente, a tempestividade, a legitimidade e o respeito pelas exigências de forma, previstas naquele dispositivo.

A recorribilidade no processo das contraordenações coloca particulares exigências na conformação do processo, porque, ao contrário do processo penal, nesta forma de processo só há lugar a recurso nos casos em que essa possibilidade seja expressamente prevista.

A prática de atos processuais alheios ao ritualismo e à sequência que caracteriza o processo das contraordenações pode dar origem a situações profundamente lesivas dos direitos das partes e da normalidade da realização das finalidades do processo, sem que exista a possibilidade expressa de impugnação desses atos.

Num regime bloqueador do direito ao recurso, o regime de admissão decorrente do artigo 73.º pode funcionar como válvula de escape e permitir a sindicância, pela via do recurso, de casos onde a lei não o admite de forma direta e expressa, mas em que se justifique a admissão do recurso para a melhor realização do Direito.

Trata-se de uma solução que podia dar resposta a casos de lesão dos direitos das partes, decorrentes da prática de atos anómalos e alheios à dinâmica do processo, onde não está expressamente prevista a possibilidade de recurso.

Os interesses em causa, numa visão aberta do processo, virada para a realização dos fins do Direito e alheia à busca de soluções meramente formais, poderão justificar a admissão dos recursos com este fundamento.

§ 4.º – A segmentação da decisão recorrida

O n.º 3 do artigo 73.º do Regime Geral consagra outro dos princípios estruturantes do regime de recursos no processo das contraordenações: trata-se da regra da divisibilidade da decisão recorrida.

Decorre daquele dispositivo que «se a sentença ou o despacho recorrido são relativos a várias infrações ou a vários arguidos e se apenas quanto a alguma das infrações ou a algum dos arguidos se verificam os pressupostos necessários, o recurso subirá com esses limites».

Deste modo, a recorribilidade não é aferida pela decisão propriamente dita, independentemente dos arguidos ou das infrações aplicadas, mas a recorribilidade é aferida pela sanção correspondente à infração imputada a cada arguido em concreto.

Os corolários que derivam deste princípio são vários, nomeadamente, que o recurso interposto por um arguido não releva relativamente a co-arguidos e que em caso de pluralidade de infrações, a admissão do recurso se afere pelas sanções aplicadas a cada infração podendo o recurso ser admitido em relação a umas e não admissível em relação a outras.

Não tem, desse modo, aplicação no processo das contraordenações o regime do artigo 402.º do Código do Processo Penal, que dispõe no seu número 1 que «sem prejuízo do disposto no artigo seguinte, o recurso interposto de uma sentença abrange toda a decisão», bem como os princípios que decorrem do n.º 2 deste artigo, quando refere que o recurso interposto «por um dos arguidos, em caso de comparticipação, aproveita aos restantes», ou do n.º 3 do mesmo artigo quando afirma que «o recurso interposto apenas contra um dos arguidos, em caso de comparticipação, não prejudica os restantes».

A limitação do objeto do recurso surge aqui como regra ao contrário da situação consagrada no artigo 403.º do Código do Processo Penal.

Conforme refere Pinto de Albuquerque «os pressupostos da recorribilidade são apreciados autonomamente em relação a cada infração e cada arguido, nos termos do artigo 73.º, n.º 3, subindo o recurso com "esses limites". Tendo o arguido sido condenado pelo tribunal de primeira instância, por várias contraordenações, mas verificando-se os pressupostos da recorribilidade apenas em relação a uma ou alguma delas, o recurso para o TR só abrange esta ou estas. Tendo sido condenados vários arguidos por uma ou mais contraordenações pelo tribunal de primeira instância, o recurso só abrange as infrações cometidas pelos arguidos em relação aos quais se verifiquem os pressupostos de recorribilidade»[212].

§ 5.º - Âmbito do recurso - o recurso em matéria de facto

Outro dos traços mais significativos do regime dos recursos no processo das contraordenações resulta do n.º 1 do artigo 75.º do Regime Geral quando refere que «se o contrário não resultar deste diploma, a 2.ª instância apenas conhecerá da matéria de direito, não cabendo recurso das suas decisões».

Consagra este dispositivo duas proposições relevantes: por um lado, a de que não cabe recurso das decisões do Tribunal da Relação; por outro lado, a de que o Tribunal da Relação conhece apenas de direito.

A determinação do sentido desta norma, relativamente ao âmbito do recurso interposto das decisões da 1.ª instância para a Relação, exige que se pondere a articulação do regime de recursos estabelecido com o regime que vigorava no C.P.P. de 1929, no que se refere ao recurso em matéria de facto.

Em linhas gerais, a decisão sobre matéria de facto proferida em 1.ª instância pelo tribunal coletivo, só era atacável, nos termos estabelecidos no artigo 712.º do anterior Código de Processo Civil, então em vigor, que era aplicável ao processo penal.

Referia este artigo na versão anterior à reforma de 1995, no seu n.º 1, que «as respostas do tribunal coletivo aos quesitos não podem ser alteradas pela Relação, salvo: a) se do processo constarem todos os elementos de prova que serviram de base à resposta; b) se os elementos fornecidos

[212] *Obra citada*, p. 299.

pelo processo impuserem uma resposta diversa, insuscetível de ser destruída por quaisquer outras provas; c) se o recorrente apresentar documento novo superveniente e que, por si só, seja suficiente para destruir a prova em que a resposta assentou».

Por outro lado, decorria do n.º 2 do mesmo artigo, que «pode a Relação anular, porém, a decisão do coletivo, mesmo oficiosamente, quando repute deficientes, obscuras ou contraditórias as respostas aos quesitos formulados ou quando considere indispensável a formulação de outros quesitos nos termos da alínea f) do artigo 650.º»

Por sua vez, das decisões finais proferidas pelo tribunal singular, com projeção nos processos correcional, de transgressão e sumário, podia haver recurso em matéria de facto para o Tribunal da Relação, desde que a prova fosse documentada em ata.

Quando a prova fosse efetivamente documentada, então o Tribunal da Relação conhecia de facto, podendo alterar a matéria de facto fixada pelo tribunal de 1.ª instância e conhecia igualmente de Direito.

Quando a prova não fosse documentada, nos casos de julgamento levado a cabo perante tribunal singular e nos casos em que o julgamento ocorria perante tribunal coletivo, a relação não conhecia de facto, podendo, contudo, censurar o julgamento de facto nos termos do artigo 712.º do Código de Processo Civil, acima referido.

Quando no artigo no artigo 66.º do Regime Geral das Contraordenações se afirma que «a audiência em 1.ª instância obedece às normas relativas ao processamento das transgressões e contravenções, não havendo redução da prova a escrito», está claramente a excluir a possibilidade de recurso em matéria de facto da sentença a proferir no termo da audiência.

Afastava-se, por essa via, o regime de documentação da prova previsto no artigo 531.º e 532.º do C.P.P. de 1929 para o processo correcional, extensível ao processo de transgressão, por força do disposto artigo 543.º, e no artigo 561.º para o processo sumário.

São válidas as razões subjacentes a esta opção, que se prende claramente com a relação entre a fase administrativa do processo e a audiência na fase do recurso de impugnação, e, sobretudo, com a obrigação que impende sobre o tribunal de utilizar no conhecimento dos factos a prova que tenha sido recolhida na fase administrativa do processo.

Deste modo, se a prova recolhida é válida como fundamento da decisão a proferir pelo tribunal de 1.ª instância, não fazia qualquer sentido que a mesma ainda estivesse a ser documentada na audiência de julgamento da fase do recurso de impugnação.

Contudo, o facto de o Tribunal da Relação não conhecer da matéria de facto no âmbito do recurso, não impedia que não pudesse censurar a matéria de facto dada como provada, o que podia fazer nos termos do artigo 712.º do Código de Processo Civil, conforme acima se referiu.

§ 6.º – Alargamento do âmbito do recurso com fundamento no n.º 2 do artigo 410.º do C.P.P.

O regime de conhecimento da matéria de facto consagrado no Regime Geral das Contraordenações tem hoje que ser articulado com o regime consagrado no C.P.P. em vigor.

Torna-se líquido que o regime de documentação das declarações orais prestada na audiência decorrente dos artigos 363.º e 364.º daquele código não é aplicável na audiência de julgamento do recurso de impugnação.

Trata-se do corolário lógico da vigência da norma que impedia a documentação em ata dos depoimentos orais prestados na audiência, decorrente do artigo 66.º acima citado.

A exclusão do recurso em matéria de facto que caracteriza o processo das contraordenações afasta a aplicação desse regime de documentação da prova.

A vigência daquela norma e o facto de o recurso ter por objeto, em regra, apenas matéria de direito, tem consequências relevantes sobre a tramitação do recurso.

Não tem, deste modo, aplicação no processo das contraordenações a reapreciação da matéria de facto, a que alude o n.º 3 do artigo 412.º do Código de Processo Penal.

Esse facto não impede, contudo, o Tribunal da Relação de conhecer da matéria de facto dada como provada, nas condições descritas na alínea a) do artigo 431.º do Código de Processo Penal, ou seja, «se do processo constarem todos os elementos de prova que lhe serviram de base».

Outra das vias possíveis para que o Tribunal da Relação possa intervir sobre a matéria de facto resulta do artigo 410.º, n.º 2, do Código de Processo Penal.

Resulta deste dispositivo que «mesmo nos casos em que a lei restrinja a cognição do tribunal de recurso a matéria de direito, o recurso pode ter como fundamento, desde que o vício resulte do texto da decisão recorrida, por si só, ou conjugadas com as regras da experiência comum: a) a insuficiência para a decisão da matéria de facto provada; b) A contradição insanável da fundamentação ou entre a fundamentação e a decisão; c) erro notório na apreciação da prova»[213].

A ocorrência de algum destes vícios na decisão, para cuja demonstração não é possível recorrer a elementos estranhos à própria decisão, sempre que não seja possível superar o vício e decidir a causa, determina o reenvio do processo à 1.ª instância, nos termos do artigo 426.º do mesmo código para superação do vício constatado.

Apesar de a demonstração do vício estar limitada aos termos da decisão, por si só ou conjugada com as regras da experiência comum, o Tribunal pode, contudo, recorrer a elementos que constem do processo e de que possa validamente servir-se, nomeadamente, por não terem sido postos em causa na audiência, para superar o vício e evitar o reenvio.

§ 7.º – O recurso para uniformização de jurisprudência dos artigos 437.º e ss. do C.P.P.

O n.º 1 do artigo 75.º, conforme acima se referiu, integra ainda um outro segmento normativo do qual decorre a afirmação de que não cabe recurso, no caso para o STJ, das decisões proferidas em via de recurso pelos tribunais da Relação.

A norma deve ser interpretada com cuidado.

A afirmação de que dos acórdãos da Relação não cabe recurso, limita-se apenas a excluir a possibilidade de recurso ordinário daqueles acórdãos para o STJ, nada dali resultando relativamente à possibilidade da

[213] Sobre este dispositivo, cfr. A. Pereira Madeira, *Código de Processo Penal Comentado*, Almedina, 2014, pp. 1356 e ss.

existência de um recurso de uniformização, nos termos em que esse recurso está consagrado no Código de Processo Penal.

A restrição visa, pois, e apenas a afirmação de que não cabe recurso ordinário para o STJ.

Deste modo, é possível requerer ao Supremo Tribunal de Justiça a uniformização de jurisprudência em conflito dos Tribunais da Relação em matéria contraordenacional, nos termos do artigo 437.º e ss.º do Código de Processo Penal.

Não se ignora que o Supremo Tribunal de Justiça no acórdão de 28 de maio de 2015, proferido no processo 44/14.5TBORQ.E1-A.S1[214], decidiu em sentido contrário.

A menor subsistência da argumentação invocada como fundamento do ali decidido foi amplamente demonstrada por Damião da Cunha, no comentário que dirigiu àquele aresto[215].

Em suma, está em causa uma interpretação diversa daquela que se sufraga e que acima se referiu relativamente à natureza do recurso previsto no n.º 2 do artigo 73.º do Regime Geral, que não exclui a possibilidade do recurso de uniformização de jurisprudência no processo contraordenacional, por apelo à disciplina desta forma de recurso consagrada no Código de Processo Penal, subsidiariamente aplicável, nos termos do artigo 41.º daquele Regime Geral.

Além disso, carece de sentido subtrair uma área hoje importante do Direito da dimensão uniformizadora assumida pelo Supremo Tribunal de Justiça no âmbito daquela forma de recurso extraordinário.

Na vigência da anterior organização do sistema judiciário, o artigo 34.º da Lei n.º 3/99, de 13 de janeiro, tal como o n.º 1 do artigo 42.º da Lei n.º 52/2008, de 28 de agosto, diplomas que aprovaram a Lei de Organização e Funcionamento dos Tribunais Judiciais, cometiam à Secção Social do Supremo Tribunal de Justiça o julgamento das causas aludidas nos respetivos artigos 85.º e 118.º, que se referem à competência, em matéria cível, dos tribunais do trabalho.

[214] Disponível nas Bases de Dados Jurídicas da DGSI.

[215] "Fixação de Jurisprudência e Ilícito de Mera Ordenação Social", *Revista do Ministério Público*, n.º 146, abril – junho de 2016, pp. 179 e ss.

Em face dessa definição de competência estava excluída da competência da Secção Social do Supremo Tribunal de Justiça o julgamento das causas previstas nos artigos 87.º da Lei n.º 3/99 e 119.º da Lei n.º 52/2008, que se referissem a matéria contraordenacional, pelo que cabia às Secções Criminais do Supremo Tribunal de Justiça a competência para o julgamento dos recursos de fixação de jurisprudência em sede de processo contraordenacional.

A Lei n.º 62/2013, de 26 de agosto – Lei da Organização do Sistema Judiciário – veio alterar esta situação, prevendo no n.º 1 do seu artigo 126.º a competência cível dos tribunais de trabalho e relegando para o n.º 2 a competência para conhecimento dos recursos de impugnação em matéria contraordenacional.

Por outro lado, o artigo 54.º, n.º 1, daquela lei, veio definir a competência da Secção Social do Supremo Tribunal de Justiça, referindo que a mesma julga as causas definidas no artigo 126.º, o que implica forçosamente a competência em matéria contraordenacional referida no n.º 2 daquele mesmo artigo.

Deste modo, atribuiu-se à Secção Social a competência para conhecer dos recursos de uniformização de jurisprudência em matéria contraordenacional.

Desconhecem-se as razões subjacentes a esta alteração, uma vez que não foram divulgados quaisquer trabalhos preparatórios que justifiquem esta opção.

§ 8.º – O n.º 2 do artigo 75.º do Regime Geral – âmbito da intervenção do Tribunal da Relação

O n.º 2 do artigo 75.º fornece-nos alguns elementos relevantes relativamente ao sentido da decisão a proferir pelo Tribunal da Relação no âmbito do recurso.

Refere-se naquele número que a decisão do recurso poderá «alterar a decisão do tribunal recorrido sem qualquer vinculação aos termos e ao sentido da decisão recorrida, salvo o disposto no artigo 72.º-A» e que poderá «anulá-la e devolver o processo ao tribunal recorrido».

O artigo não esgota o conjunto de sentidos possíveis da decisão proferida pelo Tribunal da Relação, nomeadamente, a possibilidade de confirmar a decisão recorrida nos casos de improcedência do recurso.

Na sequência da revisão de 1995 foi introduzida no regime Geral a *reformatio in pejus* no artigo 72.º-A, instituto que era alheio ao processo das contraordenações.

A restrição que se introduziu impede agora que o Tribunal da Relação, interposto recurso da decisão judicial somente pelo arguido, ou no seu exclusivo interesse», possa modificar a sanção aplicada.

A consagração desta restrição à intervenção do tribunal de recurso impede que este possa alterar a sanção aplicada ao arguido, «apesar de não estar vinculado aos termos e ao sentido da decisão recorrida».

A norma tinha sentido na vigência da redação inicial, que não tinha o segmento agora introduzido – salvo o disposto no artigo 72.º-A – e que se articulava por inteiro com o facto de não vigorar o princípio da *reformatio in pejus*, pelo que, o tribunal podia alterar a decisão recorrida sem qualquer vinculação aos seus termos e ao seu sentido.

É verdade que o artigo se refere à sanção, o que permitiria deixar o caminho aberto à própria alteração da qualificação jurídica dos factos, o que não impede que o tribunal esteja limitado pela sanção concretamente aplicada.

A norma deve ser interpretada no contexto da definição da *reformatio in pejus* consagrada no artigo 409.º do Código de Processo Penal, que refere que o «tribunal superior não pode modificar, na sua espécie ou medida, as sanções constantes da decisão recorrida».

Com as limitações acima descritas, o objeto do recurso decorre das conclusões das alegações apresentadas pelo recorrente. Aí, tal como decorre do n.º 2 do artigo 412.º do Código de Processo Penal, o recorrente deve indicar, na sequência lógica da alegação apresentada, «as normas jurídicas violadas», o «sentido em que no entendimento do recorrente o tribunal recorrido interpretou cada norma ou com que a aplicou e o sentido em que ela deveria ter sido interpretada ou com que devia ter sido aplicada» e em caso de erro na determinação da norma aplicável, a norma jurídica que no entender do recorrente deve ser aplicada».

As conclusões das alegações definem o objeto do recurso, só podendo o Tribunal ultrapassar essa dimensão nos casos em que lhe é lícito conhecer oficiosamente de quaisquer dimensões da decisão recorrida.

Tem, neste âmbito, particular relevo o disposto no n.º 3 do artigo 410.º do Código de Processo Penal que permite que o tribunal conheça oficiosamente da «inobservância de requisito cominado sob pena de nulidade que não deva considerar-se sanada», mesmo nos casos em que a lei limite o conhecimento do tribunal a matérias de direito.

Estão em causa as nulidades insanáveis.

Importa, contudo, que se tenha presente o regime das nulidades da sentença, tal como o mesmo decorre do artigo 379.º do Código de Processo Penal, que são arguidas no âmbito do recurso interposto, conforme decorre do n.º 2 daquele artigo, delas conhecendo o tribunal de recurso por essa via.

As nulidades de outros atos processuais são subsumíveis ao regime dos artigos 119.º e 120.º do Código de Processo Penal.

Algumas das nulidades insanáveis do artigo 119.º do Código de Processo Penal, nomeadamente, as das alíneas a), b) c) e e), podem ocorrer no contexto do recurso de impugnação afetando os atos delas derivados.

Por outro lado, a omissão em sede de audiência, de diligências que se possam considerar essenciais para a descoberta da verdade, pode afetar este ato processual e os atos dele derivados, nomeadamente a sentença, integrando a nulidade da última parte da alínea d) do artigo 120.º do mesmo código, esta sanável.

§ 9.º – Concretização das decisões recorríveis

Da sentença ou do despacho previsto no artigo 64.º do Regime Geral podem recorrer o arguido condenado em coima de montante superior aos limites previstos na alínea a) deste artigo, ou em sanção acessória, nos termos da respetiva alínea b).

Das decisões previstas nestas duas alíneas pode igualmente recorrer o Ministério Público e, nos casos em que tal direito expressamente lhe tenha sido atribuído, as autoridades administrativas.

Importa, em relação a estas, que se tenha presente que a participação na audiência nos termos do artigo 70.º não lhe confere esse direito face à natureza e à função desta participação.

De acordo com o regime que emerge da alínea c) deste artigo 64.º, de decisão que determine o arquivamento do processo ou que absolva ao arguido, pode o Ministério Púbico recorrer, sempre que a coima que tenha sido aplicada pela autoridade administrativa seja superior a € 249,40, ou quando o Ministério Público, em qualquer intervenção no processo, se tenha pronunciado pela aplicação ao arguido de coima de valor superior àquele montante.

Poderá igualmente a autoridade administrativa recorrer sempre que tenha tal direito nos termos de norma legal expressa, o que sucede em alguns regimes especiais, nomeadamente, no âmbito da regulação.

Por falta de interesse em agir, não pode recorrer de decisões desta natureza, o arguido.

Por força do disposto na alínea d) do mesmo artigo 64.º, é recorrível a decisão judicial que rejeite a impugnação. Está em causa o despacho previsto no artigo 63.º, n.º 1, do Regime Geral, importando ter presente que as únicas situações que legitimam a rejeição do recurso de impugnação nos termos desta norma são a intempestividade, ou o incumprimento das exigências de forma decorrentes do artigo 59.º, n.º 3, do Regime Geral, nomeadamente a forma escrita, as alegações e as conclusões.

É igualmente recorrível a decisão do recurso por despacho, nos termos do artigo 64.º, quando o recorrente, se tenha oposto a essa forma de decisão.

Têm legitimidade para recorrer com este fundamento, os sujeitos processuais que tenham o direito de oposição à decisão por despacho: em princípio, o arguido e o Ministério Público e a autoridade administrativa, nos casos em que a lei lhe confira esse direito.

§ 10.º - A tramitação do recurso

Apesar da natureza subsidiária do regime do processo penal, o artigo 74.º n.º 4, remete a tramitação do recurso para os termos do processo penal, salvaguardando as especialidades que o próprio regime geral prevê.

São, pois, aplicáveis, devidamente adaptadas as normas do artigo 411.º do Código de Processo Penal, sobre interposição do recurso e notificação aos sujeitos processuais afetados, norma que terá de ser articulada com o n.º 1 daquele mesmo artigo 74.º do Regime Geral.

Têm particular relevo as exigências relativas à motivação, cuja falta determina a rejeição do recurso, nos termos do n.º 3, ou a possibilidade de realização da audiência prevista no n.º 5 do mesmo dispositivo.

É igualmente aplicável o disposto no artigo 412.º sobre a motivação do recurso e conclusões, estando excluída nos termos já acima referidos a impugnação da matéria de facto referida nos números 3 e 4 deste dispositivo.

Segue-se o regime da resposta dos sujeitos processuais afetados, nos termos do artigo 413.º, que deverá ser apresentada no prazo de interposição prevista no n.º 1 do artigo 74.º do Regime Geral, nos termos do acórdão uniformizador do STJ de 4 de dezembro de 2008[216].

O processo é seguidamente apresentado ao juiz recorrido, para admissão do recurso, nos termos do artigo 414.º do Código de Processo Penal, sendo certo que a decisão de admissão não vincula o tribunal superior, nos termos do n.º 3 do mesmo artigo, sendo ainda possível o convite ao recorrente para suprir a omissão de fundamentação ou das conclusões.

A rejeição de admissão do recurso é passível de reclamação nos termos do artigo 405.º do mesmo Código para o Presidente do Tribunal.

Remetido o processo ao Tribunal superior é colhido o visto do Ministério Público e seguem-se, o exame preliminar, nos termos do artigo 417.º e os atos subsequentes.

O recurso pode ser decidido, por decisão sumária, nos termos do n.º 6, em conferência, nos termos do n.º 3 do artigo 419.º, ou em audiência, nos termos do artigo 421.º e ss.

Importa também que se tenha presente que no contexto do exame preliminar, de acordo com o disposto no artigo 417.º, n.º 3 «se das conclusões não for possível deduzir total ou parcialmente as indicações previstas no n.º 2 do artigo 412.º, o relator convida o recorrente a «completar ou esclarecer as conclusões formuladas», sob pena de o recurso ser rejeitado

[216] *Diário da República*, 1.ª série, de 16 de janeiro de 2009.

ou não ser conhecido na parte afetada, sendo certo que o aperfeiçoamento não permite a alteração do objeto do recurso, conforme estabelece o n.º 4 do mesmo artigo 417.º.

O recurso é decidido por decisão sumária, nos termos do n.º 6 do mesmo artigo 417.º, sempre que «) Alguma circunstância obstar ao conhecimento do recurso; b) O recurso dever ser rejeitado; c) Existir causa extintiva do procedimento ou da responsabilidade criminal que ponha termo ao processo ou seja o único motivo do recurso; ou d) A questão a decidir já tiver sido judicialmente apreciada de modo uniforme e reiterado».

Por sua vez, nos termos do artigo 420.º, o recurso é rejeitado quando «a) For manifesta a sua improcedência; b) Se verifique causa que devia ter determinado a sua não admissão nos termos do n.º 2 do artigo 414.º; ou c) O recorrente não apresente, complete ou esclareça as conclusões formuladas e esse vício afetar a totalidade do recurso, nos termos do n.º 3 do artigo 417.º»

Nos termos do n.º 3 do artigo 419.º, o recurso é decidido em conferência quando «a) Tenha sido apresentada reclamação da decisão sumária prevista no n.º 6 do artigo 417.º; b) A decisão recorrida não conheça, a final, do objeto do processo, nos termos da alínea a) do n.º 1 do artigo 97.º; ou c) Não tiver sido requerida a realização de audiência e não seja necessário proceder à renovação da prova nos termos do artigo 430.º ».

Capítulo XII
Síntese Final

§ 1.º - Um longo caminho

1 - O Direito das Contraordenações nunca foi objeto de uma reflexão global que ponderasse a experiência acumulada desde a sua implementação no ordenamento jurídico português em 1979 e que indagasse da articulação da mesma com os princípios que o inspiram e com os objetivos que estão subjacentes à sua introdução.

A experiência derivada da aplicação deste ramo do Direito inspira sérias dúvidas sobre a forma como os vários operadores o têm entendido e levado à prática.

Para este panorama contribuiu, de forma evidente, a falta de uma dogmática que permitisse a teorização da prática a partir dos princípios subjacentes às normas legais.

Não deixa de ser significativo que à data da publicação do Decreto-Lei n.º 232/79, de 24 de Julho, se encontrasse apenas publicado em língua portuguesa um estudo de Eduardo Correia sobre este ramo do Direito - "Direito penal e direito de mera ordenação social" -[217], e que só com a entrada em vigor do Código Penal de 1982 tenham surgido os estudos de Figueiredo Dias[218].

[217] *Direito Penal Económico e Europeu – Textos Doutrinários*, Volume I, Coimbra Editora, 1998, pp. 3 e ss. e *Boletim da Faculdade de Direito*, Vol. XLIX, 1973, 257 ss.

[218] "O Movimento da Descriminalização e o Ilícito de Mera Ordenação Social", *Direito Penal Económico e Europeu – Textos Doutrinários*, Volume I, Coimbra Editora, 1998, pp.19 e ss. e *Jornadas de Direito Criminal*, C.E.J., 317 ss. e "Para uma dogmática do direito penal secundário", *Direito Penal Económico e Europeu – Textos Doutrinários*, Volume I, Coimbra Editora, 1998, pp.35 e ss. e *Direito e Justiça*, Vol. IV, 1989/1990, 7 ss.

Quase contemporâneos são também os estudos de Costa Andrade e Faria Costa dedicados ao mesmo tema[219].

Não admira, por isso, que o mundo judiciário nunca conseguisse desligar o Direito das Contraordenações do Direito Penal e não ousasse interpretar as normas consagradas no Regime Geral fora dos parâmetros penais.

2 – Mas, se a maioria dos operadores têm revelado dificuldades em entender o Direito das Contraordenações como um sistema autónomo do Direito Penal, condição fundamental para a justificação da sua autonomia, inúmeras vezes o legislador entrou em derrapagens dogmáticas, com a aplicação no Direito das Contraordenações de soluções substantivas e processuais que podem não ter nada a ver com os princípios que estruturam este ramo do Direito e que positivaram confusões que a prática já vinha produzindo.

No âmbito desta regressão são pedras significativas a revisão do Decreto-Lei n.º 433/82, de 27 de outubro, operada pelo Decreto-Lei n.º 244/95, de 14 de setembro.

Sem uma reflexão ponderada sobre aquilo que era a experiência acumulada na execução do Direito das Contraordenações, o legislador avançou com inovações que em alguns aspetos o aproximam do Direito Penal.

Não admira, por isso, que a Doutrina mais autorizada tenha recebido aquela alteração com profunda inquietação, a que os sucessivos responsáveis pela Justiça têm sido indiferentes[220].

[219] "Contributo para o conceito de contraordenação (A experiência alemã)", *Direito Penal Económico e Europeu – Textos Doutrinários*, Volume I, Coimbra Editora, 1998, pp75 e ss. e *Revista de Direito e Economia*, Anos VI/VII, 81 ss. e "A importância da recorrência no pensamento jurídico. Um exemplo: a distinção entre o ilícito penal e o ilícito de mera ordenação social", *Direito Penal Económico e Europeu – Textos Doutrinários*, Volume I, Coimbra Editora, 1998, pp 109 e ss. e *Revista de Direito e Economia*, Ano IX, 3 ss.

[220] Escapa a este cenário de indiferença a iniciativa do Ministro da Justiça Vera Jardim que deu origem à Proposta de Lei n.º 263/VII, in *Diário da Assembleia da República*, 2.ª Série, de 15 de abril de 1999, que não chegou a ser aprovada.

Referindo-se àquele diploma Figueiredo Dias falou de "contra reforma"[221] e de "contra revolução contraordenacional";[222] e Costa Pinto[223] demonstrou a rutura do direito emergente daquele diploma com o paradigma anterior, tornando evidente que aquela revisão coloca em crise o princípio da subsidiariedade da intervenção penal.

3 – Ponderada a experiência de cerca de 40 anos de Direito das Contraordenações, pode afirmar-se que a deriva penal que marcou a fase inicial de implementação deste ramo do Direito se mantém e tem impedido a consciencialização da sua autonomia, inviabilizando em muitas situações a realização efetiva dos objetivos que estavam subjacentes à sua introdução.

Apesar disso, os profissionais do Direito têm encontrado, com maior ou menor dificuldade, o caminho a trilhar e existem múltiplas situações de sucesso.

Por outro lado, o despertar da Universidade para o seu papel insubstituível na reflexão sobre o Direito começa da dar origem a múltiplos elementos de grande valia que podem apoiar a atividade da comunidade jurídica.

São de destacar neste âmbito as dissertações de Alexandra Vilela[224] e de Nuno Brandão[225], bem como as lições universitárias de Mario Monte[226], e Augusto Silva Dias[227].

[221] "Oportunidade e sentido da revisão", *Jornadas de Direito Criminal*, C.E.J., 1996, 31, nota 3.

[222] *Direito Penal*, 1996, 143.

[223] "O ilícito de mera ordenação social e a erosão do princípio da subsidiariedade da intervenção penal", *Direito Penal Económico e Europeu – Textos Doutrinários*, Volume I, Coimbra Editora, 1998, p. 212.

[224] *O Direito de Mera Ordenação Social – Entre a ideia de "Recorrência" e a de "Erosão" do Direito Penal Clássico*, Coimbra Editora, 2013.

[225] *Crimes e Contra-Ordenações: da Cisão à Convergência Material*, Coimbra Editora, 2016.

[226] *Lineamentos de Direito das Contraordenações*, AEDUM, 2019.

[227] *Direito das Contra-Ordenações*, Almedina, 2018.

Por outro lado, o Comentário do Regime Geral das Contraordenações[228] de PINTO DE ALBUQUERQUE constituiu-se também como um instrumento muito válido na abordagem a este ramo do Direito.

§ 2.º – O Regresso a um Regime Geral das Contraordenações

1 – Vários autores se têm pronunciado sobre a necessidade de uma intervenção legislativa sobre o Regime Geral que venha corrigir muitas das distorções surgidas ao longo dos anos e que o adeque à realidade dos tempos que vivemos[229].

Já não está em causa apenas a superação dos desacertos da imponderada revisão de 1995, amplamente referidos no presente texto, e os desfasamentos que criou com o modelo subjacente à introdução deste ramo do Direito no âmbito da reforma penal de 1982, cuja validade no essencial se mantém, em nome da autonomia deste ramo do Direito face ao Direito Penal, impondo-se a necessidade de dar resposta às novas questões que a evolução da economia e da sociedade têm criado.

A regulação criou uma realidade nova a que o Direito das Contraordenações terá de dar resposta sem pôr em causa a sua unidade e a coerência dos princípios que o animam.

As inovações decorrentes dos regimes especiais, concretamente os criados no âmbito da regulação, quer na sua dimensão substantiva, quer processual, são matérias que, no essencial, se reconduzem à transposição para esta área de soluções normativas há muito estabilizadas no âmbito do Direito Penal e de institutos inspirados em soluções alternativas à acusação introduzidos pelo Código de Processo Penal de 1988.

[228] *Comentário do Regime Geral das Contra-Ordenações – à luz da Constituição da República e da Convenção Europeia dos Direitos do Homem*, Universidade Católica Editora, 2011.

[229] ALEXANDRA VILELA, *Obra citada*, pp. 401 e ss.; PINTO DE ALBUQUERQUE, "A Reforma do Direito das Contraordenações", *Contraordenações Laborais*, CEJ, novembro de 2013, pp. 17 e ss.; NUNO BRANDÃO, "Por um sistema contraordenacional a diferentes velocidades", *Scientia Iuridica*, maio-agosto de 2017, Tomo LXVI, pp. 277 e ss.

E se analisarmos as diferentes soluções, não encontrámos um fundamento objetivo que justifique as especificidades introduzidas, à luz das áreas a que os diferentes regimes se aplicam. Tenham-se presentes as diferentes abordagens ao "processo de advertência", para se ter uma evidência deste facto.

Trata-se de realidades que deverão encontrar assento num Regime Geral que ocupe o espaço que lhe pretenderam atribuir os criadores deste ramo do Direito e a que seja reconhecida a estabilidade que o regime em vigor perdeu ao longo dos anos e dada a coerência que é essencial num Regime Geral.

E imperioso que o Regime Geral assuma o seu papel no cerne deste sistema sancionatório e se ponha cobro à criação de especificidades, sem justificação objetiva, o que os regimes especiais evidenciam.

2 – O processo, sendo um dos elementos de caracterização do Direito das Contraordenações, foi desde sempre terreno onde muitas vezes se esqueceram os princípios que resultavam do artigo 41.º do Regime Geral e onde as soluções para as questões suscitadas se encontravam sem saber se as mesmas se inseriam ou não na coerência do sistema.

Abundam acórdãos sobre questões processuais e, sobretudo, sobre nulidades ou questões prévias e faltam sobre questões de natureza substantiva que são essenciais à conformação do sistema, como os critérios relativos à fixação da coima e à fundamentação da aplicação de sanções acessórias.

Muitos dos debates que neste momento animam o Direito das Contraordenações são estruturais e são fruto de uma alguma dificuldade da comunidade jurídica em assumir a autonomia deste ramo do Direito face ao Direito Penal e ao Processo Penal.

Não deixa de significativo que, apesar de o Tribunal Constitucional continuar a reconhecer a autonomia do legislador ordinário para a construção das soluções processuais do Direito das Contraordenações fora dos parâmetros do processo penal, o debate sobre a estrutura do processo se tenha transferido para o terreno dos princípios constitucionais, onde toda a argumentação é fácil, mas nem sempre razoável.

O Direito das Contraordenações continua assim sujeito a desafios que lhe poderão induzir alterações significativas, pondo em causa a sua autonomia face ao Direito Penal, e lançar perturbações na atividade sancionatória administrativa, com a redução da eficácia desta e a lesão dos direitos dos cidadãos.

§ 3.º A organização judiciária e o Direito das Contraordenações

Importa também refletir o modelo de organização judiciária a que se atribui a competência para conhecer dos recursos de impugnação.

A solução inicial apostou nos tribunais judiciais por razões que acabam se prender com a relação dos Direito das Contraordenações com o Direito Penal.

Na introdução deste sistema sancionatório no âmbito tributário, optou-se desde logo por atribuir aos tribunais tributários essa competência, introduzindo uma especialização nesta área.

Na área da regulação, depois de se abandonar a solução que resultou da revisão de 1989, em matéria de competência territorial, com a concentração na comarca de Lisboa da competência para conhecer dos recursos de impugnação, criou-se o Tribunal da Concorrência, Regulação e Supervisão, com dimensão nacional.

Não se ponderou, contudo, se a especialização devia limitar-se à concentração de determinadas áreas no mesmo tribunal, como é habitual entre nós na orgânica judiciária, ou se esta deveria também incidir sobre a estrutura da unidade orgânica judiciária em causa.

Mais recentemente deu-se um novo passo com a atribuição aos tribunais administrativos da competência para os recursos de impugnação na área do urbanismo, que inicialmente se pensou para abranger também a área do ambiente.

Estamos perante um conjunto de medidas avulsas, que não obedecem a uma estratégia delineada a partir da análise daquilo que tem sido a experiência de aplicação das soluções anteriores.

Está efetivamente por fazer um estudo de fundo sobre aquilo que tem sido a intervenção judiciária no conhecimento dos recursos de impugnação, cuja realização deveria ter precedido qualquer intervenção legislativa.

ÍNDICE

ESTUDOS DO AUTOR SOBRE DIREITO DAS CONTRAORDENAÇÕES 5
NOTA PRÉVA 7

CAPÍTULO I – INTRODUÇÃO 9
§ 1.º – A origem do Direito das Contraordenações e sua autonomia face ao Direito Penal 9
§ 2.º – Síntese da evolução do Direito das Contraordenações 11
§ 3.º – Noção de Regime Geral das Contraordenações e de Regimes especiais 12
§ 4.º – Caraterização dos regimes especiais 14
§ 5.º – Alterações mais significativas sofridas pelo Regime Geral 18
§ 6.º – A relação do Direito das Contraordenações com o Direito Penal e Processual Penal – A subsidiariedade 19
§ 7.º – Aspetos gerais da estrutura do processo das contraordenações 23
§ 8.º – O ilícito de mera ordenação social no processo penal 25

CAPÍTULO II – PRINCÍPIOS FUNDAMENTAIS 31
§ 1.º – O princípio da legalidade no processo das contraordenações 31
§ 2.º – O princípio da oportunidade e a discricionariedade administrativa 32
§ 3.º – Caracterização da discricionariedade administrativa 34
§ 4.º – Consequências da opção legislativa pelo princípio da legalidade sobre alguns institutos do processo das contraordenações 38
§ 5.º – Os princípios do contraditório e audiência no processo das contraordenações – artigo 50.º do Regime Geral 40
§ 6.º – O contraditório no processo penal 43
§ 7.º – O n.º 10 do artigo 32.º da Constituição da República 55

§ 8.º O artigo 50.º do Regime Geral na Jurisprudência do Supremo Tribunal de Justiça 63
§ 9.º – Os princípios da oficialidade e da investigação e demanda da verdade material 66

CAPÍTULO III – SUJEITOS PROCESSUAIS 69
§ 1.º – Sujeitos processuais no processo das contraordenações 69
§ 2.º.1 – A Autoridade Administrativa 70
§ 2.º.2 – Estatuto da autoridade administrativa no processo 71
§ 2.º.3 – Impedimentos e suspeições 73
§ 2.º.4 – Impedimentos e suspeições no processo penal 74
§ 2.º.5 – Os regimes especiais e o estatuto da autoridade administrativa 77
§ 2.º.6 – A orgânica dos serviços e a gestão dos processos 78
§ 2.º.7 – A autoridade administrativa e os serviços policiais no processo – conceito de subordinação funcional 82
§ 3.º – O arguido no processo das contraordenações 83
§ 4.º – O Ministério Público no processo das contraordenações 86
§ 5.º – O Tribunal 90

CAPÍTULO IV – ATOS PROCESSUAIS 95
§ 1.º – Regime geral dos atos processuais 95
§ 2.º – A comunicação de atos processuais e as notificações 96
§ 3.º – Tramitação eletrónica no processo de contraordenação 98
§ 4.º – Segredo de justiça no processo contraordenacional 100

CAPÍTULO V – A FASE ADMINISTRATIVA DO PROCESSO 105
§ 1.º – A notícia da infração na dinâmica do processo 105
§ 1.º.1 – A identificação de agentes de infrações 106
§ 1.º.2 – A apreensão de bens 109
§ 1.º.3 – As medidas cautelares na Lei n.º 50/2006, de 29 de agosto 111
§ 1.º.4 – A impugnação das medidas cautelares 114
§ 2.º – A investigação dos factos e a instrução do processo – meios de prova e de obtenção de prova 115
§ 3.º – As buscas domiciliárias nos regimes especiais 117
§ 4.º – O encerramento da fase administrativa do processo: decisão de arquivamento e decisão condenatória 119

§ 5.º – Elementos da decisão condenatória 120
§ 6.º – A *reformatio in pejus* no processo das contraordenações 123
§ 7.º – A execução da decisão não impugnada 128

CAPÍTULO VI – PROCESSOS ESPECIAIS 131
§ 1.º – O pagamento voluntário da coima e a extinção do procedimento contraordenacional 131
§ 2.º – O processo de advertência e a admoestação como sanção substitutiva da coima 133
§ 3.º – O processo de advertência nos regimes especiais 134
§ 4.º – O processo de advertência nas contraordenações laborais 137
§ 5.º – A suspensão do processo no Regime da Supervisão Bancária 138
§ 6.º – Procedimentos especiais no âmbito do Regime Jurídico da Concorrência 139
§ 6.º.1 – A transação no inquérito e na instrução 140
§ 6.º.2 – O arquivamento mediante a aceitação de compromissos 141
§ 6.º.3 – A discricionariedade na decisão de instauração de processo de contraordenação 142
§ 6.º – O processo sumaríssimo no Código dos Valores Mobiliários 146

CAPÍTULO VII – AS SANÇÕES 149
§ 1.º – A coima como elemento de caraterização do Direito das Contraordenações face ao Direito Penal 149
§ 2.º – A coima enquanto sanção 150
§ 3.º – A culpa como elemento da responsabilidade contraordenacional 152
§ 4.º – O princípio da culpa no Direito das Contraordenações 154
§ 5.º – Finalidades da coima enquanto sanção 155
§ 6.º – O papel do benefício económico retirado da prática da infração no âmbito da fixação da coima 156
§ 7.º – A revisão de 1995 e a alteração da função do benefício económico na determinação da coima 160
§ 8.º – A perda de vantagens derivadas da prática da infração no âmbito do Direito das Contraordenações 161
§ 9.º – O papel da situação económica do autor da infração na fixação da coima 164
§ 10.º – As sanções acessórias 165

§ 10.º.1 – A evolução das sanções acessórias desde 1979 166
§ 10.º.2 – As concretas sanções acessórias no Regime Geral 168
§ 10.º.2.1 – A perda de bens no âmbito do Direito das Contraordenações 170
§ 11.º – A perda de objetos perigosos 172

CAPÍTULO VIII – RECURSO DE IMPUGNAÇÃO 175
§ 1.º – Função do recurso de impugnação 175
§ 2.º – Interposição do recurso 176
§ 3.º – O prazo para a interposição do recurso 177
§ 4.º – A apresentação dos autos na autoridade administrativa 199
§ 5.º – A remessa dos autos ao Ministério Público e a intervenção deste nos termos do recurso de impugnação 206
§ 6.º – A natureza do recurso e impugnação e evolução do objeto do processo das contraordenações nessa fase 209
§ 7.º – Caraterização do ato processual – apresentação dos autos – na dinâmica do processo. 210
§ 8.º – A Diretiva n.º 4/2021 da Procuradoria Geral da República e seus fundamentos 214
§ 8.º.1 – A estrutura acusatória do processo penal face ao recurso de impugnação 219
§ 8.º.2 – A rutura do equilíbrio processual derivada da assunção pelo M.P. de poderes de síntese dos processos a apresentar ao juiz 221

CAPÍTULO IX – A ADMISSÃO DO RECURSO DE IMPUGNAÇÃO E O CONHECIMENTO POR DESPACHO 227
§ 1.º – O despacho liminar no recurso de impugnação 227
§ 2.º – Caraterização do despacho liminar 228
§ 3.º – Conteúdo do despacho liminar 230
§ 4.º – O despacho liminar e o conhecimento das nulidades imputadas à decisão administrativa 231
§ 5.º – Os sujeitos processuais e o conhecimento por despacho 232
§ 6.º – Os fundamentos do conhecimento por despacho 233
§ 7.º – A prova recolhida na fase administrativa do processo e a forma de conhecimento do recurso 234
§ 8.º – Âmbito da decisão por despacho, nos termos do artigo 64.º do Regime Geral 238

§ 9.º – O despacho liminar e a designação de data para a audiência 239
§ 10.º – Síntese da especificidade do despacho liminar. 240

CAPÍTULO X – A AUDIÊNCIA DE JULGAMENTO 243
§ 1.º – A audiência de julgamento no recurso de impugnação – sentido útil do artigo 66.º do Regime Geral 243
§ 2.º – As disposições específicas do Regime Geral, no quadro da disciplina emergente do Código de Processo Penal 245
§ 3.º – A presença do arguido 246
§ 4.º – A autoridade administrativa e a audiência 250
§ 5.º Audiência de julgamento – âmbito da prova a produzir 251
§ 6.º – A retirada da acusação a que se refere o artigo 65.º -A do Regime Geral 253
§ 7.º A retirada do recurso pelo arguido 258
§ 8.º – A alteração do objeto do processo 259
§ 9.º – A estrutura e fundamentação da sentença 262

CAPÍTULO XI – RECURSOS JURISDICIONAIS 271
§ 1.º – A tipicidade das decisões recorríveis 271
§ 2.º – A jurisprudência do Tribunal Constitucional sobre a conformação dos recursos no Direito das Contraordenações 274
§ 3.º – A admissibilidade excecional do recurso – Fundamentos do recurso "com autorização" 275
§ 4.º – A segmentação da decisão recorrida 278
§ 5.º – Âmbito do recurso – o recurso em matéria de facto 279
§ 6.º – Alargamento do âmbito do recurso com fundamento no n.º 2 do artigo 410.º do C.P.P. 281
§ 7.º – O recurso para uniformização de jurisprudência dos artigos 437.º e ss. do C.P.P. 282
§ 8.º – O n.º 2 do artigo 75.º do Regime Geral – âmbito da intervenção do Tribunal da Relação 284
§ 9.º – Concretização das decisões recorríveis 286
§ 10.º – A tramitação do recurso 287

CAPÍTULO XII – SÍNTESE FINAL 291
§ 1.º – Um longo caminho 291
§ 2.º – O Regresso a um Regime Geral das Contraordenações 294
§ 3.º A organização judiciária e o Direito das Contraordenações 296